人民文库 第二辑

经济运行机制概论

卫兴华　洪银兴　魏　杰 | 著

人民出版社

作者简介

卫兴华（1925.10—2019.12） 中国人民大学荣誉一级教授，博士生导师，杰出的马克思主义经济学家、教育家。2019年获得“人民教育家”国家荣誉称号、“最美奋斗者”荣誉称号。先后获孙冶方经济学论文奖、吴玉章人文社会科学终身成就奖、第九届中国经济理论创新奖、北京市劳动模范称号等。曾任中国人民大学学术委员会副主任、经济学系主任，《中国人民大学学报》总编辑、国务院学位委员会第三届经济学科评议组成员，中国《资本论》研究会副会长、全国综合性大学《资本论》研究会会长。出版学术著作40余部，发表论文1000多篇，荣获国家级、省部级教学与科研奖励20余项。

洪银兴 1987年获中国人民大学经济学博士学位，2009年获加拿大滑铁卢大学名誉法学博士学位。现任南京大学文科资深教授，博士生导师，教育部社会科学委员会副主任委员，中央马克思主义理论研究和建设工程首席专家，曾任南京大学党委书记，第四、第五届国务院学位委员会理论经济学学科评议组成员。曾获孙冶方经济科学奖（1987年），“做出突出贡献的中国博士学位获得者”称号（1991年）。获吴玉章哲学社会科学优秀成果一等奖（2017年）、国家级教学成果一等奖（2018年）、中国经济理论创新奖（2019年）、全国高校哲学社会科学优秀成果一等奖（2020年）。

魏杰 1977年恢复高考后考入西北大学，1987年获中国人民大学经济学博士学位。曾任中国人民大学教授、博导、经济系主任，国务院国家国有资产管理局研究所所长。清华大学经济管理学院教授、博导，中国经济研究中心主任、文化经济研究院院长。1993年被评为有特殊贡献的中青年专家、享有国务院特殊津贴。曾获孙冶方经济科学奖、中国经济理论创新奖，清华大学第十五届良师益友奖。

出版前言

1921年9月，刚刚成立的中国共产党就创办了第一家自己的出版机构——人民出版社。一百年来，在党的领导下，人民出版社大力传播马克思主义及其中国化的最新理论成果，为弘扬真理、繁荣学术、传承文明、普及文化出版了一批又一批影响深远的精品力作，引领着时代思潮与学术方向。

2009年，在庆祝新中国成立60周年之际，我社从历年出版精品中，选取了一百余种图书作为《人民文库》第一辑。文库出版后，广受好评，其中不少图书一印再印。为庆祝中国共产党建党一百周年，反映当代中国学术文化大发展大繁荣的巨大成就，在建社一百周年之际，我社决定推出《人民文库》第二辑。

《人民文库》第二辑继续坚持思想性、学术性、原创性与可读性标准，重点选取20世纪90年代以来出版的哲学社会科学研究著作，按学科分为马克思主义、哲学、政治、法律、经济、历史、文化七类，陆续出版。

习近平总书记指出："人民群众多读书，我们的民族精神就会厚重起来、深邃起来。""为人民提供更多优秀精神文化产品，善莫大焉。"这既是对广大读者的殷切期望，也是对出版工作者提出的价值要求。

文化自信是一个国家、一个民族发展中更基本、更深沉、更持久的力量，没有文化的繁荣兴盛，就没有中华民族的伟大复兴。我们要始终坚持"为人民出好书"的宗旨，不断推出更多、更好的精品力作，筑牢中华民族文化自信的根基。

人民出版社

2021 年 1 月 2 日

目　　录

导　论

第一节　社会主义经济运行机制理论研究的兴起

一、社会主义政治经济学的新课题

现阶段的我国，在经济体制改革浪潮推动下，社会主义经济发展过程不但生机勃勃，而且日趋纷繁复杂。经济实践的发展推动着经济理论的繁荣。现实的经济过程和联系不仅需要有本质的说明，还需要有经济运行的分析。

以往的社会主义政治经济学，偏重于单纯研究社会主义经济关系的本质及其规律，而撇开了社会主义经济运行及其机制方面的问题。这在社会主义经济制度产生的初期是可以理解的，侧重于研究社会主义经济关系的本质及其规律，对于人们认识和了解新建立的社会主义经济制度的质的规定性和优越性，有着重要的意义。但是，随着社会主义经济建设事业的发展，社会主义政治经济学的研究仅仅局限于这方面就不够了。理论和实践要求我们由过去那种单纯着眼于社会主义经济关系本质及其规律的研究方式，转向重视研究社会主义经济的运行机制问题，在研究经济运行机制及其规律的同时研究社会主义经济关系的本质及其规律。

社会主义政治经济学之所以必须研究社会主义经济运行机制问题，首先是由其历史使命决定的。社会主义政治经济学作为一门建设新制度的经济学，它必须以经济增长和不断提高人们的物质和文化生活水平为目标。这样，社会主义政治经济学的研究，就不应仅限于揭示社会主义生产关系的本质和它同资本主义的区别，而应同时研究社会主义生产关系的运动过程和趋势，研究适合生产力发展要求的社会主义生产关系的具体形式，研究最适合和最有利于社会主义经济发展的经济运行机制。与此相应，社会主义政治经济学对社会主义经济规律的研究，也不应仅限于单纯地给社会主义经济规律下定义、做表述，而应注意揭示社会主义经济规律充分发挥其功能的机制以及人们自觉运用经济规律使其顺利实现的机制。

政治经济学的研究应当包含经济运行机制的内容，这并不是什么新的发现。只是由于多年来社会主义政治经济学的研究忽视了这方面的内容，现在提了出来，才似乎成为新的问题。其实，马克思的经济学著作特别是《资本论》中就系统地研究了资本主义经济的运行机制。《资本论》并不是孤立地研究和规定资本主义生产关系，而是结合对资本主义经济运行机制的分析和揭示来说明资本主义的生产关系的。翻开《资本论》，呈现在人们面前的是资本主义经济运行的图景，而不是一条条本质规定。人们恰恰可以在这种经济运行图景中把握资本主义的本质关系。例如，对价值量决定的分析，对货币流通和纸币流通规律的分析，对相对剩余价值和超额剩余价值关系的分析，对资本有机构成提高同利润率的关系的分析，对平均利润和生产价格形成的分析，对生产部门内部和生产部门之间竞争机制的分析，等等，都体现了本质分析和运行机制分析的结合。因此，在马克思的政治经济学著作中，本质论、运行论和发展论是有机结合的整体。《资本论》之所以至今还有旺盛的生命力，适用于分析社会主义经济，重要原因之一就是它包含了对经济运行机制分析的内容。以资本主义经济为对象的政治经济学，包含了资本主义经济运行机制的内容；以现实的社会主义经济为对象的政治经济学，则应包含社会主义经济运行机制的内容。

二、对传统理论的反思

社会主义政治经济学长期不重视研究社会主义经济运行机制的原因虽然很多,但在很大程度上是由于在理论上把经济本质和经济运行这两个不同层次的问题混为一谈了。例如,过去人们一直把以指令性计划为轴心的社会主义经济运行机制奉为圭臬,把它当成了不可逾越的社会主义经济制度的本质规定。随着社会主义经济实践的发展,传统体制下的经济运行暴露出了一系列的弊病,促使人们对传统理论进行重新认识和研究。人们在研究中逐渐发现,社会主义经济本质和社会主义经济运行尽管有联系,但毕竟是两个层次的问题。后者有相对的独立性,因而有将它独立出来专门研究的必要。在改革实践中,人们进一步发现,公有制、计划经济等,虽是各个社会主义国家都必须坚持的一般原则,但在这些一般原则下运行的社会主义经济机制却不是一个固定模式。在不同的国家或同一国家的不同经济发展时期,可以有不同的经济运行机制。同一经济运行机制在不同的经济条件下的运行,也会有不同的效果。

过去人们对生产关系能否适应和促进生产力的发展,往往局限于从生产关系的发展水平上找原因,围绕着生产关系的发展快慢打转转,不是埋怨生产关系跑得过快,便是唯恐生产关系走得过慢。特别是在“左”的思想指导下,追求生产关系的不断升级,结果事与愿违,遗患无穷。现在将社会主义经济运行问题独立于社会主义经济的本质规定而专门提出来加以研究,便可发现:在社会主义生产关系相对稳定的条件下,完善和改造社会主义经济运行机制,是促使社会主义生产关系适合和促进生产力发展的重要因素。

对社会主义经济运行机制问题认识不清,解决不好,社会主义生产关系的优越性就不能很好地发挥。社会主义的优越性是通过社会主义经济的运行反映出来的。例如,社会主义要实现满足全体劳动者不断增长的物质文化需要的生产目的,就要利用和通过一系列的经济运行机制。这涉及许多方面:首先,满足人们不断增长的物质文化生活需要的生产,怎样才能较快地增长?这不是单纯的技术问题,它涉及实现生产增长的经济机制问题;其次,生产增长了,是否一定能满足劳动者的不断增长的物质文化生活需要?如果增产的产品不适合劳动者的需要,便谈不上社会主义生产目的的实现。如果经济增长速度过高,反而还会降低人民的消费水平。因为,过高的经济增长速度,超过了国民经济的承受能力,必然会造成经济生活的紧张和紊乱,引起严重的通货膨胀,使国民经济比例失调。我们在这方面有着深刻的教训。因此,为了实现社会主义生产目的,既需要建立起协调生产和需要的平衡机制,又需要有调节和控制经济增长速度的机制。可见,没有最佳的经济运行机制,经济关系再先进,其优越性也很难发挥出来。这是社会主义在实践中付出了很高的代价后而得出来的经验。

三、经济体制改革的先声

社会主义经济运行机制问题研究的兴起,是同经济体制改革的发展联系在一起的。

波兰经济学家布鲁斯在20世纪60年代初发表《社会主义经济的运行问题》一书。在该书中他将经济制度同经济运行机制做了明确的区分。他认为,不同的"社会主义经济模式"不是不同类型的社会经济制度,"而是社会主义类型的经济运行原则的变种"。"生产关系的性质本身决定经济运行机制的若干基本因素。……但是这决不妨碍在某种生产关系的基础上,例如,在以上所说的社会主义生产关系的基础上采用不同类型的经济机制。"言下之意,社会主义国家的经济体制改革,并不是改变经济制度,而是改革经济运行机制,选择新的经济运行机制。这种将经济运行机制同经济制度分开的理论,是重大的理论进展,也是社会主义国家经济体制改革的先声。现在社会主义各国的经济改革无不在改革或完善经济运行机制上做文章。当时苏联戈尔巴乔夫倡导的经济改革也被称为"改造经济机制"的改革。

兰格、利别尔曼、锡克等人或者在布鲁斯之前,或者与布鲁斯同期意识到了社会主义原有体制下经济运行机制的弊病。他们分别根据自己的理论，提出了改革经济体制，选择新的经济运行机制的理论和主张。这些理论分别在一定程度上被苏联和东欧的许多国家在经济改革过程中所吸收。我国在党的十一届三中全会以后，围绕着计划机制和市场机制的关系问题，展开了热烈而富有成效的讨论，从而推动了我国理论界对社会主义经济机制问题的研究。其阶段性研究成果体现于《中共中央关于经济体制改革的决定》及近年来党和国家的有关改革方案和文件之中，已成为我国经济体制改革的理论指针。

社会主义经济运行机制理论，还是社会主义经济体制改革深入发展并取得胜利的保证。东欧各国在经济体制改革的过程中，都曾出现过程度不同的宏观失控问题。我国在 1984 年下半年以来也面临这一问题。它反映了经济运行机制在转换过程中的紊乱。这主要是由改革的不配套和新的经济运行机制不完善而造成的。这些问题，从根本上说，涉及两个需要深入研究的经济运行机制理论：第一，经济运行机制目标模式的确定；第二，新旧体制转换过程中过渡性的经济运行机制的系统设计。在这方面，匈牙利的科尔内、里斯卡等对改革后匈牙利经济运行机制的分析取得了有成效的进展。他们分别从新旧经济运行机制运转的矛盾中提出了深化改革的方向。

可见，对经济运行机制理论的研究，具有重大的现实意义：它一方面为经济体制的设置和改革提供了理论基础；另一方面为宏观控制过程中的财政、货币、收入分配政策和各种杠杆的综合运用提供了理论依据。

四、经济机制理论大厦的构造

社会主义经济机制理论，是在社会主义生产关系相对稳定的条件下，研究社会主义经济运行机体的运动过程及其规律性的。

在构造经济机制理论大厦时，首先要了解经济机制理论在整个社会主义经济运行理论中的地位。一般来说，分析经济运行有两种角度。

一种是经济变量分析。这就是采取数量分析方法,考察经济中有关变量之间的关系。分析宏观经济运行,也就是分析经济增长速度、积累率、投资率、货币供给量、价格水平、利息率水平等变量之间的互相关系。分析微观经济运行,也就是分析市场价格、供给和需求等变量之间的相互关系。宏观经济分析和微观经济分析都是要分析某个变量或某几个变量发生变动时所产生的效应。这种分析的研究成果可以指导国家在确定经济增长速度、积累率、货币发行等方面的宏观经济决策,指导企业的市场活动及微观经济决策。

另一种是经济机制分析。这种分析是要透过宏观经济变量之间及微观经济变量之间的相互关系,考察经济体制因素在经济运行中的作用。这种分析不同于传统的社会主义政治经济学中的本质分析。它不对经济运行中的经济关系做定性分析或本质规定,而是分析各个经济主体在经济运行中的配置和组织,分析各个经济运行子系统如宏观控制系统、市场机制和企业在整个经济运行中的联结方式,目的是寻求经济运行系统的最佳组合和结构。以有计划商品经济为对象的经济机制分析,将集中讨论计划机制和市场机制的结合形式。这种分析的研究成果可以用于国家的经济体制改革及宏观控制系统的设计。

社会主义经济运行机制理论把整个社会主义经济运行机体看作一台机器,研究这台机器要正常运转需要哪些组成部分,这些组成部分相互之间是什么样的关系,从而研究社会主义经济机体这台机器按什么方式服从于一定的目标而协调地运转。因此,社会主义经济运行机制理论,是以社会主义经济最佳运行为研究任务。它在剖析社会主义经济运行各个器官机理的基础上,研究社会主义经济的生命运动。所以,社会主义经济机制理论包含极为丰富的内容。具体来说,大致包括:经济运行目标理论、经济决策理论、经济动力理论、经济调节理论等。

(一)经济运行目标理论

任何经济运行,不论是自觉的还是不自觉的,最终都要达到一定的目标。调节和控制经济过程,实际上就是校正被控系统的输出与运行目标的偏差。因此,经济运行目标理论研究三个层次的问题。第一个层次是由经济关系本质规定的经济运行目标。例如,在有计划的商品经济关系制约下的经济运行,客观上要达到三大目标,即:社会劳动时间的最优分配和节约;全体劳动者需要的最大限度满足;宏观经济的综合平衡。第二个层次是在一定阶段上的国民经济发展速度和发展方向的目标。这是第一个层次的目标在各个具体经济发展阶段的具体化。我国"七五"期间的经济发展总体目标就属于这个层次的目标,它指出了我国在"七五"时期国民经济的奋斗目标是:争取基本上奠定具有中国特色的新型社会主义经济体制的基础,大力促进科学技术进步和智力开发,不断提高经济效益,使1990年的工农业总产值和国民生产总值比1980年翻一番或者更多一些,使城乡居民的人均实际消费水平每年递增4%到5%,使人民的生活质量、生活环境和居住条件都有进一步的改善。第三个层次是计划执行单位和计划调节机构的目标。它是由第二个层次的目标分解而成的。在直接控制方式中,作为计划执行单位的企业是按指令性计划分摊国民经济计划任务,其目标是完成国家下达的指令性计划。在间接控制方式中,计划经济运行目标是不可能直接下达给企业的,需要借助经济杠杆的调节来实现,这些经济杠杆又是由财政、金融等计划调节部门来掌握和运用的,因此,经济运行目标的分解就必须同国家的财政政策、货币政策和收入分配政策挂钩,形成计划调节机构的目标,即财政政策目标、货币政策目标和收入分配政策目标。

(二)经济决策理论

社会主义经济活动具有不同的决策层次和决策内容。按不同的决策内容和决策层次划分决策权限,会形成不同的调节控制手段,从而形成不同的经济运行机制。在过去的集权体制中,调节手段是直接的,经济机制也就以指令性计划为轴心运行。现在,社会主义经济理论通过对国家与企业关系的分析,明确了国家与企业的分权决策范围。经济决策理论是要解决国家与企业的分权界线。如孙冶方提出按资金价值量的再生产规模划分国家与企业的决策权限,布鲁斯则提出按宏观经济决策和企业日常决策来划分。[①] 不论是按什么界线划分决策权限，总的原则应该是放得开、管得住，保证整个经济运行生气勃勃而又有条不紊。

（三）经济动力理论

任何机器的运转都需要动力，经济运行也不例外。经济运行的动力是什么？总的来说是各个经济主体由自身的经济利益要求所产生的对经济目标的追求。现阶段的经济活动的主体有国家、企业和个人，相应地产生了国家、企业和个人对自身的经济利益要求和对各自经济目标的追求。在这种追求过程中，虽然也会产生矛盾，但其统一性是主要的，并且正是在这种统一中才各自达到了自己的追求目标。因此，经济动力理论考察的经济动力包括两个方面。一方面是各个经济主体由自身的经济利益要求所产生的对经济目标的追求。这种追求来源于经济主体本身，它在经济运行机制中的地位，好比是宇宙中各个行星的"自转"。这是经济动力理论的基础。另一方面是由各个经济活动主体在整个经济机制运行中发挥作用所形成的对总体目标的追求。例如，企业在追求自身利益时要受制于国家利益和服从国家利益。这种关系好比是太阳系中各个行星的"公转"。各个主体由"自转"进入"公转"的轨道，取决于它在经济机制中的地位及所处的经济联系。"公转"的动力来源于各个经济主体利益实现过程中的机制。经济动力理论的关键，是按经济运行目标的要求，寻找使各个经济主体按计划目标要求运行的动力。

（四）经济调节理论

经济调节的基本要求，是通过调节各经济主体的经济运行，以实现经济运行目标。这种调节机制的基本功能是将各个主体的经济动力与经济运行目标挂上钩。经济调节理论从两方面考察调节机制。一方面是静态考察，研究调节机制的系统设计。经济过程有自动的调节机制，它是该经济过程的"生理机制"。在商品经济条件下，这种机制就是市场机制。社

---

① 孙冶方和布鲁斯等人提出的决策权限划分问题将在下文做详细介绍。

会主义经济过程是自觉的经济过程，因此不仅要预定经济运行目标，而且还要有自觉的调节机制以调节经济过程。这种自觉的调节机制就是计划机制。计划机制和市场机制的关系是经济调节理论的核心内容。另一方面是动态考察，研究宏观控制过程。这需要了解各个经济变量之间的关系，各个经济杠杆的功能，以及它们相互之间的结合功能，从而研究宏观控制过程中的财政政策、货币政策和收入分配政策的效应，据此确定宏观控制的政策和手段。

第二节 社会主义经济运行是计划经济和商品经济的统一运行过程

一、经济运行机体

任何机器都是按照自己的性能在一定的技术和工艺的联系中运转的。社会主义经济机体同机器一样，其运行的内部联系和运行方式也是由机体本身规定的。社会主义经济是在公有制基础上的计划经济和商品经济的统一。也就是说，现阶段的经济运行机体是计划经济和商品经济的结合体。两者的联结和协同作用是社会主义经济运行的中心问题。随着经济体制的改革，我国的经济运行正在形成有计划商品经济运行的格局。计划经济和商品经济的结合功能已初见成效，两者的碰撞和摩擦也颇为明显。实践要求我们从理论上剖析社会主义经济运行机体，进一步探讨计划经济和商品经济的关系，寻求两者结合的最佳形式，以尽量减少两者的碰撞，充分发挥两者的结合功能。这里的问题不是孤立地描述和分析计划经济或商品经济，而是要从优化有计划商品经济运行系统的角度，探讨在社会主义经济系统中计划经济和商品经济的最佳组合及其结合功能。

二、什么是计划经济?

计划经济是在生产资料公有制基础上建立的反映有计划按比例发展规律要求的经济制度和国民经济管理制度。作为经济制度范畴,它要求社会主义经济关系体现计划性和自觉性;要求经济关系联系中实现计划性和自觉性;要求实现国民经济有计划按比例地发展。作为国民经济管理制度的范畴,它要求实行对社会经济的计划指导和计划调节,实行国民经济计划化。计划经济的基本特点是,由统一的社会中心按照全社会及其成员的需要,对社会生产、交换、分配和消费过程及其关系进行自觉的调节,以保证社会总劳动时间按比例地分配于不同的部门,保证社会主义经济利益关系的协调发展。计划经济不仅是指个别企业活动的有计划性,更重要的是指整个国民经济发展的有计划性。

制订并实施国民经济计划是实现计划经济的必要手段。但不能以为有了计划就一定能实现国民经济的有计划按比例发展。过去人们将社会主义条件下存在的有计划按比例发展规律表述为:在社会主义公有制条件下,人们可以通过国民经济计划实现国民经济的按比例发展。经济发展的实践表明,有了国民经济计划,哪怕是包罗万象,国民经济也不一定按比例发展。因此,这种表述的规律在现实中并不存在。根据马克思主义经济学的分析,任何社会都客观地存在着国民经济按比例发展的规律。在私有制经济中,这种按比例发展的要求是自发实现的,而在社会主义公有制条件下,一切经济过程和任何经济规律,都需要通过人们的自觉活动才可能有效地实现。国民经济按比例发展规律的实现也是这样。人们的自觉活动必然要求计划性。因此,在社会主义经济中,客观上存在着自觉地、有计划地实现国民经济的比例关系的要求,这就是国民经济有计划按比例发展的规律。这个规律不是简单地要求制订国民经济计划,而是要求人们在自觉地寻求客观存在的比例关系的基础上,制订有科学根据的、能保证国民经济按比例发展的国民经济计划,并据此对社会经济进行计划调节。显然,这种要求我们在过去的长时期中,并没有在经济工作中真正贯彻。因而也就未能有效地实现社会主义经济所要求的计划调节，反而违反了国民经济有计划按比例发展规律的要求，造成比例的严重失调和破坏。反映有计划按比例发展规律要求的计划经济的基本规定是，自觉地认识和实现客观的国民经济发展的比例关系。不能把计划经济同反映主观随意性和长官意志的计划方式混同起来。

计划经济是否意味着社会生产各部门之间、生产和需要之间的比例关系必然不会被打乱，不会出现不平衡呢？客观经济实践作出了否定的回答。平衡是相对的，而不是绝对的。经济发展总过程中总会出现某种不平衡。其原因是多方面的。从客观上讲，生产部门间的比例总是以一定的速度为基础的，而各部门的发展速度在实践中又是不断变化的，这种变化会在不同程度上打破原有的平衡。在这里，不能设想比例一旦确定，各部门就会一二一地齐步走。社会生产和社会需要的比例关系也是这样。因为两者受不同因素的制约，所以随着时间的变化和各种因素的变动，生产和需要之间原有的平衡也会被打破。从主观上讲，计划工作的失误也会造成比例的失调。但这并不能否定计划经济的必要性和优越性。计划经济的优越性或者说特点，恰恰就在于，当经济出现不平衡时，社会能自觉地及时地调整计划，并能运用经济的、行政的和法律的手段调节经济运行，组织新的平衡。列宁说得好："经常的、自觉地保持的平衡，实际上就是计划性"。①

三、计划经济的形成条件

从上述的分析中可以看出，计划经济不是从来就有的，它的产生需要有一定的经济条件。在社会化大生产条件下，社会生产按分工要求分为一个个生产部门，生产过程呈现为一系列的社会经济行动。各个部门之间既相互独立，又相互依赖，形成一个有机的统一体。这样，各个部门的生产规模之间、增长速度之间，客观上要求保持适当的比例关系，否则社

① 《列宁全集》第3卷，人民出版社1959年版，第566页。

会再生产就不能顺利地进行。而且,在社会化大生产条件下,随着生产力的巨大发展,交换、分配和消费的水平及范围也随之发展。这样,客观上就要求在全社会范围内对生产、交换、分配和消费进行计划协调和衔接,实行全社会范围的计划管理。

然而,社会化大生产的各种比例能否由社会进行统一的计划协调,并不是社会化大生产本身能够解决的。它取决于社会化大生产同什么样的所有制形式相结合。

在资本主义私有制条件下,生产的社会化与生产资料私有制相对立。计划性主要限于企业范围内,整个社会的生产是无政府状态的。社会再生产所要求的比例,只能依靠价值规律的自发作用,依靠周期爆发的经济危机强制地实现。这就是马克思所讲的:“资产阶级社会的症结正是在于,对生产自始就不存在有意识的社会调节。”①

计划经济不仅是指个别企业活动的有计划性,更重要的是指整个国民经济发展的有计划性。可见,计划经济是有条件的,它要求生产的社会化达到这样的程度:相互独立的各个生产部门相互依赖,各个部门的生产过程呈现为一系列的相互依存和联系的社会行动。它还要求劳动者在社会范围同生产资料相结合,社会占有生产资料,从而使国民经济各部门、各企业之间的根本利益相一致。这种条件只可能产生于以生产资料公有制为基础的社会主义社会。

社会主义生产资料公有制的建立,为对社会生产进行统一的计划管理提供了可能。第一,生产资料公有制与生产的社会化相适应,国家可以在全社会范围内有计划地管理和协调生产、交换和分配过程,从而可以根除社会生产的无政府状态。第二,劳动人民成了生产资料的共同主人,国民经济各部门和各企业之间的根本利益是一致的,整个国民经济成了统一的有机整体。第三,生产力主要为社会所占有,人们可以自觉地认识和利用经济规律,根据社会需要和现有的资源,制定切实可行的国民经济计划,实现国民经济的有计划按比例发展。

---

① 《马克思恩格斯选集》第 4 卷,人民出版社 1995 年版,第 581 页。

四、计划经济的阶段性

生产社会化及生产资料公有制在发展过程中有程度上的差别，与此相适应，计划经济的发展也会出现阶段性。

现阶段我国存在着实行计划经济的客观性，这是确定无疑的。新中国成立以来，我们实行计划经济，集聚大量财力、人力和物力，进行大规模的社会主义建设，取得的成就有目共睹。在社会主义中国，不实行计划经济是没有出路的。

但是，我们不能不看到现阶段计划经济的水平还不够高。第一，现阶段的生产力尚未达到实行高水平的计划经济的要求，交通不发达、通信手段落后、经济文化发展很不平衡的状况还不可能在短期内改变；第二，生产社会化程度不平衡，并且还不够高，农村中有相当一部分地区还处于自给和半自给状态，国民经济各部门的联系也还不很密切，生产的分工和专业化尚不发达；第三，现阶段多种经济成分并存，即使是全民所有制内部，各个企业也是独立经营的商品生产者。所有这些都表明，我国现阶段的计划经济尚处于初级阶段。现在对我们来说，完整的、无所不包的详细计划等于“官僚主义的空想”。因此，在今后一个很长的历史时期内，我们的国民经济计划就总体来说，只能是粗线条的和有弹性的，只能通过计划的综合平衡和经济手段的调节，做到大的方面管住管好，小的方面放开放活，保证重大比例关系比较恰当，使国民经济大体有计划按比例地协调发展。而且还应当看到，计划经济的发展和完善，需要通过大力发展商品经济来实现。

五、什么是商品经济

商品经济是商品生产和商品流通的总和，是经济运行的一种形态。经济运行采取商品经济形态有两方面的规定：

首先，商品经济是生产者之间通过等价交换关系而结成的经济形式。

商品经济的前提是:社会分工基础上的各个生产者有独立的经济利益要求、独立的经营活动,具有对劳动产品的所有权。在这种经济关系下,生产者之间不能无偿地交换自己的劳动,你给才能我给,我给是为了你给。不仅如此,相互间的有偿交换还必须是等价的。否则,会损害交换者的利益。因此,在商品经济中,等价交换关系是联结千千万万生产者的纽带。

其次,商品经济是社会经济联系的一种形式。在商品关系中,由于生产经营的独立性,生产商品的个别劳动并不直接成为社会劳动。“生产的社会性,只是由于产品变成交换价值和这些交换价值的交换,才事后确立下来”。① 因此,商品经济是迂回地通过价值形式所建立的人们在社会再生产过程中的经济联系。它既不同于自然经济中的“人的依赖关系”形式(如家长制的血缘联系、奴隶制和封建制的人身依附关系),也不像未来共产主义社会无商品关系的计划经济那样,在直接确定产品中的社会必要劳动时间的基础上,通过直接计划形式而实现经济联系,不需要价值插手其间。商品经济作为社会经济联系的形式,包含于社会再生产的各个过程之中。社会主义经济采取商品经济形式,意味着其生产过程、交换过程、分配过程的经济关系都要采取商品形式。

商品生产和商品流通是一些极不相同的生产方式而具有的现象,单就商品经济本身的特点不能判断商品经济所依存的生产方式的特征。因此,无论是资本主义商品经济,还是社会主义商品经济,就其商品经济运行的规律、机制和方式来说并无二致。它们均反映商品经济的内在矛盾。商品经济的基本矛盾在私有制度下表现为私人劳动和社会劳动的矛盾,在公有制度下表现为局部劳动和社会劳动的矛盾。与这一矛盾同时并存的,还有使用价值和价值的矛盾、具体劳动和抽象劳动的矛盾等。上述这些,是商品经济的共性,不论商品经济存在于何种社会生产方式中,概无例外。同时,一切商品经济都受商品经济内在规律如供求规律、竞争规律和价值规律以及货币流通规律等的支配。

在社会主义经济条件下,商品经济的运行必然要受到社会主义经济

① 《马克思恩格斯全集》第46卷(上),人民出版社1979年版,第119页。

关系的制约。这就是,商品经济以生产资料公有制为基础,商品经济要同计划经济结合在一起运行,商品生产追求价值和利润的目的,要受满足整个社会物质和文化需要的社会主义生产目的的制约。所有这些规定了社会主义商品经济运行的特殊性。

六、社会主义商品经济的内涵

社会主义商品经济同社会主义初级阶段的商品经济,是在内涵上不同的两种经济范畴。社会主义商品经济是指在社会主义经济内部形成的、以公有制为基础的商品经济,它体现和反映着社会主义经济的内在联系,其中包括国有制内部的商品经济关系、集体所有制内部的商品经济关系以及国有制和集体所有制之间的商品经济关系。社会主义初级阶段的商品经济则不同,它的内涵要比社会主义商品经济广泛。它既包括社会主义公有制基础上的商品经济,也包括其他非公有制或非完全公有制基础上的商品经济。前者是社会主义初级阶段的商品经济的主体,后者则是社会主义商品经济的补充,其中包括:个体经营的以自己劳动为基础的商品经济,外资独营的资本主义性质的商品经济,国内私人雇工经营的资本主义性质的商品经济,中外合资、合作以及各种经济成分合营的不完全社会主义性质的商品经济,等等。所有这些在社会主义条件下存在并且还要有所发展的商品经济形式,虽然是社会主义商品经济的必要补充,但不能将其同社会主义商品经济等同起来。它们所反映的特殊经济关系与社会主义商品经济所反映的特殊经济关系有着性质的区别。但是目前不少人将不同经济成分下的商品经济等同起来,统称为社会主义商品经济,这是不对的。社会主义商品经济,是指公有制基础上的有计划的商品经济,是在社会主义经济关系内部存在和发展的商品经济。一切以私有制为基础的商品经济,因为根本性质不同,不能称作社会主义商品经济。

有些人认为,社会主义公有制普照之光下面的各种经济成分会发生变异,因而社会主义现阶段的各种经济成分的商品经济,都会共融为社会主义商品经济。这是不对的。的确,应当充分认识到:社会主义公有制经济作为主体成分，可以对处于次要地位的其他经济成分发生影响，使以它们为基础的商品经济从属于社会主义商品经济，在不同程度上为社会主义经济服务。而且，在社会主义商品经济占主导地位的条件下，其他经济成分的商品经济作为社会主义商品经济的必要补充，有利于社会主义社会生产力的发展和人民群众生活需要的满足，并且在不同程度上也会带有某些社会主义的因素。但就其自身的根本性质来说并不会改变。应当肯定，在社会主义社会中，非公有制商品经济的地位及其作用，同在以往的私有制社会中不同，而且其运行过程要在一定程度上受计划经济的制约和指导。但这并不能使它变成为社会主义商品经济。例如，外商独资经营的商品经济虽然要受社会主义国家的法律约束，不得冲击和危害社会主义经济，要为社会主义经济建设服务，但从本质上看，它仍然是资本主义商品经济。由此可见，公有制经济的"普照之光"，对于其他经济成分的商品经济的作用只能是：在不改变它们的根本性质的基础上，使它们从属于社会主义商品经济，促进社会主义经济的发展，并在计划经济的影响下运行。

还有一些人认为，在社会主义社会，多种经济成分的合力会造成富有活力的社会主义经济运动，而其他经济成分的商品经济实际上也就成了社会主义商品经济。其实，合力只是说明社会主义商品经济与其他非社会主义商品经济或非完全社会主义商品经济相互补充，在运行中形成一种互相作用的配合力，共同促进社会生产力的发展，而并不能因为合力的存在就改变不同事物的性质，使不同经济成分的商品经济共融为同一种性质的社会主义商品经济。即使是公有制基础上的社会主义商品经济在整个商品经济体系中占主导地位，也不可能改变其他经济成分的商品经济的性质，只能是使其他经济成分的商品经济补充自己的不足，以自己为中心来运行。也就是说，合力只能说明运行问题，而并不涉及根本性质问题。

再一些人认为，社会主义国家只要加强宏观控制，就可以使现阶段存在的其他经济成分的商品经济成为社会主义商品经济。他们认为，增加税收和引导其提高积累，都可以使其他经济成分的商品经济发生性质变化。这种观点无论是从理论上还是从事实上看，都是欠妥当的。首先，宏观控制的功能并不涉及社会经济性质，相反，社会经济性质决定着宏观控制的内容、体制及方式。如果说宏观控制能够改变社会经济的性质的话，那么取得社会主义革命胜利的国家，就不必进行社会主义改造了，只要对原有的资本主义经济和个体经济加强宏观控制就行了。实际上并不是如此。宏观控制作为国民经济运行的总体调节体系，其主要功能是协调国民经济运行与国民经济发展目标的偏差，仅仅对经济运行有作用，并不可能改变社会经济性质。可以这样说，宏观控制是属于经济运行范畴，并不规定各种经济成分的本质属性。现实情况也表明，个体经济及私人雇工经济等其他经济成分的商品经济，并没有因为我们加强宏观控制而成为社会主义商品经济。其次，税收并不决定商品经济的社会性质，恰恰是社会经济性质决定税收的性质及原则。通过税收的作用可以促进、利用或限制某种经济成分的发展，而不可能改变所调节的经济成分的性质。再次，我们虽然可以通过一系列政策使非公有制经济成分的商品经济将其收入的主要部分用于积累，用于扩大再生产，从而有利于社会生产力的发展，有利于社会进步，但并不能由此而改变积累起来的资产的私有性质。积累的增加并不会改变其自身的社会经济属性。不管何种私有制经济成分，它积累得再多，也不会变成为社会主义性质的经济。因此，不能把积累的多少作为划分某种商品经济是否具有社会主义性质的标准。

七、商品经济充分发展的阶段是不可逾越的

商品经济是古老的经济形式，早在原始社会末期就降临人间。商品经济从它存在的第一天起就显示了巨大的经济威力。它曾割断了人们之间的血缘联系，推动了社会进步。到了资本主义阶段，商品经济高度发达，更显示出神奇的魔力。它使“资产阶级在它的不到一百年的阶级统治中所创造的生产力，比过去一切世代创造的全部生产力还要多，还要大”①。其原因在于，商品经济的发展总是同社会分工的发展，同经济效

① 《马克思恩格斯选集》第 1 卷，人民出版社 1995 年版，第 277 页。

益及效率的提高,同市场的繁荣结合在一起的。

一个国家在特定的社会历史条件下可以逾越资本主义社会这一历史阶段,进入社会主义社会,但不能逾越商品经济的充分发展阶段。因为商品经济的充分发展同社会生产力的高度发展是相互联系和相互促进的。不充分发展商品经济,落后的小生产方式、封建的封闭式经济、自给自足的自然经济就不能被冲破,社会分工的范围也不能扩展,分工的程度也不能加深,劳动生产率和社会生产力也就不可能有较大的提高。在发达的资本主义国家,商品经济和生产力都获得了高度发展。处于生产力和商品经济落后阶段的社会主义国家,必须补上商品经济充分发展这一课。这样,才有利于社会生产力的高度发展,有利于社会主义经济关系所需要的高度物质技术基础的最终建立。

目前理论界普遍流行着"商品经济是社会经济发展不可逾越的阶段"这样的说法。这种提法没有任何理论意义和实际意义。这就如同说自然经济是社会经济发展不可逾越的阶段一样,只是对已存在过的历史事实加以描述,没有任何现实针对性。自然经济在历史上存在了很长时期,整个原始社会的三百万年左右是在自然经济中度过的。奴隶社会和封建社会也是自然经济占统治地位。这是历史事实,谁也没有也不可能逾越它。同样,远在奴隶社会和封建社会,商品经济就已存在和不断发展,到资本主义社会占了统治地位,这也是历史事实,不存在可否逾越的问题。即使在旧中国,商品经济虽然还不发达,但也存在了几千年,并有了一定的发展。这也是客观事实,同样不存在逾越不逾越的问题。

《中共中央关于经济体制改革的决定》和党的十三大报告中的提法是:"商品经济的充分发展,是社会经济发展的不可逾越的阶段"①。强调的是商品经济的"充分发展"。这个提法是有针对性和现实意义的。在过去一个较长的时期内,我国在理论上和实践上以及经济体制上,没有足够重视商品经济的发展,没有认识商品经济充分发展的必要性,甚至把商品经济看成是资本主义的东西,在政策上限制其发展。实际上是想要逾

① 《中共中央关于经济体制改革的决定》,人民出版社 1984 年版,第 17 页。

越商品经济充分发展的阶段,结果严重阻碍了社会生产力的发展。针对这样的实际,强调提出商品经济的充分发展是社会主义经济发展不可逾越的阶段,就有了重要的理论和实际意义。在理论上和政策上明确这一点,有助于放手大力发展商品经济,以促进社会主义经济的快速发展。

八、商品经济与计划经济不是截然对立的

认为商品经济与计划经济相互对立的观点,在经济学界曾长期占统治地位。经过近些年的讨论,虽然人们大多已经认识到商品经济与计划经济能够和应当相统一,认识到社会主义大力发展商品经济的必要性和客观必然性,但问题并没有完全解决。目前仍有人把计划经济与商品经济截然对立起来,其主要倾向表现在两个方面。

第一,用计划经济否定商品经济,认为"有计划的商品经济这种命题不科学,社会主义公有制条件下不存在商品经济,社会主义与商品经济有着不可克服的矛盾,硬把它们统一起来,势必陷入理论困境,造成实际工作中的混乱"①。这种观点是不妥当的。它脱离开社会主义实践,去拘守马克思关于社会主义不存在商品生产的论断。马克思的这个论断是建立在当时条件下他对商品生产现象的考察和理论分析基础上的。其一,马克思当时所看到的现实的商品经济,是资本主义商品经济,所了解的历史上的商品经济,是前资本主义私有制下的商品经济。因此,他把商品经济与私有制联系在一起,更多地看到商品经济的弊端是必然的。确实,私有制度下的商品经济,明显地表现出它的自发性和盲目性。资本主义商品经济的无政府状态,伴随着周期性的经济危机。就连当时一些杰出的资产阶级思想家也把商品经济同资本主义的弊病联系在一起。例如,爱因斯坦就认为"失业"及"悲惨的贫困"等,都是商品经济发展的结果。② 因此,马克思把商品生产同社会主义制度对立起来是可以理解的。其二,马

① 《经济研究资料》1987年第6期,第9页。

② 《人民日报》1987年5月10日第4版。

克思关于社会主义不存在商品生产的论断，更主要的是同他对社会主义的整体设想联系在一起的。根据马克思的设想，社会主义制度下的生产资料是全部为社会所有，劳动一开始就是直接的社会劳动，计划可以像一个人使用自己本身的器官一样直接统一分配和使用社会劳动力，社会只是在直接确定产品中的社会必要劳动时间的基础上，通过直接计划形式而实现经济联系，因而无须价值插手其间。这样，商品经济当然就不存在了。但是后来的实践表明，社会主义社会仍然需要广泛存在商品生产和商品交换，社会主义经济还必须要采取商品经济的形式。这不仅是由于社会分工仍然存在并进一步发展，而且还由于社会主义社会存在着生产资料和产品的不同所有者。就是在全民所有制的国有企业之间，也存在着实行和发展商品经济的根源。在过去一个相当长的时期内，人们对于社会主义是否存在商品经济一直争论不休，现在实践已经作出了肯定的回答。在这里需要指出的是，有的同志认为，马克思所以预计社会主义社会不存在商品生产，是以生产力发展最高的资本主义国家取得社会主义胜利为条件的。后来，首先建立社会主义的是生产力落后的国家，因此还需要保存和发展商品经济。也就是说，把现有社会主义国家的生产力落后作为社会主义存在商品经济的原因。这种见解缺乏说服力。苏联现在的生产力水平，要比马克思当时所考察的作为资本主义典型的英国发达得多，但仍然还要发展商品经济。即使是目前生产力最发达的资本主义国家，如果建立了社会主义经济制度，也仍然要继续保留商品经济。由此可见，商品经济在社会主义条件下继续存在和发展是必然的。马克思关于社会主义不存在商品经济的论断已被实践所突破了。在这种情况下，如果仍然无视社会主义实践，无视和否定社会主义制度下大力发展商品经济的必要性，那就未免太脱离实际，脱离生活了。

用社会主义经济或计划经济否定商品经济的另一个观点，是把商品经济与资本主义等同起来，把商品经济看成是资本主义所专有的，是同社会主义格格不入的东西。事实上，商品经济与资本主义经济是根本不同的两种经济关系，是两种不同系列的范畴。大家知道，社会形态是按具有特定性质的社会经济关系特别是按生产资料的所有制关系划分的。人类社会曾经经历了五种社会形态，商品经济从来不会成为一种特殊的社会形态。它是存在于几个不同社会形态中的一种经济形式，是同自给自足的封闭式的自然经济相对立的一个经济范畴。商品经济萌芽于原始社会的末期，在奴隶社会和封建社会逐渐发展。到了资本主义社会，商品经济渗透到了一切领域，成为普遍化的经济形式。由此可见，商品经济的寿命比资本主义长得不可比拟。它先于资本主义几千年而产生，怎么能将商品经济同资本主义经济画等号呢？马克思和恩格斯的著作中从来没有把一切商品经济同资本主义经济相等同。将二者画等号的观点不是马克思主义的观点。商品经济实际上是人们通过价值这种迂回形式在社会再生产过程中所建立的经济联系，本身并不具有任何特定的社会经济性质。正因为如此，商品经济可以同不同性质的生产方式相结合而存在。在一般经济学著作中，把社会主义以前的商品经济只分为两种，即小商品经济和资本主义商品经济。似乎在奴隶制和农奴制经济等内部不存在商品经济。其实不是这样。马克思在谈到这一点时指出："不论商品是建立在奴隶制基础上的生产的产品，还是农民的产品（中国人，印度的农奴），还是公社的产品（荷属东印度），还是国家生产的产品（如从前在俄罗斯历史上出现的以农奴制为基础的国家生产），还是半开化的狩猎民族的产品等等，它们总是作为商品和货币……"①。不同的社会生产方式可以利用商品关系，同商品关系结合在一起，但并不能改变商品关系本身的性质。"作为商品进入流通的产品，不论是在什么生产方式的基础上生产出来的，——不论是在原始共同体的基础上，还是在奴隶生产的基础上，还是在小农民和小市民的生产的基础上，还是在资本主义生产的基础上生产出来的，——都不会改变自己的作为商品的性质"②。资本主义生产方式仅仅是使商品生产普遍化，成为占统治地位的经济形式，但不可能改变商品生产本身所固有的性质，更不能使商品经济成为资本主义的经济范畴。马克思虽然把商品作为资本主义经济的细胞和元素形式，但对于

① 《马克思恩格斯全集》第 24 卷，人民出版社 1972 年版，第 126—127 页。
② 《马克思恩格斯全集》第 25 卷，人民出版社 1974 年版，第 363 页。

资本主义关系和商品生产关系又做了严格的区分。马克思认为,把商品生产关系和资本主义关系混为一谈,用商品生产关系解释资本主义经济关系,是一些资产阶级经济学家难以揭示和必然掩盖资本主义经济关系本质的一个重要原因。他通过对资产阶级经济学家詹姆斯·穆勒在这方面的错误的剖析,反复说明了这一点。因此,马克思把严格区分商品生产关系和资本主义经济关系,作为研究资本规定的重要原则和方法。就整个《资本论》的体系结构来说,马克思在第一卷第一篇中首先分析了单纯商品关系,也就是说在分析了商品生产一般,揭示了商品经济的内在机理和规律之后,进而在其他篇章中将资本主义经济关系同商品货币关系结合在一起进行研究的。虽然资本主义经济像鱼离不开水那样离不开商品经济,但马克思在分析资本主义经济时,依然在理论上把商品货币关系同资本主义关系区分开来,而不是将它们混淆在一起。《资本论》第一卷中对于货币转化为资本、商品所有权规律转变为资本占有规律等问题的分析都是这样。在《资本论》第二卷中,马克思分析资本的循环过程时,依然把资本循环的第一阶段 G—W,首先看作"一般商品流通过程",然后才分析使这个流通过程同时成为单个资本独立循环中一个职能上确定的阶段的原因。"不是由于货币的性质产生了这种关系(指资本关系——引者);相反,正是由于这种关系的存在,单纯的货币职能才能转化为资本职能。"①同样,资本循环的第三阶段 W—G,马克思也认为这首先是"一切商品流通的简单行为",然后才分析商品职能所以成为资本职能的原因,从这里可以看出,马克思从来也没有把商品经济关系同资本主义经济关系等同起来,更没有把商品经济关系看成为资本主义经济范畴,而是把商品经济作为可以同几种社会经济关系相结合的一般生产形式。商品生产和商品流通是极不相同的生产方式都具有的现象,尽管它们在范围和作用方面各不相同。因此,只知道这些生产方式所共有的抽象的商品流通的范畴,还是根本不能了解这些生产方式的不同特征,也不能对这些生

① 《马克思恩格斯全集》第 24 卷,人民出版社 1972 年版,第 39 页。

产方式作出判断。① 如果说,不同社会形态下的商品经济有其特殊的性质,那只是由于它同该社会形态所特有的生产关系结合在一起,从而会反映该种社会生产关系的特殊性质。只有在资本主义关系下存在和发展的商品经济才是资本主义商品经济。在社会主义关系下存在和发展的商品经济则是社会主义商品经济。由此可见,把商品经济同资本主义画等号是毫无根据的。

第二,用商品经济否定计划经济,认为社会主义经济的本质特征是商品经济,现阶段不存在计划经济的客观依据。这种观点无论从哪方面讲,也都是难以成立的。

从计划经济同社会主义经济的性质、运行及管理的关系来看,首先,计划经济反映社会主义经济关系的本质规定,体现着以生产资料公有制为基础的社会主义经济关系的自觉性和计划性联系,它同社会主义生产关系的其他方面共同构成了社会主义生产关系体系;其次,计划经济的计划性是社会主义经济运行的质的规定的主导方面,它引导着国民经济有计划按比例地发展。社会总供给与总需求的平衡、国民经济发展目标的实现等,从总体上说,都是通过计划调节而完成的;最后,计划经济的计划管理反映社会主义经济管理的内在规定,是建立在公有制基础上的经济利益一致性的实现形式。虽然随着微观经济的放开和多元利益主体及经营主体的形成,会增加计划管理的复杂性,但计划管理仍然是社会主义经济管理的原则和方向的体现。由此可见,计划经济对于社会主义经济,如同人与布帛菽粟的关系一样须臾不能离开。可以说,社会主义经济中如果没有计划经济,无政府状态的破坏作用会甚于资本主义私有制经济下的状况。因为公有制经济会在自发性和盲目性盛行的无政府状态下遭到严重侵蚀和损害。

无论用计划经济排斥商品经济,还是用商品经济排除计划经济,都是把两者截然对立起来的片面观点,都是不符合社会主义实际的。在社会主义经济条件下,计划经济需要通过商品经济来实现;商品经济需要在计

---

① 《马克思恩格斯全集》第23卷,人民出版社1972年版,第133页。

划指导和调节下发展。只有将计划经济同商品经济从而将计划机制同市场机制有机地结合起来,才能形成新的、有效的社会主义经济运行机制。

从商品经济与我国社会主义经济的现实发展状况来看,首先,社会主义的根本任务和我国的基本国情及国际环境等方面的因素,决定了我国经济发展在现阶段的核心任务是推进整个国民经济的现代化,把传统工业部门占主导地位的不发达国民经济体系,转变为现代产业占绝对优势的现代化国民经济体系,因而经济发展的目标就不应只局限于商品经济机制所形成的市场需求,而应当在注重发挥商品经济机制积极作用的同时,也注重计划在国民经济现代化中的主导作用,通过计划实现经济发展的长远目标。其次,我国的经济发展现在还处于"追赶阶段",这就决定了我们的经济发展不可能走那种通过商品经济机制的随机作用而把一般供给逐渐转化为有效供给的道路,因为仅靠商品经济机制的作用实现有效供给,需旷日持久,这对我们这样一个处于国际竞争日益尖锐、国内要求提高生活水平的期望日益高涨的压力下的国家来说,是不可能获得那么多的时间的,因而唯一能选择的途径,是使生产有计划地直接形成有效的供给或缩短其形成的时间。最后,国民经济高效益发展,要求社会生产必须在规模和结构两个方面不断适应社会需求的动态演变,而商品经济机制在这方面的功能却极为有限,只依靠它必然会造成以加工工业过速发展为标志的暂时繁荣,埋下基础设施、基础工业日益短缺的隐患,因而还必须依靠国家的集中统一计划来指导长期生产规模和结构的发展。总之,社会主义经济的现实发展是不可能离开计划经济的。

上述分析表明,计划经济和商品经济并不是截然对立、此消彼长的经济关系。计划经济表明社会生产、交换和分配过程的计划性,它同社会化大生产和生产资料的公有制相联系,是社会主义经济的基本特征之一,与它直接相对立的是社会生产的无政府状态的经济(如资本主义市场经济)。与计划经济不同,商品经济表明社会生产、交换和分配过程采取商品形式,它同社会分工和生产者对生产资料和劳动产品的不同程度的所有权相联系,它与自然经济直接相对立,但不同计划经济相对立,不但不相对立,而且在社会主义阶段,计划经济只有在充分利用商品经济的基础上才能很好地实现。这样,社会经济形式的发展序列应该是:自然经济——商品经济——与商品经济相结合的计划经济——无商品关系的计划经济。由此可见,计划经济和商品经济完全可以在一定的经济关系中结合起来,两者分别反映社会经济活动的不同层次的特征:一个是表明社会再生产过程的计划联系,而另一个则是表明社会再生产过程的商品联系。在社会主义经济条件下,两者好比一个平面上的横坐标和纵坐标,分别表明社会主义经济的不同层次的特征:前者构成社会主义经济的本质特征;后者由于是极不相同的生产方式都具有的现象,因而不可能规定社会主义经济的本质特征,但它能标志社会主义经济的阶段性特征——社会主义的计划经济处于有计划的商品经济阶段,也就是借助于商品经济而实现计划经济的阶段。有人不赞成“有计划的商品经济”的提法,认为“有计划”会限制商品经济的发展。这没有什么道理。在计划指导下更有利于商品经济的健康和顺利发展。如果说计划限制了什么的话,那只能是限制了商品经济发展中会出现的自发性和盲目性。这没有什么不好。因此,既不能用计划经济排斥和否定商品经济,也不能反过来用商品经济排斥和否定计划经济,只有将它们有机地结合起来,才能保证社会主义经济高效率地有序发展。

九、计划经济和商品经济的结合形式

有人把计划经济与商品经济的结合看作“板块式”结合,即一块是计划经济,另一块是商品经济,两者以“板块式”拼凑为社会主义经济的整体。这种观点无论在理论上还是在实践上都是站不住脚的。把商品经济排斥在外的那一块计划经济是什么?无非是指国家直接调节千千万万个企业的以实物运动为特征的经营活动的经济,也就是排斥市场机制的高度集权的计划经济。因而这里的企业活动不可能是商品生产者的活动。然而,即使在我国旧经济体制下,绝对排斥市场机制和商品关系也不可能。旧的经济体制,也只是在一定程度上排斥市场机制和商品关系。这种体制我们已搞了几十年,其弊端已为人们所充分认识,否则人们就不会从发展商品经济，从承认企业的商品生产者地位出发，去寻求企业和国民经济的活力。把计划经济排斥在外的商品经济又是什么？无非是指国家对企业的商品经济活动放弃计划管理。这种与计划经济平分秋色、相互独立的无计划的公有制商品经济在社会主义条件下是行不通的。很显然，这种板块式经济，就是对一块放而不管，对另一块管而不放，人为地割裂了统一的社会主义经济的有机整体。

事实上，计划经济和商品经济都是由社会主义经济的内因所产生的，是同一社会主义经济的两个不同的侧面。商品经济意味着千千万万企业进行商品生产和商品交换的经济活动，计划经济则意味着对这种商品经济活动进行自觉的有意识的管理和调节。两者相互渗透，相互制约。计划经济在商品经济的制约下，使得计划管理和调节的过程必须遵循商品经济的规律，运用商品经济的形式和范畴。商品经济在计划经济的制约下，不能自由放任，必须按计划目标要求运行，成为人们自觉利用的经济形式。有人以为商品经济在社会主义条件下改变了本性，有计划性成了商品经济的特征。这种观点不够准确和科学。商品经济作为几个不同社会形态所共有的经济形式，从其自身不可能得出有无计划性的规定，有计划的商品经济的计划性，来自社会主义经济关系的本质而非来自商品经济的本性。在社会主义制度下，如果对商品经济不加以计划调节或调节不当，盲目性和自发性的膨胀是不可避免的。因此，商品经济运行的计划性，只能是合乎规律的计划调节的结果。

而且，对计划经济和商品经济不能等量齐观，不能在同一层次上考察两者的机制（即计划机制和市场机制）的功能和相互关系。从系统论观点看，计划经济和商品经济是经济运行机体的构成要素，或者说是子系统。系统的结构具有层次性。经济运行机体也不例外。也就是说，商品经济作为经济运行的基本形态，是系统中的基础结构；而计划经济作为经济制度，作为社会主义经济的质的规定，在系统中是高阶结构，起主导作用。进一步说，在社会主义经济运行机制系统中，计划机制和市场机制也是这种纵向的主导和基础的关系。商品经济运行中固有的调节机制是市场机制。市场机制在整个调节机制系统中是作为基础的调节机制。而经济运行机制的另一个子系统——计划机制，并不能取代市场机制的这种基础作用。它与市场机制相比是高层次的调节机制。它以市场机制及市场过程为调节对象，从经济运行的总体方向上制约和协调市场调节过程，其目标是给市场机制输入计划因素和目标函数，让市场机制循着计划轨道运行。显然，计划机制和市场机制不是横向的依存关系，而是纵向的依存关系。如果要讲两者相互渗透的话，那也是纵向的相互渗透：一方面计划机制渗入市场机制，在市场机制内部建立合乎计划目标的联系；另一方面市场机制渗入计划机制，计划机制要素包括与市场机制相联系的因素，其作用在于使计划机制顺应市场机制运行的机理。在计划经济和商品经济的这种综合结合中，计划的作用及市场的作用都覆盖全社会。

计划经济和商品经济结合在一个统一的系统中。系统论的一个重要思想是，从一个有机体系统中分析出来的部分，同整体中发挥机能的部分是截然不同的，整体大于部分之和。有计划商品经济运行系统也是这样。由于计划经济和商品经济在系统中发挥结合的、整体的功能，以及两者的相互制约性及系统本身的组织功能，计划经济提高了灵活性和效率，商品经济减少了盲目性和自发性，即两者在系统中的功能都发生了变形。因此，我们必须在整体中研究计划经济和商品经济的功能。离开有计划商品经济的有机体，孤立地讲计划经济和商品经济的功能，往往失之偏颇。恩格斯指出："〔绝对分明的和固定不变的界限〕是和进化论不相容的——甚至脊椎动物和无脊椎动物之间的界限，也不再是固定不变的了，鱼和两栖类之间的界限也是一样；……辩证法不知道什么绝对分明的和固定不变的界限，不知道什么无条件的普遍有效的'非此即彼！'，……又在适当的地方承认'亦此亦彼！'，并且使对立互为中介"①。我国现阶段有计划商品经济有机体不也是这样吗？计划经济和商品经济在其中不是非此即彼的关系，而是亦此亦彼的关系。试图在有计划商品经济有机体中划出纯粹的计划经济或纯粹的商品经济，只能是幻想。

强调计划经济和商品经济的有机统一，并不否认两者在系统中相互

① 《马克思恩格斯选集》第3卷，人民出版社1972年版，第535页。

矛盾的一面。商品经济盲目性的减少,不等于商品经济的运行不会产生任何消极作用。这里有以下两方面问题:

第一,商品关系的发展意味着增加了从事经济活动的企业的独立性,并将促使企业追求局部的经济利益,甚至会出现卖假药、制假酒一类的牺牲社会利益而牟取局部利益的情况,从而产生商品经济同计划经济的摩擦和碰撞。

第二,商品经济的运行是客观的经济过程,商品经济作为几个不同生产方式都具有经济形式,自身不可能引出自觉性、计划性的特征。商品经济运行的计划性只能是合乎规律的计划调节的结果。如果对商品经济不加以调节,或者调节不当,商品经济的自发性和盲目性会增强,同计划经济相摩擦的程度便由此而增大。

因此,对商品经济的功能既不能贬低,也不能神化,计划经济和商品经济的矛盾是有计划商品经济有机体内部秩序混乱的根源。协调计划经济和商品经济的关系,将是完善和发展有计划商品经济有机体的重要条件。

第三节　不同经济体制模式中的经济运行机制

一、不同经济机制模式的划分

经济体制不同,其运行机制也就不相同。对经济机制的模式,可以从不同的角度(或标准)去划分。划分标准可由经济机制的结构来确定。经济运行机制大致包含三大结构:决策结构、信息结构和动力结构。决策结构包括一元的集中决策、多元的分散决策、一元与多元相结合的决策。信息结构可分为是纵向的国家与企业的信息传递,还是横向的企业与市场间的信息传递,或者是两者兼有。动力结构可分为是依靠自上而下的行政压力，还是主要依靠经济利益的动力。就经济利益的动力来说，还可分为经济利益动力是来自计划指标，还是市场。经济运行机制是相互配套的决策结构、信息结构和动力结构的统一。集权的决策结构，同纵向的信息传递结构、依靠行政压力的动力结构相配套。分权的决策结构，同横向的信息传递结构、依靠经济利益的动力结构相配套。因此，无论是改变决策结构，还是改变信息结构，还是改变动力结构，都会伴有整个经济机制的转换。经济学家往往从对其中某一个结构入手，划分不同的经济机制，并选择相应的经济机制。

按决策结构来划分，经济机制大致可分为集权模式和分权模式。这方面的划分标准大致有两种：一种是布鲁斯的标准；另一种是孙冶方的标准。

波兰经济学家布鲁斯将经济决策分为三个层次：（1）根本性的宏观经济决策；（2）企业的日常经济决策；（3）居民个人的消费结构决策及职业选择决策。按这三个层次的决策权限，可以划分出不同的经济机制模式。如果三个层次的决策都是分散的，分别由不同的经济主体来完成，那就是市场经济模式；如果第一个层次和第二个层次的决策权限都集中于国家，那就是集权模式；如果第一个层次的决策权限属于国家，第二个层次的决策权限属于企业，那就是分权模式。在这种分权模式中运行的机制，不能排斥市场机制。因此，布鲁斯主张将市场机制引入计划经济，让计划控制的市场机制调节企业决策。

中国经济学家孙冶方早在 20 世纪 60 年代初，鉴于全民所有制管理体制权力过分集中、企业缺乏活力的问题，提出了国家与企业分权决策的观点。在他看来，资金量的简单再生产范围的事务究竟由国家决策，还是由企业决策，是划分集权模式和分权模式的界限。他主张，全民所有制改革的方向应是，资金量扩大再生产范围由国家集中决策，简单再生产范围由企业自行决策。现在看来，孙冶方提出的模式，给企业的权限小了一点，但他在 60 年代初就提出这一问题则具有开创性意义。

在经济机制中，信息结构也就是调节结构。按调节结构来划分，经济机制可划分出计划和市场相结合的程度不同的各种模式，这方面，兰格、锡克和科尔奈等作出了不同的划分。

波兰经济学家兰格在20世纪30年代根据消费品、劳动力、生产资料分配的调节方式不同,划分了三种模式。在第一种模式中,消费品的分配、劳动者的职业安排、生产资源的分配,均不经过市场,而是由中央计划当局按计划直接调节。在第二种模式中,消费品通过市场价格机制进行分配,居民有了消费选择自由,但生产决策和资源分配不受市场价格影响,仍由计划直接调节。在第三种模式中,消费品价格由市场决定,居民消费选择自由,工资由劳动市场决定,劳动者有选择职业自由,生产资料分配虽不直接由市场机制调节,但它由中央计划当局模拟的市场机制来调节。兰格本人倾向于第三种模式。

捷克斯洛伐克经济学家锡克,将调节对象划分为微观结构(生产结构与需求结构的平衡)和宏观结构(两大部类的平衡),按这两类结构的调节主体不同,划分不同的模式。在第一种模式中,两者均由计划调节,这是排斥市场机制的模式。在第二种模式中,微观结构由市场机制调节,宏观结构则由计划调节,这是计划和市场相结合的模式。在第三种模式中,不论是微观结构还是宏观结构,均由市场调节,这是市场社会主义模式。在他看来,目标模式应是第二种模式。

匈牙利经济学家科尔奈将经济控制的协调方式分为两类:行政协调(l);市场协调(ll)。在他看来,行政协调又可分为两种形态:直接的行政协调(la)和间接的行政协调(lb);市场协调也可分为两种形态:自由的不受控制的市场协调(lla)和有控制的市场协调(llb)。这样,经济机制可划分为la、lb、lla、llb四种模式。科尔奈倾向llb模式。

上述所谈的从不同角度或标准划分的经济机制模式,是对现实经济机制模式的抽象。下面,根据这些抽象的规定,对现实的具体的经济体制中的经济机制,加以具体考察。在这里,我们要从经典模式和传统模式开始研究,为分析不同经济体制下的经济运行问题打下基础。至于目标模式,那是全书要阐述的内容,我们在这里仅一笔带过,在后面还有专章论述。

二、经典的计划经济模式中的经济体制

马克思主义经典作家在批判资本主义制度和揭露其内在矛盾的过程中,合乎逻辑地推测了取代资本主义社会的未来社会的计划经济体制的大致轮廓。在他们看来,未来社会的基本前提有两个。一个是全社会实现生产资料的公有制,不仅不存在不同的公有制形式,而且在统一的社会所有制内部也不存在经济利益相对独立的经济主体。另一个是商品生产消亡。这样一来,经济运行会出现这样的情况:劳动者用公共的生产资料进行劳动,并且自觉地把他们的许多个人劳动力当作一个社会劳动力来使用。每一个个人的劳动,无论其特殊用途是如何的不同,但从一开始就成为直接的社会劳动,产品中的社会劳动可以直接地被确定,不需要采用迂回的途径。据此,马克思主义经典作家设计了把整个社会作为一座工厂的经济运行机制,其主要内容是:社会直接确定社会生产的实物量比例;生产和需要之间建立直接的联系;社会事先地直接地调节社会分工;生产者直接同社会发生关系,直接向社会提供劳动,并按自己向社会提供的劳动量从社会那里领取个人消费品。列宁在十月革命胜利后不久的战时共产主义时期,曾实践过这一模式,试图消灭商品货币,用直接的产品分配代替货币交换,但没有成功。

三、传统经济体制模式中的经济机制

所谓传统经济体制模式,就是指苏联在斯大林时期所实行的计划经济管理体制模式。我国过去长期实行的经济体制,基本上属于这一模式。

传统的经济体制模式,力图实践经典作家所设想的经济体制的要求。虽然它在实践中顾及了现阶段社会主义的两个特点,即:第一,公有制没有达到经典作家所设想的程度;第二,商品关系现实地存在着。但它仍然具有高度集中而排斥市场机制的特点。其基本内容是:在全民所有制经济中,一切经济决策(除了消费范围内的个人决策)均集中于国家机构;

国家决策以指令形式下达给企业，企业经营所需要的生产资料和资金、劳动力，均由国家以供给制形式配给，产品由国家通过物资和商业部门统购包销，企业在全民所有制范围内统负盈亏。在这样的条件下，商品关系只能在国家对企业进行的经济核算关系中得到反映。也就是说，国家在给企业分配资金和生产资料以及收购企业的产品时，要以商品货币形式来建立它们的外部联系，使企业遵循以收抵支、争取盈利的原则。因此，企业的产品要计价，企业与企业之间要实行商品交换。但是，这里的商品关系不是完全意义上的，在实际的计划管理中，仍将市场机制拒之门外。表现在：产品的价格是由国家统一规定的固定价格；产品进入流通时，基本上不存在企业的自由选择；特别是价格不能成为调节企业生产活动的信号。

在商品关系现实地存在的情况下，尽管计划管理排斥自觉利用市场机制，但市场机制会强制地发生作用，对计划经济的运行实行惩罚性反应。这表现在：第一，计划经济运行缺乏效率、缺乏质量、缺乏灵活性，因而微观经济效益很差；第二，实行这一体制的国家出现经常性的产品短缺；第三，计划分配之外出现“黑市”，紧俏商品在“黑市”上以高价出售。改变这些状况的出路在于大力发展商品经济，特别是将市场机制引入计划经济机制。

四、改革后的苏联、东欧国家的经济机制

苏联在1965年和1979年曾先后进行了两次经济改革。其基本内容是在原有集中体制基础上改进计划工作，加强经济机制对提高质量和效率的作用。主要措施有：扩大企业的经营独立性，减少下达给企业的指令性指示；提高利润、净产值、销售量指标的作用，实行以利润为核心的完善计划方法和加强经济刺激的新体制；注意利用商品货币形式加强对企业接受和完成国家计划的经济刺激。显然，这种体制与传统体制相比，在扩大企业权力和利用商品货币方面前进了一步。但就其决策结构来说，仍属集权模式，就调节结构来说，仍是排斥市场机制的计划经济模式。因

此,人们把这种经济运行机制称为改良模式。

戈尔巴乔夫上台后,总结苏联 20 世纪六七十年代的改革进展不大的教训,加快了改革步伐。他把经济体制改革称为改造和完善经济机制。在他主持制订的改革方案中明确指出,改革首先从经济的基层环节——企业开始,然后与之相应地改革最高层的经济管理体制。其基本思想是:在企业管理体制方面,以实行完全经济核算制、自筹资金原则为核心,相应地扩大企业经营自主权。在计划体制方面,取消指令性计划,代之以指导性的控制数字(利润收入、外汇收入、供订合同用的产量指标等),长期稳定的经济定额(如国家预算缴款定额、工资基金形成定额等),国家订货,限额(国家集中基本投资的最大数额等);企业计划的基础是合同。在物资分配体制方面,逐步取消定额分配,代之以自由买卖形式的批发贸易。在价格方面,加强价格的刺激和调节职能,全面调整价格体系。将价格从单一的固定价格形式变为集中价格、合同价格和自定价格三种形式。从苏联的改革方面看,苏联的经济机制模式将有大的变化。这就是企业将成为经济实体,企业的经营自主权进一步扩大,计划调节趋向灵活和有弹性,调节手段将由行政手段变为主要采用经济手段,市场作用有所扩大。但是在这里市场机制及市场调节仍受较大的限制。因此这种经济机制可称为有限制地利用市场机制的计划调节模式。

南斯拉夫是最早突破传统模式的国家。它在 20 世纪 50 年代初开始推行工人自治体制。其基本内容有:变生产资料的国家所有制为社会主义所有制;自治企业独立地根据市场状况作出生产、投资和分配的决策;企业追求工人收入的最大变化;国家不再给企业下达计划,国家计划自下而上协调;社会主要通过经济立法和社会契约协调各单位的决策。这种经济机制,就决策结构来说,多层次的决策都是分散的;就调节结构来说,各层次的决策基本上由没有控制的市场机制调节。人们一般把这种经济机制称为市场社会主义模式。

匈牙利 1968 年开始的改革,鉴于苏联和南斯拉夫改革的经验教训,其基本内容有:取消国家下达给企业的指令性计划,代之以指导性计划,使企业在微观经济活动和简单再生产方面有独立的决策权;在经济总体中,给市场以广阔的活动余地;完善和加强经济调节制度,提高间接调节方法在其中的比重和作用。显然,这种经济机制,就决策结构来说,属于分权模式,就调节结构来说,是含有市场机制的计划经济模式。但在科尔奈的划分标准中,匈牙利的经济机制仍属于 lb 模式,尚未达到 llb 模式的要求。原因是对企业活动起调节作用的价格、利率信号均是国家行政规定的。市场机制尚未充分作用,企业存在双重依赖:一方面依赖市场,另一方面依赖国家。因此这种经济机制体现的是利用经济手段的行政协调。

总的来说,苏联、东欧各国的经济机制的转换都是从放权入手的。但放权可分为两类:一类是行政放权;另一类是经济放权。行政放权即将行政权力下放,把一些经过选择的决策权力部分地在行政系统内部下放到较低级,直至企业,以减轻上级行政部门的决策工作负担,调动企业的主动性和积极性。经济放权即经济权力下放,把调节资源购置和收入分配的权力由行政部门放给市场,企业的活动将通过直接的"水平的"市场联系而不是"垂直"的行政命令来取得协调。现在看来,改革经济体制的根本途径是经济放权,经济运行由有调节的市场机制来调节。

各种理论的和现实的经济机制模式体现了人们对社会主义经济机制的各种构成部分(决策结构、调节结构等)的不同选择。我们必须根据中国特定的经济条件,选择有中国特色的社会主义经济运行机制模式。

第 一 章
经济运行机制的一般原理

要研究社会主义商品经济运行机制，就必须首先对经济运行机制的基本知识有所了解。因此，在开始分析社会主义经济运行机制之前，我们先在本章对经济机制的一般概念和原理作一介绍。

第一节　经济机制的含义及其功能

一、什么叫经济机制？

"机制"一词来源于希腊文 mēchanē，意指机器的构造和动作原理。机器都是由一定的零部件构成的，各个零部件根据机械原理形成因果关系，相互联结，并按一定的方式运转。因此，机制的本意是指机器运转过程中的各个零部件之间的相互联系、互为因果的联结关系及运转方式。后来，生物学界和医学界通过类比方式使用了生物机制、病理机制等概念，用以表示有机体内发生生理或病理变化时，其各个器官之间的相互联系、作用和调节方式。

那么，究竟什么是经济机制呢？为了解释经济机制这个概念，我们先分析几种社会经济现象：

在存在竞争的商品市场上，我们经常看到：某种产品价格上涨，该产品的供给会逐步增加，需求会逐步减少；价格下跌，又会出现相反的情况。在价格的涨落中，供给和需求会逐渐趋向一致。可见，在商品市场上，竞争—价格—供给—需求—竞争之间有一种内在联系，彼此间相互作用。

在企业管理体制中，企业的再生产活动包括生产计划的确定、资金的供给、物资的供应、产品的销售等过程。当国家对企业的上述活动进行集中管理时，会是这样一种情况：国家给企业下达指令性计划，资金、物资由国家统配，产品由国家通过商业物资部门统购包销，企业财务则由国家统收统支，与此相适应，企业无活力。于是，指令性计划—物资统配—统购包销—统收统支—企业无活力之间有一种内在联系，彼此间相互配套和作用。在实行经济体制改革、企业成为相对独立的经营者后，又会出现另一种情况：国家给企业下达指导性计划，企业的物资主要来自市场，企业产品在市场上寻找销路，企业收入与经济效益挂钩、自负盈亏，与此相适应，企业活力大大增强。于是，指导性计划—市场购销—自负盈亏—企业有活力之间也有一种内在联系，彼此间相互配套和作用。

以上分别分析了市场和经济管理的机体中各构成要素之间的内在联系。至此我们可以给经济机制下一个定义：经济机制是指一定经济机体内各构成要素之间相互联系和作用的制约关系及其功能。它存在于社会再生产的生产、交换、分配和消费的全过程。由于经济机制是在经济机体的运行中发挥功能的，因而它又称为经济运行机制。

在研究机器的运转时，人们需要了解机器是由哪些零部件构成的，这些零部件各有什么样的功能，相互按什么样的机理联系和组合，按什么方式运转。研究特定社会经济机体的运行机制也是这样。它涉及两大问题：一是研究经济机制的构成部分（要素），如宏观控制机制由哪几部分构成、市场机制有哪些构成要素，等等。二是研究经济机制在经济机体运行中的调节功能，如宏观经济运行中宏观控制机制的调节功能、微观经济运行中市场机制的调节功能等。

社会经济机体的整体运行中包含着它的各构成要素的局部运行。各构成要素都自成系统，各自都有特定的运行机制。如市场机体内存在着市场机制、计划系统内存在着计划机制、企业机体内存在着自我调节机制、宏观经济系统内存在着宏观调节机制等等。如进一步分析，还有价格变动机制、利率变动机制、工资变动机制等等。整个社会经济机体的经济机制便是各构成要素的相应机制之间的耦合。如社会主义经济机体的经济机制是计划机制和市场机制的耦合。其中包括财政、信用、价格、工资等各种局部机制间的相互耦合。因此，研究社会经济机制时，既要注意其构成要素的运行机制，又要注意各构成要素在经济运行整体中的联系和功能。

上述分析表明，经济机制概念包含下列含义：第一，经济机制是协调经济过程的经济机理的总称。第二，经济机制功能的发挥，依赖于其中相互联系的构成要素间的相互作用。第三，整个经济机制是有规律地按一定的方式运行并发挥总体功能的。因此，我们不能简单地把任何经济机制都理解为一个孤立的要素，而应将它们看作是特定经济过程中的联系和运动。例如我们谈到计划机制时，不能只简单地理解为计划，而应当考虑到它必须包括计划的制订、计划的调节、计划的校正、计划的实现等过程。我们讲价格机制，也不是单指价格本身，而是指价格与供给、需求及竞争之间的联系和运动。

二、经济机制的调节功能

鸟和哺乳动物能在温度变化的环境中控制自己体内的温度，使之保持在某个水平，其原因在于它们体内有一定的生理机制在进行着自动调节。人也有类似的调节机制，能使体内温度维持在 37℃的水平上。

社会经济机体的运行也需要调节。例如，市场上经常会出现供求不平衡，有的商品供不应求，却无人去扩大生产，有的商品供过于求，却在大量生产。这意味着社会生产资源在各生产部门之间的分配不合比例。为实现平衡，按传统的办法，便是由国家计划部门调整指令性计划，即扩大供不应求产品的生产，缩减供过于求产品的生产。这就遇到信息的收集、传递和处理的困难。从发现供求失衡到调整生产计划的时滞很长。这样即使计划部门整天疲于奔命,也难以平衡各种商品的供求。现实指出了这样的问题:除了这种行政的办法,还有没有别的方法调节供求平衡呢?有!客观经济过程中具有类似动物体内和人体内自动的调节机制,在商品经济条件下,这种机制就是市场机制。在供求不平衡时,价格的涨落会自动进行调节。供不应求时,价格上涨,供给增加,需求减少;供过于求时,价格下跌,供给减少,需求增加。供给为什么会随价格涨落而变化呢?这里也有经济机制在自动调节,只要企业有相对独立的商品生产者利益,企业便会以利润最大化为经营目标,只要利润的高低取决于市场实现成果,企业便会随时根据价格信号改变生产规模。由此可见,经济机制也是社会经济机体的"生理机制",它对经济运行具有自动的调节功能。

为什么经济机制具有自动调节的功能呢?原因在于它是存在于客观经济过程中的这样一种经济联系:首先,它是反映经济过程中内在必然性的联系,因而是一定经济规律的作用机制,如市场机制是供求规律、竞争规律、价值规律的作用机制,计划机制是有计划按比例发展规律的作用机制。其次,它是体现经济活动参加者利益关系的经济联系,因而具有自动性的功能。由此可见,经济机制能否具有较强的自动调节功能,取决于它是否很好地反映经济过程中的内在联系和经济活动参加者的利益关系。用行政命令手段管理经济,就缺乏经济机制的自动调节功能。例如,我们过去实行的指令性计划调节虽然也形成一定的经济机制,但由于没有很好地反映经济活动过程中的内在联系和经济活动参加者的利益关系,结果自动调节的功能很弱。我们现在的经济改革,就是要改革这种状况,使经济机制很好地发挥自动调节功能。

经济机制按其存在方式分为两种类型:一种是客观经济过程本身所固有的经济机制,例如商品经济运行过程中的市场机制;另一种是自觉地建立的经济机制,例如社会主义经济中的计划机制。这两种经济机制调节经济运行会有自发性和自觉性之分。在商品经济中,市场机制就像"看不见的手"自发地调节着经济运行。美国货币学派的代表人物对市场机制的自发调节功能做了形象的描述:它无须中央指导,无须人们相互对话或相互讨好，就能完成调节任务。你每天买铅笔或买面包时，并不知道铅笔是谁做的，麦子是谁种的，是白人还是黑人，是中国人还是印度人。价格机制使人们能够在他们生活的各个方面和平地合作，而每个人在所有其他方面各行其是。在社会主义有计划商品经济中，市场机制的这种自发调节不能缺少，需要充分加以利用。但是不能唯一地依靠这种自发的调节机制。在经济运行失衡和紊乱时，单靠市场机制的自发调节需要付出高昂的代价：不但调节需要较长的过程，而且调节手段又只能是通过波动、震荡乃至危机。如马克思所讲的，平衡“只不过是对这种平衡经常遭到破坏的一种反作用”。① 资产阶级经济学家曾经把资本主义市场经济当作一个自动调节的系统，企图用一只“看不见的手”以和谐的方式控制和协调经济过程，使之处于平衡状态。他们认为政府干涉经济过程会破坏经济的自动调节机制，妨碍经济过程的自动平衡。资本主义世界20世纪30年代的经济大危机，宣告了这一理论的破产，表明了单靠市场经济机制的自发调节，无法克服经常性的通货膨胀、失业、资源浪费等弊端。于是，资产阶级经济学家以凯恩斯为代表，开始放弃了资本主义市场经济的自动调节理论，提出了国家干预市场经济的主张。于是在资本主义范围内出现了自觉建立的经济机制——国家干预市场经济的机制。这种经济机制的基本功能，是在市场经济机制的自动调节失灵时，从机体外部采取措施，这好比对病人用药物、输液、针刺治疗一样，其目的是克服机制的紊乱，恢复其自动调节功能。因此，单就这一点，还不能说资本主义经济发生了调节机制的转换，至多只能说有所改进。资本主义的经济运行过程，最终还是以市场机制的自发调节为基础的。

社会主义经济是作为资本主义经济的对立物而出现的。但它并不排斥，而是有必要充分利用市场机制自动调节经济平衡的功能。当然，社会主义条件下的市场机制具有了新的内容或方向。当市场机制调节失灵，从而出现经济过程失衡和紊乱时，社会主义国家也会采取国家干预的措施。如宏观失控时，通过财政、银行等手段加强宏观控制，促使经济过程

① 《马克思恩格斯全集》第23卷，人民出版社1972年版，第394页。

恢复平衡。而且,社会主义国家在一开始利用市场机制的自发调节功能时,就注意防止和克服它的盲目波动。但是,所有这些都只属于防止和纠正宏观经济运行失衡和紊乱的范围,单纯解决平衡问题不能反映社会主义经济机制的本质特征。

三、社会主义经济机制的特殊调节功能

在社会主义公有制条件下,劳动者成了自然和社会的主人。过去一直统治着人们的客观的异己力量,开始处于人们自己的控制之下,人们自己的社会行动的规律开始被人们自觉地利用起来,因而它将服从于人们的统治,这表明社会主义经济包含了自觉的经济过程。

经济过程的自觉性就是经济运行的计划性、目的性。社会主义经济中的经济机制的调节功能,不仅是调节经济运行的平衡,更重要的是要实现自觉制定的计划目标,例如调节社会生产比例要服从预期的国民经济发展目标。这些预期的经济目标都包含在一定时期的国民经济计划中。因此,服从于国民经济计划目标,围绕国民经济计划目标运转,可以说是社会主义经济机制的特殊调节功能。

社会主义经济中为实现预定的计划目标,必须要有相应的自觉过程和计划机制,这种计划机制需要借助一定的经济体制自觉地形成。在有计划商品经济条件下,市场机制是客观存在的调节机制。计划机制的建立不但不能脱离它,而且要充分利用它。可以考虑将计划性因素渗入市场机制运行过程中,让市场机制贯彻计划目标,从而执行计划机制的功能。这样,新的计划机制的形成便是将市场机制导入计划管理体制的过程,或者说,是将计划性渗入市场机制的过程。

经济规律作为客观经济过程的内在必然性,本身是看不见摸不着的,它是通过一定的经济机制表现自己的作用。就如价值规律,它是通过市场价格的波动,供求的变动和竞争过程表现自己的作用。因此,一定的经济机制是一定的经济规律的作用机制。这样说来,经济机制的构成要素之间的联系是有规律的,其运行方式也是有规律的。例如,价格提高,会

引起供给增加而需求减少;货币供给量超过流通必要量,会引起价格总水平上涨;积累率过高,会引起总需求膨胀;等等。

有计划商品经济运行中的经济机制,既不可能是纯粹的计划机制,也不可能是纯粹的市场机制,而是计划机制和市场机制的有机结合。结合过程便是计划性渗入市场机制的过程。由于市场机制是反映价值规律作用的客观的经济联系,人们不能随心所欲地将自己的意愿渗入市场机制。这里有两方面的要求:

一是自觉性渗入市场机制的范围和程度要量力而行。也就是说要以人们对客观经济规律的认识和掌握程度为依据。根据目前人们的自觉性程度,必然会有一部分经济过程不能被自觉经济过程所包括。这一范围内经济机制的运行存在盲目性。例如现在有一部分产品的生产和流通还要依靠市场机制的自发调节。

二是自觉性渗入市场机制必须要顺应市场机制运行的内在机理。经济机制是经济机体的“生理机制”,经济机制依靠经济机制的自动调节来维持自身平衡。自觉性渗入市场机制不但不能限制和取代这一过程,而且还必须在这一基础上进行,如果给市场机制确定的目的函数与之倒行逆施,市场机制就会自发地、强制地为实现自己的要求而自我开辟道路,具体表现为经济过程的波动和震荡。

总而言之,社会主义经济运行的自觉性,在于人们自觉运用经济机制和经济规律,把“全部国家的经济机制变成一架大机器”。自觉性对经济机制的关系,好比机器操作者对机器的关系:第一,发动并监督机器的运转,通过调节参数来控制机器运转目标;第二,排除机器运转过程中可能出现的故障,为机器的正常运转创造条件。

我们过去一直试图用行政方法(直接以行政命令形式给企业规定数量指标)来解决经济按计划目标运行的问题,它与利用经济机制相比,虽有比较直接的优越性,但有两个难以克服的弊病:一个是行政长官的主观意志在这里起决定作用,很难保证经济合乎规律地运行;另一个是它不借助客观的经济联系,特别是不借助物质利益关系来调节经济运行,因而计划目标要求难以成为企业的自觉行动,不可能保证实现计划目标的质量和效率。计划和市场有机结合的经济机制形成后，这两个弊病就能有效地得到克服。

四、经济运行的稳定有序

我们考察经济运行时，面对的是非平衡经济系统。无论是宏观经济系统还是微观经济系统，都处于非平衡态。在空间排列上，产业之间、部门之间、企业之间，无论是结构上还是总量上，都不平衡；在时间序列上，不同时期的发展速度也是非均衡的，有规则的经济波动和无规则的随机扰动相互交织，便造成经济发展过程中的起伏和涨落。经济机制的功能就是调节这种处于非平衡态的非目标状态的经济运行，使之稳定有序地趋向平衡和目标状态。

物理学上把系统结构分为两种：一种是平衡结构，如晶体、石头等。这是一种不与外界交换能量和分子，因而没有生机和生命力的"死结构"。另一种是非平衡结构，即远离平衡态的结构。它是开放系统，同外界有着物质、能量和信息的交换。借助这种交换，系统内部能自发地减少无序性，增加有序性，以维持自己的存在和发展，成为生机勃勃的"活系统"。普里高津称这种系统结构为"耗散结构"。

在人们的想象中，倘若系统处于非平衡态，其运行总是杂乱无章的和无序的。普里高津的研究表明，一个非平衡的开放系统（不管是力学的、物理的，还是化学的、生物的），在外界条件变化达到某一特定阈值时，量变可能引起质变。系统通过不断地与外界交换能量和信息，能自动地产生一种自组织现象，组成系统的各个子系统，会形成一种互相配合的系统作用，从而在非平衡态中形成稳定有序的结构。其功能是：(1)系统在与外界交换能量和信息的过程中，可能形成抵偿系统内熵（系统无序程度的度量）增大的负熵流（系统有序程度的度量）。(2)系统具有抗干扰能力，一般性的涨落（波动）会被耗散结构所吸收，外来的系统与有耗散结构功能的系统碰撞，会被后者所吞没。(3)当巨涨落（突变）造成系统解体时，会形成一种新的有序结构。显然，社会经济运行系统只要形成耗散结构，便可在非平衡运行中呈现有序状态。

我国传统的经济体制基本上是封闭的平衡结构，因而这种体制下的经济运行缺乏生机和活力。正在进行的经济体制改革，从一定意义上说，是要形成一个非平衡的开放系统，使之具有耗散结构的功能。我国目前的经济体制，尚缺乏耗散结构功能，因而经济运行的无序度高，系统的抗干扰能力弱，经不起经济的波动和振荡。因此，需要在经济体制改革过程中建立具有耗散结构功能的经济机制。具体来说，有以下两方面要求：

第一，社会经济系统，不论是国民经济总系统，还是企业一类的子系统，都必须开放，相互之间通过市场联系，形成以资金、物质、劳动力、信息、产品等为内容的物质和能量的交换，以便产生系统有序化的协同力。

第二，经济机制的两个子系统——计划机制和市场机制相互开放，形成完备的控制、调节和反馈机制。在计划机制和市场机制的协同作用下，推动无序的非平衡的经济运行稳定有序地趋向平衡和目标状态。

第二节　经济机制与经济体制

一、经济体制的选择和设计

马克思在《资本论》第二版“跋”中引用了这样一段话：“各种社会机体象动植物机体一样，彼此根本不同……由于各种机体的整个结构不同，它们的各个器官有差别，以及器官借以发生作用的条件不一样等等，同一个现象却受完全不同的规律支配。”①根据这一原理，我们也可以说：经济体制不同，经济机制及其功能也不一样。就拿市场机制来说，它同计划体制的联系方式不同，其功能也不一样。

---

① 《马克思恩格斯全集》第23卷，人民出版社1972年版，第23页。

社会主义国家的经济管理体制是组织和管理经济的一整套形式和制度，它包括经营方式、组织形式和管理方法等。整个经济体制可分解为计划体制、财政体制、金融体制、价格体制、企业管理体制、商品流通体制等。

经济机制同经济体制有着内在的联系，具体体现在两方面：

一方面，一定的经济机制是在一定的经济体制下形成的。具体地说，它既是指经济体制结构及各构成要素的联系方式，又是指这种结构和联系方式在经济运行中的功能。

另一方面，经济体制的改革和设计，实际上是对经济机制的选择。也就是说，所选择的经济机制形成经济体制改革的目标。经济体制各构成要素及联系方式的改革和调整，要依据所选择的作为目标的经济机制的内在机理。

对经济机制的选择涉及以下四个方面：(1)对决策结构的选择，是指选择一元的决策主体还是多元的决策主体，如果是多元的决策主体，又应如何划分决策权限。(2)对信息传递结构的选择，是指选择纵向传递信息的信息传递结构，还是选择横向传递信息的信息传递结构，或者是选择纵横交错的信息传递结构。当然也包括是选择传递实物信息的信息传递结构，还是选择传递价值信息的信息传递结构，或者是两者兼有的信息传递结构。(3)对动力结构的选择，这包括承认不承认企业对局部利益的追求，如果承认，那么企业利益的实现应同什么挂钩，是同计划指标挂钩，还是同市场实现成果挂钩。(4)对调节方式结构的选择，是指选择国家直接调节方式还是间接调节方式，如果是间接调节方式，那么应以什么为调节中介。对上述四个方面的选择不同，便会有不同的经济体制，从而就会有不同的经济机制发挥功能。

经济机制是一个系统。正如前面所述，其构成要素的联系是有规律的联系，其运行是有规律的运行。因此，经济体制的设计不能随心所欲，必须考虑经济机制的这一特点。经济体制的不配套会造成经济机制构成部分间的矛盾，相互抵消功能，造成功能性紊乱。我们过去的体制体现以“统”为特征的经济机制的运行：国家集中决策，统一生产和流通计划，统配生产资料,统购包销,统收统支,统负盈亏,统一价格,统一招工,统一工资标准,等等。这一机制的运行具有僵化而缺乏效率的弊病。但这种机制的各个部分毕竟还是相互配套的。

现在进行的经济体制改革实际上是探求新的能保证整个经济充满活力的经济运行机制。为此,改革中选择的机制,必须是在现阶段反映规律性的经济联系,是反映经济利益关系的经济联系。这种联系在有计划的商品经济条件下,只能是计划联系和市场联系的有机结合。与此相适应,我们所要选择的经济机制便是计划机制和市场机制的有机结合体。经济体制就必须按此要求在各个方面进行配套改革。例如在微观方面就必须赋予企业以商品生产者的权力,并使其真正自负盈亏,将企业推入市场。在市场方面就必须完善市场体系,改革价格体系,把扭曲的市场信号搞准确。在宏观方面必须健全和完善调节市场的计划手段和法律手段等,完善各种经济调节手段和杠杆,从而保证计划和市场相结合的经济机制有条不紊地运行。

对经济体制的设计和对经济机制的选择,虽然从表面上看带有主观意志的因素,但是,第一,这种选择受客观经济条件制约;第二,经济体制一旦形成,其含有的经济机制便会客观地发挥功能。

二、对经济体制模式的选择不能随心所欲

既然经济体制的设计实际上是对一定的经济机制的选择,而经济机制又是客观的经济联系,因此,人们对经济体制模式的选择不能随心所欲。

我们一般来讲,在同是社会主义制度下,国情不同、经济条件不同,对经济机制的选择也会有所不同,如苏联模式、匈牙利模式、南斯拉夫模式等。但这绝不意味着人们可以随意地凭主观意志选择自己的经济机制模式。在一定的经济条件卜,经济过程的内部联系是客观的,这时只可能有一种经济机制能保证经济的最佳运行。

国内在讨论我国经济机制的目标模式时,有些人试图在苏联模式、匈

牙利模式、南斯拉夫模式,乃至西方的市场经济模式中选择一种。我们绝不排斥在确定自己的经济机制模式中借鉴外国包括资本主义国家的有效经验和形式,但是我们也反对不顾中国的实际情况照抄照搬外国的模式。改良形式的单纯的计划机制在目前的中国不可取。南斯拉夫的调节机制基本上是缺乏计划控制的市场机制,在这方面类似西方的市场经济体制。在我国这样一个十亿人口的大国,地区和部门发展很不平衡,抛弃整个国民经济的计划经济,其后果是不堪设想的。后来匈牙利的计划和市场相结合的经济机制模式很吸引人。但是我们不能不看到,我国现阶段的商品经济不发达,它带来了市场体系不完善,企业对市场依赖性薄弱的后果,再加上长期的固定价格制度造成了市场价格信号的严重扭曲等问题,使我国目前的市场机制的功能还不健全。这些状况在短期内不会消除。这就决定了中国选择的计划和市场相结合的经济机制模式,应有阶段性的区别,既要有远期的目标模式,又要有近期的过渡性模式。总之,在计划和市场相结合的形式和结合的程度上,与匈牙利不会完全相同。

应当明确,一个国家,在不同的经济发展时期,会有不同的经济机制选择,这同不同时期的经济发展战略的选择相联系。例如,20 世纪 50 年代,我国是在资源紧张的条件下加速实行国家社会主义工业化的发展战略的,具体表现为优先发展重工业,追求经济发展的高速度。与此相适应,我们选择的经济机制是以高度集中、行政控制为特点的。这种经济机制为这种经济发展战略的推行起到了一定的历史作用。现在,我国的经济发展战略已经正在发生根本的转变,其基本特点为:不是追求优先发展某一部门,而是追求各部门的平衡协调发展;不是片面追求速度,而是以提高经济效益为中心;不是以粗放型发展为主,而是以集约型发展为主。与此相适应,经济机制必须发生转变:决策结构不能是高度集中式的,控制方式必须由直接控制为主转为间接控制为主,管理方法必须由行政方法为主转为经济方法为主。这种机制的转换,必须通过经济体制的改革来实现。

三、经济机制的转换

经济体制的各构成部分，如财政、金融、价格、计划、流通等体制彼此之间按一定的方式相互联系并相互作用，形成一定的经济机制的功能。因此，每一项改革都要注意其内在的机制联系。例如，现在的改革要改变过去那种过分集中的体制，将企业活动放开，这就必然会牵一发而动全身，因而需要在价格、工资、财政、金融、计划、流通等方面作配套改革，以形成新的经济刺激手段、新的信息传递方式、新的经济调节方式。显然，经济体制的改革不是局部的零打碎敲的单项改革，而是整个经济机制的转换。不顾经济过程的内在联系，只注重局部环节的改革，忽视改革的整体配套，必然会破坏经济机制运行的有序性，引起整个经济机制的紊乱和失调，造成经济波动。我国的经济体制改革之所以长期囿于“一放就乱，一管就死”的状况，难以顺利进展，其根本原因就是缺乏从经济机制出发而对经济体制改革作整体设计和零部件的配套。企业活动放开了，但相应的企业行为约束机制却没有跟上，出现了上有政策下有对策的状况；银行发放贷款的自主权扩大了，但改革不配套，银行不承担任何风险，加之中央银行的调节机制没有跟上，所以信贷失控在所难免。

社会主义经济机制各构成部分本身都自成系统，都各有自己的运行机制。如财政机制、信贷机制、市场机制等，它们分别是特定经济过程中的内部联系和作用方式。但是各经济机制均是整个经济机制的局部环节，它们不可能离开整体经济机制而孤立地发生作用，更何况每个局部机制在其运行过程中一般都有积极和消极两方面的功能，其消极的功能需要别的机制的作用来限制和抵销，从而使社会主义经济机制的总体功能达到最佳态。因此，在经济体制改革中，过分重视某一机制的作用，孤军突出，不及其他，是不可能达到预期的改革目标的。例如，在企业工资改革中，将工资增长与利润挂钩，使企业工资随着企业利润的增长而增长，如果孤立地看，这是一个正确的措施。但这项改革实行的结果却并不一定理想，因为把它放在整体经济机制中考虑时，就会发现它不是孤立地运行的。如果价格不合理，有的偏高，有的偏低，会造成企业利润的非主观原因差别，从而必然影响不同企业工资增长的差别，这不仅不能达到改革的预期目标，调动广大劳动者的积极性，而且还会引起整个经济机制的紊乱和扩大经济生活中的矛盾，带来新的社会经济问题，影响广大劳动者的生产热情和积极性。再如对工资奖金的增长"上不封顶"的改革，孤立地看，它有利于调动企业职工的积极性。但是在整个经济机制中这一方面的超前改革则会造成机制的功能性紊乱。具体表现在两个方面：一是在企业没有真正实行自负盈亏、市场竞争机制没有展开的条件下，企业缺乏自我约束消费行为的机制；二是在国家的财政、税收和信贷体制没有作相应的配套改革的条件下，企业消费基金增长没有有效的宏观控制机制。在这种情况下过早地将企业工资奖金的宏观控制放开会导致宏观总量的失衡。又如在价格体系混乱、价格扭曲的情况下，对价格作结构性调整和改革，应该说是必要的。但在通货膨胀、物价大幅度持续上涨的条件下，价格的结构性调整就未必能获得成功。

总而言之，从经济机制的转换出发研究经济体制改革的目标和步骤，注意力就不应是单项改革，而应是总体的系统设计。即使是改革分步走，也不能简单地以为是逐一搞单项改革，而应看作是相互配套的经济体制的各部分作为有机整体一步步地向目标模式的转换。

由于经济的和社会的原因，中国的经济体制改革不能毕其功于一役，经济体制的转换必然是一个渐进的过程。在这一过程中，新的经济机制的因素在运行中日益增多，旧的经济机制的相当一部分一时还不能退出经济运行。两种不完备的机制同时并存，交互作用，难免会产生两种情况：一方面，新旧两种机制在运行中相互摩擦和矛盾；另一方面，宏观管理中会出现某种真空或漏洞。对此，我们必须要有清醒的认识，并要采取各种调节措施，反摩擦，堵漏洞，努力减轻机制转换中可能出现的波动和紊乱。

第三节　经济机制与宏观调节

一、宏观经济与微观经济

社会主义经济是一个复杂的大系统，它可分为微观经济和宏观经济两个层次的运行系统。

微观经济和宏观经济，是人们对经济运行进行个量分析和总量分析时所作的划分。微观经济是指单个企业、单个市场活动的量，如某个企业的发展水平，某种产品的供应量、需求量、价格水平等。宏观经济是指整个国民经济活动的总量，如国民经济的增长水平、全部商品的总供给和总需求、市场价格总水平、利率总水平、就业总水平、产业结构等。

微观经济运行包括企业对生产什么、生产多少和为谁生产的决策过程，企业收入的形成及在企业内部分配的过程。在商品经济中，微观经济运行表现为企业参加的市场活动。因而也包括商品的市场价格和供求的变动过程。

宏观经济运行包括国民经济发展目标的确定和实现过程、国民收入的分配和再分配过程、社会总供给与总需求的平衡过程、市场价格总水平和利率总水平以及工资总水平的变动过程。通常的宏观经济主要指总量，在西方经济学中，产业结构问题不属于宏观经济内容，从我国经济发展现状来看，产业结构的调整和发展也属于宏观经济运行的范围。首先，相对于微观经济运行中的市场供求结构来说，产业结构是高层次结构，产业结构变动是长期的、带有全局性的过程。其次，我国目前宏观上存在的短缺问题，根子是社会生产能力不足，而社会生产能力不足又与产业结构的失衡和处于低度水准有关。最后，我国存在的宏观失衡不单是总量失衡，总量的不平衡往往由产业结构的不平衡引起。因此，我国的宏观经济运行包含产业结构的变动、宏观调节包含对产业结构的调节。

宏观经济以微观经济为基础,但宏观经济不是各微观经济的简单相加。整体大于局部之和的系统论思想在这里同样适用。例如总供给与总需求关系,不能等同于各单个商品的供给之和与需求之和的关系。原因在于在宏观总量中包含了国民收入的分配关系,包含了货币流通因素(这点将在第七章详细分析)。再如宏观范围的产业结构(各产业部门的比例)也不等同于微观生产结构(生产多少电视机、多少拖拉机、多少棉布等)之和,原因在于产业结构的形成和发展加入了时间和空间的因素(这点将在第六章详细分析)。因此,不能以为宏观调节便是将宏观经济运行的目标和任务分摊给各个微观经济单位,就像不能把宏观经济当作各微观经济活动的简单相加一样。

二、宏观调节和控制的机制

什么是宏观调节和控制? 宏观调节和控制就是从国民经济的角度调节经济运行。其目的是从国民经济全局出发,对客观经济运行过程输入自觉性,避免和克服客观经济运行过程中的自发性和盲目性,消除经济运行中的各种干扰,保证宏观经济运行目标的有效实现。国家对经济运行进行宏观调节,其对象包括微观经济和宏观经济两个层次。但宏观调节的任务不是解决微观范围的问题,而是要解决宏观范围的问题,如产业结构的合理化和高度化、宏观总供给与总需求的平衡等。因而宏观调节决不能替代微观经济范围的市场机制的调节。说到底,宏观调节是要使市场机制调节下的微观活动同宏观计划目标相吻合。

微观经济运行,在解决生产什么、生产多少、为谁生产问题上,有自己的调节机制。在商品经济条件下,微观经济运行的调节机制便是市场机制。价格的涨落、供求的变动调节着社会劳动(包括物化劳动和活劳动)在各部门间的分配,从而使微观生产结构适合市场需求结构。国家对这一过程的宏观调节便是通过以产业政策为中心的各种经济政策和经济杠杆的调节和诱导,使市场机制调节下的微观生产结构向合理的产业结构发展,保证社会生产资源最有效地得到利用(这点将在第六章详细展开分析)。

宏观经济运行，在解决总供给与总需求平衡方面，也不可忽视市场机制的自动调节作用。企业内部的收入分配属于微观决策，企业安排的投资需求和消费需求规模直接受市场价格水平、利率水平的调节。国家对这一过程进行宏观调节，不是取代市场机制对投资需求和消费需求形成的调节，而是要将市场机制调节下形成的投资需求和消费需求的规模导向宏观总量平衡的目标。这方面的宏观调节机制便是，调节国民收入分配和再分配的财政、银行信贷和价格总水平。国家借助财政、收入分配和货币等各种政策及相应的经济杠杆，调节积累和消费的比例，控制总需求，保证预定的国民经济发展目标得到实现（这点将在第七章详细展开分析）。

三、宏观调节机制的结构

调节或控制的基本功能有两个方面：一是确定被调节系统运行的目标；二是调节被调节系统的输出值与目标值的偏差，从而使被调节系统的运行保持在正常的轨道上。一般来说，调节和控制的结构，由中央控制和调节系统、被调节系统和信息反馈系统三部分组成，相互间靠信息联结起来。中央调节系统将控制目标等信息传输给被控系统，被控系统按中央控制目标进行工作，而输出的结果（信息）通过反馈系统传给中央调节系统，中央调节系统对获取的信息进行加工处理，然后再输给被调节系统，直至被调节系统输出的结果与控制目标相符。

上述调节机制的一般原理适用于宏观的经济调节过程。在这里，中央控制和调节系统是国家经济决策机构，被调节系统是成千上万个企业，在商品经济条件下，信息反馈系统由市场来承担。但是，经济生活是纷繁复杂的，调节机制的一般原理引入宏观控制过程，需要根据实际的经济情况作必要的校正。目前我们的企业是自主经营者，是有相对独立经济利益的商品生产者。这样，第一，企业已不单纯是执行机构，在一定程度上具有决策系统的功能；第二，企业作决策和执行国家决策时，要受自身经济利益的限制，因此整个宏观控制机制必须增加一个经济动力系统；第三，与前两点相适应，经济信息不仅要为国家决策机构所感受，还要为企业所感受，从而使它能够同时给国家和企业反馈信息。

根据我国现阶段经济关系的特点，宏观调节机制结构应有下述规定：经济决策系统不是一元的集中式决策机构，而是国家与企业都参加决策的分权式决策系统；经济信息系统不是以纵向传递信息为主的直线型系统，而是以横向传递为主的纵横交错的网络式系统；经济动力系统不是以行政压力为主的系统，而是以经济利益激励为主并与精神鼓励相结合的系统。

在有计划商品经济条件下，宏观调节要充分利用市场机制，因而在设计宏观调节机制的结构时，要将市场机制同整个宏观调节系统联结起来。这种联结大致有三个方面：(1)企业运行系统同市场机制的横向联结，两者形成闭环的反馈系统。(2)宏观调节产业结构的产业政策及其杠杆同市场机制联结，产业政策的贯彻致力于引导市场机制对市场供求结构调节的方向。(3)宏观调节总量的财政政策、货币政策及其杠杆同市场机制的联结，宏观总量政策的贯彻致力于引导市场机制调节投资需求和消费需求形成的方向。

宏观调节机制各个系统之间也由各种经济信息联结起来。以社会生产比例的调节机制为例，输入生产企业的信息有：(1)国家决策机构的计划；(2)资金、劳动力、物资等生产要素的投入；(3)市场价格比例、利率差别信号，生产企业输出的信息即产出的商品和劳务。输入市场的信息有：(1)企业供给市场的商品和劳务；(2)国家对价格利率的计划信号。市场输出的信号有：(1)价格比例；(2)利率差别。输入国家决策机构的信息有：(1)市场信号；(2)企业产出与预定计划目标的偏差。国家决策机构输出的信息有：(1)生产计划；(2)对市场价格利率的计划调节信号。

四、宏观控制形式

宏观控制包括两个方面的过程：一是确定经济运行目标的控制过程；二是在运行目标确定以后调节运行系统，不断地校正其输出值与目标值的偏差,保证达到经济运行的目标。在经济运行中,无论是确定目标,还是实现目标,都不是孤立的要素在起作用,都必须依靠一定的经济联系,依靠一定的机制调节。

经济运行的总目标是既定的,这就是最大限度地满足社会需要和社会生产资源的最有效利用。但是每一个具体时期的经济运行目标不是已定的,因而需要对目标本身有个确定和控制的过程。这种目标值的确定不是简单的数学计算,它是一个复杂的经济过程。一般来说,经济运行目标的控制除了经济过程的自发控制外,就自觉控制而言,主要有两种形式:一种是预先的确定和控制,例如预先规定满足市场需求的目标。采取这一形式的条件是决策机关能掌握大量的信息并能较准确地预见未来。另一种是随动控制,即在控制方向确定的情况下进行跟踪控制,就像猎人捕捉猎物一样控制经济运行目标。如规定的市场需求目标是可变的,根据最大限度地满足经常增长的市场需求目标的要求,就需要紧紧瞄准不断变动着的市场需求变化。显而易见,前一种控制形式的优点在于经济运行一开始就有明确的目标,但这一形式要求决策机构具有灵敏地准确地掌握信息和处理信息的能力。后一种控制形式的优点在于灵活,能随时根据情况变化调整运行目标,问题在于这种经济运行的目标不完全明确。在计划经济条件下,前一种形式不可缺少。但根据现阶段计划经济水平,人们并不能完全准确地预见未来,因而还需要后一种控制形式。为此,现阶段的目标控制需要将两种形式结合起来。具体表现为:国家预先下达指导性计划指标,为经济运行大致规定一个轨道,同时允许决策者和执行者随时根据经济状况变化而修正计划目标。然后国家根据反馈的企业修正计划的信息及时地调整计划目标,最终使国家确定的计划目标具有科学性并切合实际。

目标确定后,为实现目标,调节经济运行的过程更为复杂。

调节控制的方法一般有程序控制和目标控制两种。程序控制不仅为经济运行规定目标,还为其规定实现日标和抗干扰的程序。日标控制只为运行系统规定所要达到的目标,运行的程序由运行系统自己确定。例如,国家只给企业规定产值指标、利润指标等,至于企业具体生产什么,如何生产，则由企业自己定，国家不直接管，这就是目标控制。显然，目标控制比程序控制要灵活，并且适应性强。我们过去对企业活动的控制方式基本上是程序控制，结果束缚了企业手脚，把整个经济管死了。我们现在的改革的一个重要内容是改变控制方式，由程序控制转向目标控制，给企业松绑，以调动企业的主动性、积极性和创造性。

调节控制过程一般分为有反馈回路的经济控制和没有反馈回路的经济控制。所谓信息反馈，是指把输出的信息与作用对象相比较的结果再输送回来，并对信息的再输出发生影响的过程。其基本功能是根据过去的操作情况去调整未来运动。宏观控制过程应是包括反馈回路的经济控制。宏观控制过程引入信息反馈系统后，便具有了自动控制系统，决策中的偏差能及时得到校正，经济运行系统能随时根据反馈的信息调整自己的行为，直至运行目标的实现。这种自动控制系统与前面所述的客观经济过程中的自我协调的“生理机制”不同。第一，它不是自发的，而是自觉设置的。第二，这种自动调节不是单纯地实现平衡，更重要的是为了实现预定目标。第三，这种自动调节系统最终使宏观控制机制对客观经济过程变化产生自组织、自适应的功能。在商品经济条件下，将市场机制作为信息反馈机制引入宏观调节机制便是这样。企业与市场处于横向联系中，企业在参加市场活动的过程中，随时从市场反馈价格变动和供求变动的信息，从而及时地调整生产方向和生产规模，能保证市场需要得到最大限度的满足。国家经济决策机构随时从市场获得价格和供求信息，便可及时地校正计划和调整宏观调节措施，从而保证宏观调节的有效性。

第四节　经济机制与经济杠杆

一、用经济手段管理经济

长期以来，我们对国民经济的管理基本上是采取行政手段。行政层次、行政区域、行政指令、行政压力构成了行政性的经济运行机制。这种行政性的控制机制同国家对企业的直接控制相配合，造成了长官意志、缺乏效率等弊病。在国家与企业职责分开，企业成为相对独立的自主经营、自负盈亏的商品生产者后，国家对企业的管理将逐步由直接控制为主转向间接控制为主，相应地，国家对国民经济的管理也将由以行政手段为主转向以经济手段为主。

什么是经济手段？总的来说，它是指人们利用经济过程中的内在联系和物质利益关系，调节经济活动所运用的杠杆、方法和组织。具体地说，包括利益关系调整、市场机制、财政机制、金融机制，等等。其实质是按照客观经济规律管理经济。经济体制的改革有行政性分权和经济性分权两种类型，在这两种类型中，经济手段的范围、功能是不一样的。

在行政性分权的场合，国家利用经济手段，也就是将企业的经济利益同国家的计划目标挂钩，借助物质利益刺激，促使企业自动地实现计划目标。这里的经济杠杆主要是指分配范畴，如利润、奖金等。波兰经济学家兰格对资本主义经济中的自发调节、计划经济中的行政手段和经济手段做了形象的比喻：资本主义经济好比老式气球，随风飘动；社会主义经济如依靠行政措施实现计划，可以比作一架老式飞机，驾驶员用手操纵，将飞机引向他选择的方向；依靠经济手段实现的计划，好比一架有自动操纵机构的现代飞机，驾驶员按飞行方向安排机构，自动机构会自动地保持飞机航行的方向。这里，经济手段的基本功能是：在国家同企业分权决策后，促使企业的决策自动地符合计划目标要求。

在经济性分权场合，经济手段不单是经济利益关系，还包括市场联系。企业的经济利益同市场相联系，国家对企业的计划调节也通过市场，在这里，企业的自主决策自动地适应市场需要。这里的经济杠杆主要是价值范畴。其基本功能不是直接促使企业的自主决策依赖国家计划，而是要促使市场机制运行（即企业总体活动）的方向趋向计划目标。在这里，利用经济手段不单纯是为了解决“自动性”问题，最根本的是追求计划的科学性，追求自觉依据和利用经济规律来制订和实现计划。

利用经济手段管理经济，同宏观的间接控制相伴。间接控制的特点在于，国家不直接规定企业具体的投入和产出的数量指标，而是根据宏观计划目标要求，通过经济手段和法律手段，影响企业活动的约束条件和环境，从而使企业作出符合宏观控制目标要求的决策。

间接控制应从何入手呢？社会再生产过程中生产、交换和分配各个环节之间的相互关系给我们提供了各种选择。根据马克思主义原理，生产决定交换和分配，但交换和分配对生产都有反作用。因此，国家对企业生产过程放弃直接控制后，可以分别选择两个途径实行间接控制。

一是通过流通过程的计划化调节企业的生产决策。只要是市场价格、利率等各种信号对企业决策起调节作用，同时市场价格、利率均是在国家的宏观调节下形成的，那么企业的生产决策最终会同国家的宏观计划目标相吻合。例如布鲁斯模式中的“有调节的市场机制”就起这种作用。

二是通过分配过程的计划化调节企业的生产决策。收入分配包括：国民收入在积累和消费之间的分配，积累基金在生产性积累和非生产性积累之间的分配，生产性积累基金在各个部门间的分配，消费基金在个人消费和社会消费之间的分配，等等。所有这些最终会形成各种需求量和需求结构。市场需求量和需求结构会制约两大部类比例和各种产品的生产比例。因此捷克斯洛伐克经济学家锡克认为，如果收入分配的调节，使人们所追求的未来需求同计划的目标相一致，那么生产和投资也会向这个方向发展，无须去直接指挥。在他的模式中，生产和投资决策权都给了企业，国家则通过国民收入分配计划及相应的调节手段，严格控制企业的分配过程。

二、经济杠杆的功能

经济杠杆是国家用经济手段管理经济时，国家掌握的用以调节经济运行，以期实现预定的经济目标的各种手段。经济杠杆的功能是，在经济上提供一种推动力，促使自主经营的企业作出符合国家计划目标的决策（在行政性分权的场合），促使市场机制的运行进入国民经济计划的轨道

（在经济性分权的场合）。总的来说，经济杠杆有以下规定：

第一，经济杠杆是包含于经济利益关系中的经济范畴，运用经济杠杆的目的是为实现预定目标提供一种推动力。经济运行的原动力是人们对经济利益的关心。人们从事经济活动总要谋求自身的经济利益。因此，只有处于经济利益关系中的经济范畴才能起到经济杠杆的作用。一般来说，经济利益关系集中表现在国民收入分配和再分配过程中。这样，能成为经济杠杆的范畴必须是参与国民收入分配和再分配的范畴及交换过程的范畴。如参与初次分配的利润、工资、奖金、税收等，参与再分配的价格、信贷、利率、财政分配、货币发行等。

第二，经济杠杆都是经济运行中的变量，如价格、利率、税率、货币发行量等，都是可变的量。但是，经济杠杆是主观见之于客观的工具。它们包括两方面的要求：一方面，它们必须是国家直接或间接掌握的可控变量；另一方面，它们必须是处于经济运行中的经济变量，并与经济运行系统中的其他构成要素处于函数联系之中，例如，货币发行量与价格总水平有函数联系，利率与储蓄和投资有函数联系。因此，国家调整和改变这些可控变量，便可引起经济运行系统内其他要素的相应变化。在这一意义上，经济杠杆就是经济参数，利用经济杠杆的调节就是利用经济参数的调节。这里要说明的是，价格和利率等变量，在不同的机制中有不同的规定。如果它们直接由国家规定，便是国家直接掌握的经济杠杆或可控变量；如果在另一种机制中，它们不由国家直接规定，而是在国家计划调节下的市场机制中形成，那么它们便是国家间接掌握的经济杠杆。

第三，经济杠杆必须是企业在选择生产方向及生产规模时所依据的条件和信号。在商品经济条件下，社会劳动采取价值形式，因此，经济杠杆也必须采取价值形式。例如，税率高低、利率高低、价格高低、工资高低、汇率高低等，均是调节资金、生产资料和劳动力在部门之间流动的信号。

第四，经济杠杆不是指范畴本身的规定，而是指对范畴运动的客观作用的一种利用或运用。任何作为经济杠杆的范畴，在其运动中都会起一定的客观作用。例如，价格的任何变动，都会引起供求的变化；税收的任何变动，都会引起国民收入分配比例的变动。但它们只是客观作用而已，还不能仅仅从这个意义上规定它们为经济杠杆。只有当人们对这些范畴的运动进行客观的利用时，它们才作为经济杠杆发挥作用。例如，价格在自发波动时，它不是经济杠杆；只有当价格按照国家有意识地确定的目标波动，从而用以调节供求时，它才是经济杠杆。

作为杠杆，都有支点。经济杠杆的支点是什么呢？就拿国家调节市场的杠杆来说，由于这一层次的调节利用了反映价值规律、货币流通量规律的经济联系，因此经济杠杆作用的支点就是市场机制。如果市场机制不完善，经济杠杆的作用便会减弱，甚至被扭曲。再就市场调节企业的杠杆来说，市场价格等信号，经过国家的计划调节，成了合乎计划目标要求的变量。这些市场信号对企业的调节，是利用了通过市场实现的物质利益关系。因此，市场调节企业，其经济杠杆作用的支点，是依赖市场的物质利益关系。如果企业利益不是依赖于市场实现的成果，经济杠杆的作用也会减弱。

正因为经济杠杆具有上述规定，所以经济杠杆在调节经济运行过程中，具有其他手段不能替代的功能。它可以触动各种经济活动者的经济利益，触动市场机制，从而借以刺激、引导、鼓励、抑制其各自的经济活动，以达到预定的目标。

首先，它是在微观放开的条件下实现计划目标的有效的调节手段。在间接控制中，预定的计划目标不可能直接地强制地下达给企业。实现计划目标的机制，是把意图包含在杠杆的运用中，通过调节经济利益关系，来诱导和指导企业活动，以保证预定计划目标的实现。在实现计划目标所起的作用上，这种经济利益的动力和压力不会比过去那种行政压力弱。

其次，运用经济杠杆的调节是一种双向调节。也就是说，经济杠杆不仅作用于市场机制，市场机制也会通过经济杠杆反过来调节宏观决策者。这有利于克服计划调节过程中的主观随意性，提高计划经济水平。经济杠杆是作为控制变量调节经济运行的，在与其他变量的函数联系中，它不但作为参数调节影响其他变量，自身也会受其他变量的影响，在经济运行中得到检验。经济杠杆运用得是否正确的信息，会及时反馈给经济杠杆的运用者，以便及时校正参数，从而保证经济调节手段的有效性和科学性。

最后，经济杠杆的运用还能刺激微观经济效益的提高，保证实现计划的效率和质量。其原因在于，经济杠杆不是孤立作用的，在有计划的商品经济条件下，经济杠杆作为价值范畴，它的运用总是同价值规律的作用结合在一起，并以市场机制的充分作用为基础的。

三、经济机制中的经济杠杆

既然成为经济杠杆的范畴本身是经济运行系统中的构成要素，那么它就必然是处于一定的经济机制联系中。

首先，各个范畴分别处于特定经济运行系统的机制之中。对国家来说，这些变量有直接可控和间接可控之分。如财政分配、税收、中央银行利率、货币发行等范畴，可以成为国家的直接可控变量；而价格、市场利率等在新的经济运行机制中则不能成为国家直接控制的变量。它们包含于市场机制的内部联系中。它们作为市场机制的变量，只有在对市场机制经过计划调节之后，使其符合计划目标要求时，才间接地成为可控变量。这种情况表明，国家运用价格、利率等杠杆不能随心所欲，应尊重它们在市场机制中的内部联系，不能越俎代庖，取代市场机制对价格、利率的调节过程。

其次，各个经济杠杆都是在社会主义经济机制的有机体中发挥功能的，相互间有一种机制的联系。也就是说，各个杠杆都不会孤立地起作用。每使用一个杠杆，都会引起经济机制内部相互联系的各个要素之间的连锁反应。因此，国家运用各种经济杠杆时必须要同步配套，协同作用。不仅如此，国家在运用经济杠杆时还要注意统一使用，谨防政出多门，各行其是，以免引起机制的紊乱和灾变。

再次，国家运用经济杠杆是主观见之于客观的行为，这种行为本身要受客观经济过程和客观经济规律的制约。如果违反客观规律，不顾经济机制的内部联系，主观随意地运用经济杠杆，那么就不仅难以实现预期的目标，而且由此引起的连锁反应，还会起到同计划目标逆向的调节作用，造成机制的紊乱和经济的振荡。例如，我们在 1983 年实行棉花超计划收购加价政策时，没有根据供给弹性和需求弹性的规律，大体计划出价格提高 1%对生产的刺激会有多大，对需求的抑制又会有多大，而是盲目动价，结果加价过高，刺激了棉花生产的过度发展。1984 年需要棉花 6800 万担，实际却生产了 1. 1 亿万担，超过需求 4000 多万担，造成了严重的库存积压。这个事例表明，在利用经济杠杆时，必须要注意经济机制的内部联系，违反它，就要受客观经济规律的惩罚。

经济杠杆功能的充分发挥和正确运用，依赖于一系列的客观条件和主观条件。现阶段的客观条件，主要是完善市场机制，包括市场体系的健全、市场机制的充分作用、卖方市场向买方市场的转变、消除市场上的垄断，等等。主观条件，主要是经济杠杆运用者对经济规律及其作用机制的自觉认识和掌握程度。

最后，要注意到，在不同类型的经济机制中，经济杠杆的变动频率有差别。在行政性分权类型的经济机制中，国家不直接规定企业的投入产出指标，但要借助于经济杠杆如计划价格调节企业决策，使之符合由计划目标体现的社会需要。由于国家本身对社会需要并不十分清楚，其计划过程包含了“错了再试”的过程。这样，作为变量的经济杠杆，变动频率较大。而在经济性分权类型的经济机制中，企业的投入产出直接由市场调节。为了保证价值规律的充分作用，保证各个经济主体按经济规律办事，国家运用的经济杠杆，应该是为市场竞争的充分展开提供规范的统一的条件，其变动频率不宜太大。计划调节的信号必须是透明的。为此，财政政策、收入政策、货币政策和产业政策以及相应的经济参数，在正常情况下必须相对稳定和确定。如果朝令夕改，政策多变，经济参数便会令人捉摸不定。以“黑箱”调节“黑箱”，其危害性是难以想象的。

第 二 章

社会主义经济的运行目标

任何经济系统的运行都有自己的运行目标，经济运行机制就是围绕着这个目标而展开活动的，是根据这个目标的要求而发挥功能的。因此，研究社会主义经济运行机制，首先要确定社会主义经济的运行目标。

第一节　社会整体经济效益

——经济运行的基本目标

一、经济运行是有目标的

经济运行需要调节。无论是自发调节还是自觉调节，都是为了使经济系统协调地平衡地运行。但是，协调和平衡都要有一定的基础。这个基础不是别的，就是经济运行目标。对经济运行进行调节，实际上就是平衡或校正经济运行与目标的偏差，以保证经济活动在变化着的外部经济条件下按预期目标运行，从而使目标能如期实现。马克思曾经指出："蜘蛛的活动与织工的活动相似，蜜蜂建筑蜂房的本领使人间的许多建筑师感到惭愧。但是，最蹩脚的建筑师从一开始就比最灵巧的蜜蜂高明的地方,是他在用蜂蜡建筑蜂房以前,已经在自己的头脑中把它建成了。劳动过程结束时得到的结果,在这个过程开始时就已经在劳动者的表象中存在着,即已经观念地存在着。他不仅使自然物发生形式变化,同时他还在自然物中实现自己的目的,这个目的是他所知道的,是作为规律决定着他的活动的方式和方法的,他必须使他的意志服从这个目的。"①劳动过程是这样,整个经济机体的运行又何尝不是这样呢!

人们通常把平衡当作经济运行的目标。平衡固然是经济机制调节经济运行的一个方向,但毕竟不是目标状态。供给与需求可以在低的供给水平或低的需求水平上平衡,产业结构可以在低度水准上平衡,这种平衡决不是经济运行的目标。离开一定的目标去求平衡是无意义的。

每个经济主体都有特定的经济运行的目标。基本运行目标则是由社会生产方式决定的经济运行的必然趋势,它决定着整个经济运行过程的发展方向和方式,是经济运行的出发点和归宿。经济运行目标往往作为经济运行的预测目标而表现出来,所以看起来似乎是主观的范畴,其实不然。经济运行目标必须反映经济发展过程中内在的必然的联系。这里需要明确,通过人的主观预测而制定出的国家在一定时期内的具体的计划目标,要成为某一时期国家发展经济的正确实施目标,就必须反映经济发展过程中的客观内在规律。它制约着经济运行的全过程,人们的意志必须服从它。我们所谈的经济运行目标就是指这种目标。显然,这种经济运行目标是由经济机体的性质客观地决定的。

在现实的社会主义经济的运行中,宏观地决定其运行目标的,是社会主义生产关系的本质要求以及商品经济的一般要求。社会主义经济运行的重要特点在于,自觉地寻求客观经济运行的目标,并通过自觉的行为实现之。即使是国家自觉制定的经济发展目标,虽然要受当时的政治经济形势的制约,最终也必须符合客观规定的经济运行目标的要求。

---

① 《马克思恩格斯全集》第23卷,人民出版社1972年版,第202页。

二、社会整体经济效益目标

一个社会的基本经济运行目标,应具有这样几个特点:第一,它是客观的,是由生产关系特别是由生产资料所有制的特殊性质所决定的;第二,它反映该社会生产的实质和目的;第三,它是该社会生产发展的根本动因和方向,是该社会生产的出发点和归宿。按照经济基本运行目标的这几个特点,我们认为社会主义经济的基本运行目标的内涵是:第一,最大限度地满足人民群众的物质文化需要;第二,社会劳动时间(包括各种资源和劳动)合理分配和充分节约。这正是社会整体经济效益的两方面要求。

经济效益是社会生产活动中劳动消耗、劳动占用同劳动成果和社会需要满足程度的对比关系。它包括两个层次的比较:

第一,劳动消耗和占用同劳动成果的比较。一定量的劳动占用和消耗取得尽可能多的劳动成果,或者说,为取得一定量的劳动成果,耗费尽可能少的劳动。这是经济效益的一个重要方面。

第二,劳动成果和社会需要满足程度的比较。使生产的产品适合社会需要,占用和消耗的劳动得到社会承认,获得最优补偿。这是经济效益的另一个重要方面。

但是作为社会主义经济运行基本目标的,不是企业各自分散的经济效益,而是反映社会主义生产目的和生产实质的社会整体经济效益。也可以说,社会以尽可能少的劳动支出,最大限度地满足人民群众的需要,是社会主义经济的基本运行目标。

大家知道,社会主义实行的是生产资料的公有制,以生产资料公有制为基础的社会主义经济是为劳动者的利益服务的。劳动者不仅是生产资料的所有者,而且也是劳动产品的所有者,这些产品最终都要用于满足他们自身的物质和文化生活的需要。这就决定了社会主义经济的运行目标,既不可能是为剥削阶级攫取剩余劳动、剩余产品或剩余价值,也不能是为生产而生产,而只能是为了满足劳动人民群众的生活需要。在社会主义条件下，劳动成果归劳动人民自己所有，这使得劳动者的需要能够得到日益充分的满足；劳动者需要的日益充分满足，又会促进劳动者生产积极性的提高和社会主义生产的进一步发展，后者又进一步保证了劳动人民需要的满足。由此可见，满足人民需要始终贯穿于整个社会主义经济运行之中。实践表明，如果社会主义经济发展背离了满足人民需要的要求，就会阻碍劳动者生产积极性的发挥，削弱社会主义经济发展的动力，以至于使社会主义经济运行紊乱。因此，满足人民群众的需要，是社会主义经济基本运行目标的首要内涵。

但是，满足人民群众需要并不是社会主义经济基本运行目标的全部含义。社会主义经济的基本运行目标还应包括社会劳动的合理分配和节约。因为：首先，只有社会劳动的合理分配，才能使社会生产比例协调，才能生产出符合社会需要的产品，从而才能高效益地、全面地满足人民群众的需要。否则，满足人民群众的需要就成了一句空话。我国过去在“左”的指导思想影响下，盲目追求高速度，不按照客观的比例要求合理地分配社会劳动，重生产而轻消费，重重工业而轻农业和轻工业，不切实际地把大量的社会劳动投入到基建和重工业中，其结果造成了社会生产比例的严重失调，经济结构畸形化，人们所需要的产品长期奇缺，不仅没有使人民群众的需要得到很好的满足，而且还受到了不应有的压抑。特别是由于社会劳动分配不当，大量的社会劳动被白白地浪费掉了，因而使人民群众以后应满足的需要也受到了损害。其次，社会劳动的节约可以增加社会财富，从而可以生产更多更好的产品去满足人民群众的需要。反之，就会丢掉社会财富，使人民群众的需要无法得到很好的满足。我国在这方面的教训是很多的。例如，我国第一个五年计划时期，每 100 元固定资产的实现利润达 20 元以上，而 1978 年只有 15.9 元。这就是说，每 1000 亿元固定资产减少利润 40 亿元。如果按 4000 亿元固定资产计算，每年在生产过程中就有 160 亿元的社会财富被白白浪费掉了。这些钱大体上相当于 1981 年全年的文教、卫生、科学事业费用的总和。如果这些钱被节约下来用于满足人民群众的需要，那将会使人民群众的生活水平有更快更大的提高。由此可见，社会劳动的节约对于很好地满足人民群众的需要，有着非常重要的作用。

总之，社会主义经济基本运行目标的内涵，应该是最大限度地满足人民群众的需要与社会劳动的合理分配和节约的有机统一。马克思指出：在共同生产的社会中（包括社会主义社会），“社会发展、社会享用和社会活动的全面性，都取决于时间的节省”①。他把时间的节约同更好地满足“社会享用”，即满足人民群众的需要结合起来，并把它作为首要经济规律。因为社会只有合理地分配社会劳动和节约社会劳动，才能实现社会需要的最佳满足。

下面，我们对社会主义经济运行基本目标的两个内涵，分别加以分析。

三、最大限度地满足人民群众的需要

经济运行的直接动力和最终目标总是为了满足一定的需要，而需要的满足又总是同消费相联系。因此，分析满足人民群众的需要问题必须同消费活动问题相结合。主要涉及以下几个问题。

第一，生产和消费的良性循环。生产和消费的关系，一般地讲，有两个方面。一方面，生产决定消费：它创造消费的材料或对象，决定消费的方式，引出消费的需要或动力。另一方面，消费也反过来影响生产：首先，消费最终完成生产行为，原因是生产的产品只有在消费中才成为现实的产品，一件衣服由于穿的行为才现实地成为衣服，一间根本无人居住的房屋，事实上就不成其为现实的房屋；其次，消费创造出新的生产需要，因而创造出生产的动力，创造出生产对象。生产和消费的关系表明，只有在生产直接为了满足消费需要时，生产和消费间才会形成良性循环，相互创造条件，相互创造动力，从而使生产和消费的水平不断提高。

生产和消费的良性循环需要一定的经济条件。在小私有制范围内，虽然生产直接为了满足劳动者的消费需要，但是生产和消费的范围狭窄，

---

① 《马克思恩格斯全集》第 46 卷（上），人民出版社 1979 年版，第 120 页。

生产和消费间缺乏上升的良性循环。在资本主义私有制度下,虽然生产和消费的社会联系范围扩大了,但是生产不是直接为了满足劳动者的需要,而是为了资本家获得剩余价值。因此,生产和消费的良性循环经常被周期爆发的经济危机所打断。只有在社会主义公有制条件下,生产和消费之间才可能出现不断上升的良性循环。原因是,在社会分工有了较大发展的同时,劳动人民成了生产过程和消费过程的共同主人,生产是直接为了满足人们的需要,即最大限度地满足全体劳动者经常增长的物质和文化的需要。当然,在社会主义制度下,这种良性循环的实现,还需要通过经济工作的自觉性和科学性。

第二,消费结构。人民群众的消费需要包括基本生活需要、发展需要和享受需要三个层次。在一定时期内,这三个层次的需要形成一定的比例,即消费结构。基本生活需要亦称生存需要,这是社会必须首先满足的低层次需要。发展需要和享受需要则是高层次的需要。社会经济发展一般是沿着由低层次到高层次的过程满足需要的。如果在消费结构中基本生活需要占的比重大,意味着该社会中人民的消费质量还处于低水平。当然这个问题也不能绝对化地理解。在某种情况下,由于消费的示范效应,人们会在基本生活需要尚未满足时,优先考虑享受需要的满足,把应在今后满足的需要提前到现在。

根据最大限度地满足人民群众需要的目标,根据消费结构同社会主义经济运行的相互制约关系,经济工作应该做到:首先,注意引导人民群众的消费方向,防止不切实际地盲目提高消费;其次,注意按消费需求结构调节生产比例,使社会生产结构适合消费需求结构;最后,努力在经济发展的基础上促使消费发生结构性变化,逐步提高发展、享受需要在消费结构中的比重,提高消费质量,最终以满足人民群众高层次需要为社会主义经济运行的目标。

第三,消费水平。消费水平表明人民群众的物质文化需要的满足程度。在商品经济条件下,人民群众的消费水平一般有两种衡量指标:一种是人民群众的货币购买力;另一种是以货币收入购买的消费资料和劳务的数量。前者是名义水平,后者是实际水平。两者的差别在于后者不仅取决于货币收入，还取决于商品和劳务的价格。对于经济运行目标有意义的是实际水平。

消费水平的提高，不仅包括上述消费结构的变动，还包括人民群众基本生活需要、发展需要和享受需要等各层次需要范围的不断扩大，进入消费领域的各种使用价值不断完善和更新，产品质量不断提高。

一定的消费水平是在生产力发展基础上形成的各种有关因素的组合，其中主要有：社会产品和国民收入总量，国民收入分为积累和消费的比例，物质资料构成，“第三产业”（主要是指服务行业）的发展水平等。

服从于最大限度地满足人民群众不断增长的需要的目标，提高消费水平对社会主义经济运行的制约性在于：其一，在生产发展的基础上逐年提高人民消费水平，应是安排国民收入分配和再分配的出发点；其二，人民消费水平的提高最终依赖生产的发展，为此必须保证必不可少的扩大再生产的建设资金；其三，消费水平的提高要有物质保证，为此要求使用价值的品种、质量、数量紧紧跟上社会消费需要。

第四，消费限度。在社会主义发展的一定历史条件下，人民群众消费需要的满足总是有限度的。以这个限度为依据，消费可以划分为适度消费和早熟消费。

所谓适度消费，就是这样的消费：(1)消费的增长是建立在生产发展和经济效益提高的基础上的，而不是离开和超过生产发展和经济效益提高的盲目增长；(2)消费的增长速度低于劳动生产率的提高速度，以适当的比例随劳动生产率的增长而增长；(3)在新增加的国民收入中，消费的增长是以不损害国民经济发展所必需的适当积累为前提的；(4)消费的增长是以国家拿了企业所增加的收入的大头，以保证财政收入有较大增长为前提的；(5)职工的货币收入增长速度和实际消费增长速度，同社会消费品生产和市场商品可供量的增长速度保持着合理的比例。这种适度消费，不仅保证了积累和消费、生产和生活等主要国民经济比例关系的协调，使市场购买力和市场供应量相适应，使财政、信贷、物资等也都能保持平衡，从而为生产的增长创造了良性运行条件，而且它还使国家、集体和个人三方面的利益都能够得到应有的满足，协调了人们当前利益和长远利益的关系，调动了各方面的积极性，从而为生产发展带来了强大的动力。生产的发展，又会进一步使人们的消费需要得到更好的满足。

所谓早熟消费，就是这样的消费：(1)消费的增长速度超过了生产发展速度、劳动生产率增长速度和经济效益提高速度；(2)职工货币收入增长速度和消费支出增长速度，超过了消费品生产的增长速度；(3)超过生产发展而增长起来的消费，主要是通过挤国家财政和压积累来弥补。早熟消费的这些特点，决定了它对于经济的正常运行是极为有害的。首先，早熟消费是以打破积累和消费、生产和消费的正常比例为前提的，因而必然会造成国民经济比例失调，导致消费品购买力和市场供应脱节，生产与消费脱节，进而使财政、信贷、物资失去平衡，引起物价大幅度波动，使群众生活受到严重影响，整个经济生活陷入紊乱。其次，早熟消费不是靠努力发展生产，而是靠减少必不可少的积累和国家利益来增加消费，因此，它损害了人们的根本利益和长远利益，是和社会主义基本经济规律和扩大再生产的客观要求相违背的。最后，早熟消费虽然能在一段时间内造成虚假的消费繁荣，特别是造成一些高档商品消费的虚假繁荣，从而在一定程度上刺激生产发展，引起那些只是因盲目提高消费才买得起的高档商品的生产急剧扩张，但是这种状况不会维持很久，因为它没有雄厚的物质基础。特别是应该看到，消费发展是有与一定时期国民经济发展水平相应的阶段性的，高档商品在消费中所占比重的增加，必需品和其他低档商品所占比重的减少，是随着生产水平的提高、产业结构和产品结构的变化而分阶段逐步实现的。而早熟消费则打乱了这种阶段性，造成了不合理的消费结构，从而必然导致产品结构和产业结构畸形发展，非常不利于经济顺利和稳定地发展。因此，为了实现社会主义经济运行的基本目标，我们必须要坚决反对搞早熟消费。当然，这绝不是说消费的增长速度越慢越好，也绝不是要回到过去在“左”的思想影响下所搞的那套片面抑制消费的政策上去。过去，由于搞高积累，生产资料的生产与消费品的生产不成比例地自我扩张，限制了消费品生产，使得消费品的增长速度远远落后于整个生产的发展速度、劳动生产率增长速度和经济效益提高速度，职工的消费需要长期得不到很好的满足，甚至在20年的时间中实际工资有所下降。其结果是既破坏了国民经济的平衡发展,又损害了劳动者的消费利益,挫伤了劳动者的生产积极性,使经济发展失去了动力。很显然,这种抑制消费需求的"左"的一套,是同社会主义经济运行的基本目标相违背的。

总之,只有适度消费才符合社会主义经济运行的基本目标。我们只有坚持适度消费,才能使社会主义经济运行的基本目标得以实现。这已为我国历史上出现的几次大的经济波动所充分证明。

在商品经济条件下,人民群众的需要可以分为两种类型:一种是实际需要;另一种是有支付能力的需要,即市场需求。两种需要之间存在着数量差别。前者总是大于后者。实际的社会需要的满足受商品可供量的限制。人民群众有支付能力的需求的满足,不仅受商品可供量的限制,还受支付能力即购买力的限制,其中包括货币收入和商品价格的限制。我们一般讲的供求矛盾是指有支付能力的需求与供给之间的矛盾。

供过于求(生产过剩)是资本主义经济的痼疾,但不能反过来说,供不应求是社会主义经济的规律。在社会主义社会,人民群众的实际需要总是走在生产的前面,从而成为社会主义生产的动力。但是有支付能力的需求不能总是走在生产前面,应该和生产相适应。同时,生产虽不能充分满足社会的实际需要,但必须充分满足有支付能力的需求(市场需求)。这是社会主义生产目的的现实体现,也是社会主义再生产过程的客观要求,并且是生产和消费良性循环的具体体现。计划经济也为之提供了可能。我国和其他一些社会主义国家多次和较长期地出现的经济短缺现象,主要是由经济体制造成的,不能归咎于社会主义经济制度本身。社会主义经济的本性是保证人民群众不断增长的需求能最大限度地得到满足。这里包含着这样一个良性循环的过程:人民群众有支付能力的需求由于生产发展得到满足后,其水平会进一步提高,内容会进一步丰富,范围会进一步扩大,从而促进生产进一步发展;在生产进一步发展的基础上,增大了的有支付能力的需求进一步得到满足,又提出新的需求……如此循环往复,使人民群众实际需求的满足程度不断得到提高。

社会主义经济不存在供不应求的客观性,但这不等于说供求之间不会失衡。在一定时期中有的商品供不应求,有的商品供过于求,这是常有的事。社会主义经济的特点在于能自觉地通过计划调节消除不平衡现象,实现商品供给结构与市场需求结构的平衡及供求总量的平衡。

四、社会劳动的合理分配和节约

经济运行中投入的劳动力和生产资料,可归结为社会劳动量(用社会劳动时间表示)。为满足一定的需要,必须投入一定的劳动量。在一定时期中,社会总劳动时间是有限的量。为了满足人民群众多方面的需要,在生产一定量的使用价值时必须尽可能少地投入劳动量,从而节约出更多的劳动时间,去生产别种使用价值。在社会总劳动时间不变时,时间的节约意味着使用价值总量的增加。显然,时间节约等于劳动生产率和经济效益的提高。

时间节约规律包含两方面的含义:其一,社会所拥有的物化劳动和活劳动量得到充分而有成效的利用;其二,社会以尽可能少的劳动量取得一定的生产成果。

在公有制条件下,人们进行联合劳动,时间节约的意义更为重大。马克思说:“一切节约归根到底都是时间的节约。正象单个人必须正确地分配自己的时间,才能以适当的比例获得知识或满足对他的活动所提出的各种要求,社会必须合理地分配自己的时间,才能实现符合社会全部需要的生产。因此,时间的节约,以及劳动时间在不同生产部门之间有计划地分配,在共同生产的基础上仍然是首要的经济规律。这甚至在更加高得多的程度上成为规律。”①

遵循节约劳动时间规律,在现实的经济运行中需要作以下几方面的比较。

第一,比较劳动耗费与效用。恩格斯在《反杜林论》中明确指出:在决定生产问题时,“对效用和劳动耗费的衡量,正是政治经济学的价值概

① 《马克思恩格斯全集》第46卷(上),人民出版社1979年版,第120页。

念在共产主义社会所能余留的全部东西”[1]。且不论这里所涉及的有不同理解的价值概念的表述问题，只是应当明确，即便有朝一日不需用价值解决交换问题，也还必须通过劳动耗费与效用的衡量解决生产问题。从微观上讲，比较劳动耗费与效用体现在这样一些过程中：(1)在确定生产规模时，比较边际成本和边际收益，寻求最佳的生产规模。边际收益是指企业每增加一个单位的产出量所增加的收入。边际成本是指企业每增加一个单位的产出量所追加的成本。西方经济学的成本中包含了“正常利润”。这同我们目前的成本概念不可比，但在确定生产规模时，这种比较方法是可取的，因为它可以使企业总利润达到最大有利条件下的生产规模。(2)在确定投入要素组合时，比较各种生产要素的边际产量，寻求成本最小的投入组合。要素的边际产量，是指在其他要素投入不变的条件下，追加某一单位生产要素增加的产量所带来的收益。如果投入要素可以相互替代，就要比较各种要素的价格和边际产量，目标是形成成本最小的生产要素组合。(3)在生产过程中，比较各种劳动占用和劳动消耗定额以及生产效率，如资金占用率、能源消耗率、固定资产使用效率、流动资金周转速度、劳动生产率，形成成本最低的工艺流程和企业管理制度。

第二，比较资源的稀缺程度，最优分配稀缺资源。任何时期的资源都总是有限量的。如动力资源、生产资料资源、投资资源等。一种资源往往有多种用途，可以用于这一部门的生产，也可以用于那一部门的生产。如石油可以用于燃烧，又可以作为化工原料。用途越广，其稀缺性就相对越强。这就遇到资源的最优化分配问题，即将有限的资源用到发挥效果最大的地方去，在国民经济范围内使有限的资源得到最佳利用。其基本要求是：当同种社会需要可以由不同产品或不同企业的生产来满足时，社会应当选择耗费资源最小的产品或生产过程；当不同种的资源都能满足同一生产过程时，社会必须尽可能地用较为丰裕的资源替代较为有限的资源；当同种有限资源能加入不同的生产过程时，社会必须尽可能将有限的资源用于发挥最大效果的生产过程中去。资源的分配还必须服从宏观效

① 《马克思恩格斯选集》第3卷，人民出版社1972年版，第348页。

益。有些资源投入某一企业,对该企业来讲是很经济的,但对社会来说却是不经济的,在这种情况下,必须服从宏观效益,不能将资源投入该企业。

第三,比较资源配置效益,选准投资对象。在资源分配上最忌平均分配,吃"大锅饭"。在旧的经济体制下,投资分配好似天女散花,不管先进企业还是落后企业,资源人人有份。结果是先进企业的潜力不能充分发挥,落后企业却浪费了大量的有限资源,从而使有限的资源不能充分发挥效益。在一些紧缺物资的使用上也是这样。经济效益差的企业占用和浪费了大量的紧缺物资,而经济效益高的企业却停工待料。所有这些都是违背节约时间的规律的。据报道,新中国成立以来,中国汽车工业投资总额已经达到100亿元的规模。其中只有30亿元投到一汽和二汽这两大汽车工业基地,这两大基地只用30%的投资为国家生产占全国总产量一半以上的汽车。其余的投资,有20亿元投向年产量为1万辆左右的中型汽车厂,还有50亿元投向100多家设备和技术落后、质量低、成本高的小型汽车厂。结果是,实力最强、规模最大的汽车基地因资金不足而难以发展,大量资金分散在落后的小规模生产据点。就国民经济整体来说,这是一笔很大的浪费。它造成了国产汽车产量不能满足需要的局面。近几年来,我国进口汽车已超过100万辆,付出了相当于人民币260亿元的外汇。这正是对平均分配投资的惩罚。

第二节　社会整体经济效益目标在经济机制中的体现

一、经济运行目标的结构和层次

上述经济效益目标不是虚无缥缈的东西,它必须包含于经济运行中,成为经济机制的目标。现实的经济运行存在着多重目标,多重目标同经济效益目标相衔接,是经济机制调节的结果。要说明经济机制的这种功能，先要了解经济运行的多重目标。

我国现阶段的社会经济机体是多种经济成分并存的综合体，除了占主导地位的社会主义公有制经济外，还有以私有制为基础的非社会主义经济，如个体经济、私营经济、外资经济等；也有半社会主义性质的经济，如中外合资、合作经营的国家资本主义经济和个体劳动者的合作经济等。而且，社会主义公有制经济内部也不是单一的全民所有制经济，还存在着大量的集体所有制经济。即使在同一全民所有制内部，也还存在着不同的经营主体。特别是在必须大力发展商品经济的社会主义现阶段，社会主义经济关系和商品经济关系结合为一体。所有这些，都客观地决定了社会主义经济运行目标不是单一的。

首先，经济运行目标具有多重性，既有属于社会主义生产关系本质所要求的目标，又有属于商品经济关系所规定的目标。例如，社会主义公有制经济决定了社会主义经济的运行目标是最大限度地满足人们的物质和文化生活需要，但商品经济关系却决定了社会主义企业必然会把利润作为自己的直接运行目标。特别是在我国目前多层次的社会经济结构中，各不同经济成分的企业的生产和经营活动，显然各有自己的追求目标，它们不可能具有具体的同一的运行目标。

其次，经济运行目标具有等级层次性。目前参加经济活动的主体有国家、集体和个人，国家又分中央和地方。这就决定了社会主义经济运行既有国民经济的总体目标，又有地方的局部目标、企业的局部目标以及劳动者的个人目标。

再次，经济运行目标具有系列性。就调节经济运行来说，包含两个方面的目标。一个是调节社会生产各部门平衡时所要达到的目标，另一个是调节社会总供给与总需求时所要达到的目标。前者被称为结构平衡目标，后者被称为总量平衡目标。这两个相互联系的目标，反映不同方面的经济活动的目标。前者是为了保持各个生产部门之间的协调发展，后者则是为了维护总供给与总需求的平衡。

最后，经济运行目标具有阶段性。在不同的历史阶段和条件下，由于经济状况和社会政治环境的不同，经济运行目标是不同的。例如我国的

“六五”发展目标和“七五”发展目标就有所不同。

上述的不同结构、不同层次、不同系列、不同阶段的经济运行目标，相互之间既有一致的方面，又有相矛盾的方面。这就给调节经济运行带来了复杂性。我们在研究经济运行目标时，既要了解经济运行目标间的共同性，又要了解经济运行目标间的矛盾性，从中寻求协调经济运行目标的经济机制。

但是，不管不同层次、不同系列、不同阶段的经济运行目标如何不同，社会整体经济效益这个基本目标总是贯穿于各个经济运行层次和系列的局部目标及经济发展的不同阶段的具体目标之中，体现社会主义生产目的或社会主义经济关系的本质要求。这个基本目标，包括了再生产过程的生产、流通、分配、消费各个方面的活动目标，是整个社会经济运行的总目标，也是各企业经济活动必须遵循的终极目标或根本目标，它有别于各种企业活动的具体目标。我国现阶段的社会经济虽然是包含着多种经济成分的综合体，但它终究是一个以社会主义公有制经济为主体的有机整体，因而它的经济活动不能不按照客观规定的一个方向运转。也就是说，它不能不有一个基本运行目标。在基本运行目标上，它的运行绝不能因内部经济成分的差异而多元化。特别是应该看到，尽管各种不同企业的生产和经营活动的具体目标有差别，但这些不同目标最终都是要服从于或受制于基本运行目标的。在社会主义条件下，各种非社会主义和非完全社会主义经济成分之所以能够存在和发展，就是因为它们符合或受制于社会主义经济的基本运行目标。任何企业如果背离和损害社会主义经济的基本运行目标，那么它就失去了存在和发展的依据。当然，社会主义经济的基本运行目标并不直接代表不同企业的全部目标，应该承认，不同企业都有自己特有的具体目标，包含着不同内容的物质利益要求，满足它们的这些要求，是搞活企业的关键。但是，所有这些具体目标的满足，都必须以遵守基本目标为前提。因此，社会主义经济运行的基本目标是社会主义经济运行目标体系的核心，不仅社会主义经济运行的不同层次和不同系列的具体目标要反映和体现它，受它的支配和制约，而且社会主义经济在不同历史时期的具体发展目标，也要以它为出发点和归宿。

具体来说，以社会整体经济效益为基本目标的经济机制包括下列功能：

第一，协调和衔接不同经济主体和不同经济过程的多元目标，保证社会整体经济效益这个基本经济运行目标的充分实现。

第二，协调和衔接社会整体经济效益目标和国民经济计划目标，保证以较高的经济效益实现预期的国民经济计划。

二、结构调节与总量调节

经济机制调节经济运行，包含两方面的过程。一方面是调节供给结构和需求结构，实现供给结构与需求结构的平衡；另一方面是调节总供给与总需求，实现社会总供给与社会总需求之间的总量平衡。调节这两个过程的机制不完全一致。结构调节的机制包含在社会总劳动（生产资源）在各部门间按比例分配的经济联系中；总量调节的机制则包含在国民收入在积累和消费之间按比例分配的联系中。

平衡是经济机制调节经济运行的内容，但是平衡绝不是经济机制的唯一内容。社会主义经济机制是按一定的目标值调节平衡的。这个目标值由社会整体经济效益目标所规定，具体体现在三个层次的经济运行中：（1）在微观经济运行中，每种商品的供求平衡都要以生产商品时投入的劳动量是社会所必要的劳动量为目标。（2）产业结构的比例协调和平衡，必须以产业结构的一定高度化水准为目标。（3）社会总供给与总需求的平衡，必须以最优的经济增长率为目标。

三、社会必要劳动时间是结构调节的目标值

结构调节包括调节市场供求结构和调节产业结构两个层次。结构调节实质上是调节社会总劳动时间在各部门的分配比例。因而也可以说，市场供求均衡的目标值是与社会需要相适应的社会必要劳动时间，即有限的社会总劳动时间分配给特定生产部门的标准值或目标值。

在一定的劳动生产率基础上，每个特殊生产部门制造一定量的物品都需要一定的社会劳动时间。由于在一定时期内，社会总劳动时间是有限的量，因此，“社会劳动时间可分别用在各个特殊生产领域的份额”有“数量界限”①。这个数量界限不是别的，就是各部门与社会需要相适应的社会必要劳动时间，即“不仅在每个商品上只使用必要的劳动时间，而且在社会总劳动时间中，也只把必要的比例量使用在不同类的商品上”②。在这里，社会按必要的比例量在各部门分配社会劳动具有宏观意义，而在每种商品生产中投入社会必要劳动时间却是微观经济运行的结果。

按照马克思的分析，社会必要劳动时间有两种含义，相应地，市场供求均衡的目标值也有两种规定。这里先考察第一种含义的社会必要劳动时间的规定。

撇开供求关系的复杂组合状况，社会必要劳动时间是指“在现有的社会正常的生产条件下，在社会平均的劳动熟练程度和劳动强度下制造某种使用价值所需要的劳动时间”③。这是第一种含义的社会必要劳动时间。在生产同种商品的不同生产者（企业）的个别劳动消耗不一致的条件下，同种商品都按照由社会必要劳动时间决定的价值在市场上出售。这时，个别劳动时间高于社会必要劳动时间的商品生产者，其劳动耗费就不能得到完全的补偿，在竞争中处于不利地位，甚至亏损破产；个别劳动时间低于社会必要劳动时间的商品生产者，其劳动耗费不但能得到全部补偿，还获得额外收入，在竞争中处于有利地位。这样，生产者的劳动耗费得到客观的衡量和评价，便可推动生产者努力改进技术，提高劳动生产率，争取以较少的劳动消耗生产更多的使用价值。第一种含义的社会必要劳动时间，是通过部门内部的竞争形成的。在正常情况下，作为社会必要劳动时间的平均劳动时间，是在供求均衡状态中表现出来的。也可以说，这一含义的社会必要劳动时间，也是市场供求均衡的一重目标值。它

① 《马克思恩格斯全集》第25卷，人民出版社1974年版，第717页。
② 《马克思恩格斯全集》第25卷，人民出版社1974年版，第716页。
③ 《马克思恩格斯全集》第23卷，人民出版社1979年版，第52页。

促使企业节约劳动时间。第二种含义的社会必要劳动时间则是市场供求均衡的另一重目标值，它通过社会总劳动时间的合比例分配而节约劳动时间。这对实行联合劳动的社会主义社会特别重要。因为时间的节约以及劳动时间在不同的生产部门之间有计划地分配，在以共同生产为基础的社会主义是首要的经济规律。

将社会必要劳动时间确定为市场供求均衡的目标值，也就提出了这个目标值的取值范围问题。我们认为，取值范围应根据商品生产的发展阶段分层次考察。

在商品经济的初期阶段，商品按价值出售，在通常情况下，决定价值的社会必要劳动时间，是同一生产部门内部在不同等的生产条件下生产同种商品的劳动时间的平均。在这个阶段中，社会必要劳动时间的取值范围，限于生产部门内部的平均生产条件和平均劳动消耗。

商品经济发展到社会化大生产阶段，作为生产资源的资本（或资金）和劳动力可以从一些生产部门迅速地流向另一些生产部门，于是价值转形为生产价格。生产价格中所体现的社会必要劳动时间，不一定等于生产部门内部的平均劳动消耗。由于资本（资金）有机构成低的生产部门的劳动所创造的价值的一部分，向有机构成高的生产部门转移，因此，资金有机构成高的、技术装备程度高的生产部门的产品生产价格所体现的社会必要劳动时间，不仅有本部门的直接消耗，还包括社会转移过来的部分。这样，社会必要劳动时间的取值范围便扩大到社会生产各部门间由平均生产条件决定的、由社会生产价格所体现的平均劳动消耗。以此作为市场供求均衡的目标值，便能推动各个生产部门在努力采用新技术、提高技术装备程度的基础上实现供求均衡。

如果考虑到资源的稀缺性，社会生产中的劳动消耗，不仅包括在某种商品生产上直接消耗的资源中包含的社会必要劳动时间，还包括由于在该种商品生产中使用了稀缺资源，国民经济为之付出的劳动消耗。这就是说，社会的生产资源是有限的、稀缺的，将某种有限的资源投入某种商品生产，致使该种商品生产过程节约了劳动消耗，但别的生产部门由于没有使用这种资源而增加了劳动消耗，因此，该种商品生产的社会劳动消耗中还应包含这种国民经济范围的机会成本。投资、外汇、高质量的劳动力、技术、有利的自然资源等等,都是稀缺性资源。因此,社会必要劳动时间的取值范围有必要扩大到某种商品生产因使用社会的稀缺性资源所包含的国民经济消耗;以此作为市场供求均衡的目标值,便会带来有限的生产资源在国民经济范围最优利用的效应。投资者或经营者要以这种包含了影子价格的社会必要劳动时间作为效率标准,来评价和核算投资项目或某种商品生产的成本和收益。只有当生产资源的直接消耗和追加的由稀缺性资源产生的国民经济消耗在投资收益和产品价格中得到补偿时,这种投资和生产才是有效的。这就使追求最大值的行为,要受到考虑了稀缺性资源的社会必要劳动时间这个目标值的有效约束。其宏观效应是,当同种社会需要可以由不同产品或不同类企业的生产来满足时,社会应当选择耗费资源最小的产品或生产过程;当不同种的资源都能满足同一生产过程时,社会必须尽可能地用较为丰裕的资源替代较为稀缺的资源;当同种有限的资源能加入不同的生产过程时,社会必须尽可能将有限的资源用于能发挥最大经济效益的生产过程中去。

社会必要劳动时间的形成,不仅受生产条件的制约,还受社会需要条件的影响。引入供求关系,社会必要劳动时间就有了另一种含义:"为了满足社会需要,只有这样多的劳动时间才是必要的。在这里界限是通过使用价值表现出来的。社会在一定生产条件下,只能把它的总劳动时间中这样多的劳动时间用在这样一种产品上。"①这里讲的就是第二种含义的社会必要劳动时间。

从社会需要方面讲的社会总劳动时间分别用在各个特殊生产领域的份额,同社会对各种商品的需求在社会总需求中的比例是对应的。社会需要即社会规模的使用价值,对于社会总劳动时间分别用在各个特殊生产领域的份额来说,有决定性意义。"如果说个别商品的使用价值取决于该商品是否满足一种需要,那末,社会产品总量的使用价值就取决于这个总量是否适合于社会对每种特殊产品的特定数量的需要,从而劳动是

① 《马克思恩格斯全集》第25卷,人民出版社1974年版,第717页。

否根据这种特定数量的社会需要按比例地分配在不同的生产领域。”①

在经济运行中，两种含义的社会必要劳动时间有着内在的联系。某种商品的含义Ⅱ的社会必要劳动量，等于该种商品的含义Ⅰ的社会必要劳动时间同社会对该种商品需要量的乘积，但是耗费在一种商品上的含义Ⅰ的社会必要劳动总量，同含义Ⅱ的社会必要劳动时间在量上往往不相等，或者说这两种含义的社会必要劳动量往往不重合。其原因很明显。前者涉及社会生产中的劳动消耗，后者涉及社会规模的使用价值。在商品经济中，耗费在一种社会物品上的社会劳动的总量，同社会要求用这种物品来满足的需要的规模之间，没有任何必然的联系。即使每个商品中耗费的劳动是社会必要劳动量（含义Ⅰ），但是，如果该种商品的使用价值，在质上（如品种、规格、质量等）不适合社会需要，在量上超过了社会的需要量，该商品中耗费的社会必要劳动量在供求关系中就得不到实现。将含义Ⅱ的社会必要劳动时间同含义Ⅰ的社会必要劳动时间一起作为供求均衡的目标值，就是要求耗费在某种商品总量上的社会劳动的总量，同这种商品的社会需要的量相适应，即同有支付能力的社会需要的量相适应。对供求关系进行计划调节的一个重要内容是，在这两者之间建立起自觉的计划联系，从而使两种含义的社会必要劳动时间在供求均衡中重合起来。

作为结构调节目标值的社会必要劳动时间本身不是固定的常量，它必须在客观经济过程中得到调节。这是因为，首先，社会生产条件的变化和劳动生产率的变化，会引起含义Ⅰ的社会必要劳动时间相应变化；其次，社会需要的变化，商品总量的使用价值适合社会需要的程度会随之变化，从而含义Ⅱ的社会必要劳动时间也相应变化。特别是随着社会经济的发展，社会总劳动时间既定时，为满足新的社会需要，必须在原有产品生产基础上腾出更多的劳动时间，用于开发新的生产领域和服务领域。这样，在现有商品上投入的社会必要劳动量，必须是一个趋于缩小的量。可见，结构调节的目标值在经济运行中需要动态地确定。

---

① 《马克思恩格斯全集》第25卷，人民出版社1974年版，第716页。

四、总量调节及其目标值

宏观经济总量运行即国民经济总体活动，集中表现为由国民收入分配和使用所形成的总需求与总供给的适应和平衡过程。总量调节是调节总供给与总需求，使两者相平衡。任何经济过程的平衡都要与一定的目标相联系，总量平衡也不例外。总供给与总需求，可以在总供给既定时通过削减或增加总需求来实现均衡，或者是削减（增加）投资需求，或者是削减（增加）消费需求。总供给和总需求也可以在总需求既定时通过削减或增加总供给来实现均衡，或者是动员闲置的生产能力，或者是牺牲一部分现有生产能力。无论何种均衡手段，只有联系一定的目标，才能作出价值判断。

现阶段社会主义经济运行的总体状态是资源约束，社会产品的供给能力跟不上需求的增长。服从于社会主义经济运行的基本目标，宏观的总量平衡应以一定的经济增长率为目标值。

经济增长目标的确定不能随心所欲，必须考虑宏观经济的总量平衡。无论任何社会，如果不是简单地捕捞或摘取，就要先投入人力、物力进行生产，然后才能得到物质产品；生产出的产品一般都要从生产领域进入流通领域，经过分配和交换得到实现，然后又转入下一个生产过程。这样，在社会化大生产中就存在一个宏观经济的平衡问题。社会主义计划经济的一个重要特征，就是能自觉地通过计划调节而实现宏观经济的平衡。它不像资本主义市场经济那样：在资本主义经济发展的几百年中，靠价值规律的自发调节和周期爆发的经济危机来实现宏观平衡。

宏观经济的总量平衡，是从社会再生产总体上安排再生产过程的各个环节以及有关各个方面的平衡关系。这种平衡，以社会总产品和国民收入的运行为主体，以速度和比例为核心，以求得全社会总供给及其构成与全社会的总需求及其构成之间的平衡为目标。国民经济发展速度是以社会总产品和国民收入的增长率来表示的，而国民经济的各个部门、再生产的各个环节是一环扣一环，相互依存和相互制约的。因此，只有在国民经济各种比例关系得到遵守的条件下，预期的经济发展目标才能实现。

联系目标的经济增长速度来研究总量调节，有两点必须注意到：一是经济增长速度与经济增长效益的关系；二是经济增长速度和宏观总量平衡的关系。

五、速度与效益

计划经济的一个重要特征，是国民经济增长速度能自觉地预先确定，并通过计划调节使之实现。但是经济增长速度的确定不是主观随意的，不能靠长官意志。经济增长的速度要建立在高效益的基础上。

经济增长速度和经济增长效益，从不同的侧面反映经济增长的内容。经济增长速度，即社会财富在一定时期内的增长率，如国民生产总值增长率、国民收入增长率等，反映经济增长的数量。经济增长效益是指社会再生产过程中资源投入量与有用产出量之间的对比关系，它反映经济增长的质量。在现实的经济增长过程中，两者存在着密切的联系。这种联系主要表现为效益与速度之间的转化关系。经济增长速度不仅取决于投入量（如积累）的增加，还取决于投资效益（如积累效果）的提高。投资效益提高，可以在不增加投资的情况下实现经济的高速增长。我国目前的状况是建设资金十分短缺，以高效益为基础实现增长的意义更为重要。我们过去片面追求高速度，忽视投资效益的提高。这种单纯依靠投入量换取的高速度，往往与高浪费、低效益相联系，人民也为之付出了牺牲消费的代价。

提高经济增长效益的关键，是通过经济体制改革，形成遏制片面追求高积累、高速度的经济机制，从而在体制上保证以高经济效益为基础追求高速度。

在宏观决策中注重经济增长效益的主要表现是，尊重客观存在的国民经济比例关系，在按比例中求高效益。这就要考虑比例关系的客观制约性。人们在确定积累和消费的比例,以及社会劳动在各部门的分配比例时,可以按这种速度也可以按那种速度来确定。比例一旦确定,会直接影响社会供给与需求的总规模,以及总供给构成与总需求构成的平衡关系。如果所确定的比例与客观经济过程所要求的比例不符,则会破坏经济平衡,造成经济运行的紊乱。

总的来说,经济发展的速度和比例的数量界限,是由社会总产品和国民收入的状况所制约的。在商品经济条件下,社会总产品和国民收入有两种表现形式:一种是价值形式;另一种是实物形式。因此,社会总产品和国民收入便是从价值形式和实物形式两个方面制约经济发展的速度和比例的。前者被人们称为经济发展速度和比例的价值资源,后者被人们称为经济发展速度和比例的物质资源。

首先,看价值资源的规定。一般来说,经济增长速度的价值资源是积累基金,它是在既定的国民收入的范围内被确定的。在积累效果一定时,较高的速度指标要由较高的积累率保证。这就遇到人民群众消费需求的限制。在正常年景下,积累基金的最高界限是原有人口和新增人口的消费水平不降低并有所提高。不顾这一界限,片面追求高速度,则必然会影响人民生活的改善,背离社会主义生产目的。

其次,看物质资源的规定。根据一定增长速度安排的积累基金,需要由社会总产品中提供的追加生产资料与之相适应。这就遇到社会总产品实现规律的限制,其中包括要遵守社会扩大再生产的必要条件和实现条件,即:Ⅰ(V+M)>ⅡC 和Ⅰ(C+V+M)= Ⅰ(C+ΔC)+Ⅱ(C+ΔC)。与此同时,经济增长速度还要受到通信、交通运输等国民经济的基础设施的限制。不顾这些限制,片面追求高速度,任意扩大基建规模,会造成整个物质资料供应紧张,欲速则不达。即使速度一时上去了,最终还要降下来,形成经济运行的大起大落。

根据以上的制约性,社会主义经济运行必须根据宏观经济总量平衡的要求,按量力而行的原则确定适度的经济增长率,防止盲目攀比和片面追求产值产量的增长速度,避免经济生活的紧张和紊乱。

六、危机有可能吗?

对社会主义经济中有没有危机的问题,目前理论界的看法有分歧。社会主义经济不存在生产过剩的经济危机的客观必然性,不存在危机的周期性,这一点是确定无疑的。但是我们不能因此而掉以轻心。如果宏观经济失控,国民经济的综合平衡失效,总需求难以遏制地膨胀,最终超过国民经济的承受能力,加速膨胀的经济会以递增的负速度从坡峰滑下深谷,以供给严重不足的危机形式表现出来。这表明,社会主义经济中产生危机不是不可能的。斯大林曾经依据苏联出现两次危机的事实指出:“我国经济中的每个严重失算,都不会只以某种个别危机来结束,而一定会打击到整个国民经济。每次危机,不论是商业危机、财政危机或工业危机,在我们这里都可能变成打击全国的总危机。”①对此我们必须要有清醒的认识。

但是,在社会主义经济中,危机并不是不可避免的。计划经济的优越性就在于,人们可以自觉地通过宏观控制,通过计划调节,避免和克服危机。要使这种可能性成为现实性,就必须要求社会主义经济运行把防止危机和经济的大起大落作为目标,加强宏观经济的综合平衡,自觉地调节总供给与总需求、积累和消费等重大比例关系,调节财力、物力和人力的流向,调节产业结构和生产力布局,调节市场供求,调节对外经济往来等。

第三节　经济运行目标对经济机制的要求

一、经济机制与目标的矛盾

一定的经济运行目标需要由一定的经济机制来贯彻。不同的经济机

① 《斯大林全集》第7卷,人民出版社1958年版,第248页。

制贯彻经济运行基本目标有很大的差别。有的经济机制同经济运行目标是对立的,有的经济机制同经济运行目标不对立,但在某些方面还存在着矛盾。这就有个依据经济运行目标选择经济机制的问题。

在传统的经济体制中,企业只能与国家发生纵向联系,企业产品进入市场,但同市场缺乏横向的信息反馈联系,企业之间缺乏竞争。企业在生产什么、生产多少、为谁生产等方面听命于国家。这种体制不能保证微观经济效益。在宏观体制上,由于存在着追求高积累、高指标、高速度的体制,因而不能保证经济增长的效益。显然,传统经济体制下的经济机制同经济效益目标是相排斥的。

现在进行的经济体制改革是要建立有计划商品经济的运行机制。应该说,这种经济机制同经济效益目标是相容的,有利于经济效益目标的实现。但是,我们不能不看到,正如商品生产目的同社会主义生产目的不会完全重合一样,新的经济运行机制同经济效益目标也不是完全无矛盾的。

社会主义经济运行中的基本目标从整体上说,应是社会主义社会中的各种经济关系的共同规定,是方向一致的规定。但是,由于商品经济的存在,不同经济关系以及不同层次的经济运行主体的存在,又会产生与上述基本运行目标相反的具体运行目标,我们在这里称为二律背反。

二、使用价值目标和价值目标的矛盾

最大限度地满足人民需要的目标要由使用价值来满足,商品生产的一般目的是价值。两者存在着一致性和矛盾性。企业作为商品生产者经营的直接目的不是使用价值,而是价值,但是为了实现更多的价值,取得尽可能多的利润,就必须关心其物质承担者即使用价值。企业利润的增大意味着企业以较少的劳动消耗取得了较大的经济效益,为社会提供了较多的剩余劳动,为满足人民需要提供了更多的使用价值。

但是,商品生产的价值目标同社会主义经济运行目标又存在着矛盾性。价值关系是以承认企业局部利益为出发点的。为了谋求更多的利润,企业可能不顾社会需要努力生产和经营价高利大的产品,不愿生产和经营价低利微的产品，甚至走歪门邪道，弄虚作假，以次充好，坑害消费者。所有这些，显然同提高社会整体经济效益以满足人民需要的目标相违背。再如在竞争中某些企业可能采取某些不符合社会主义原则的办法，特别是在物资紧张时，某些经济效益差的企业以行贿的办法或者以高出数倍的价格购买短缺物资，挤占本应进入经济效益高的企业的物资，结果社会生产资源不能被有效地利用。这与时间节约目标相违背，但这样做也没有违背商品关系原则。你给我物资我给你货币，"一手交钱，一手交货"，两相情愿。这是货币的社会权力。这种情况对社会主义经济来说是非正常的，甚至是违法的。但对于商品经济来说并非不正常现象，而是难以避免的。这些矛盾存在于社会主义商品经济运行的过程中，是社会主义商品经济机体可能发病的一个病根。通过经济的、行政的和法律的手段限制和克服商品经济的这种消极性，将是调节经济运行的一个重要内容。

三、微观目标和宏观目标的矛盾

宏观经济综合平衡目标要求量力而行，控制经济增长目标，防止总需求膨胀。作为微观经济单位的社会主义企业的目标与之往往相违背。微观经济单位一般都有扩张自己事业的冲动和增加积累扩大生产的积极性。与此同时，微观经济单位一般都有改善本单位职工生活的愿望和增加职工收入的内在动力。这些应该说没有违背社会主义原则。谁不想发展企业和不顾职工利益，谁就不是社会主义的企业家。而且，企业成为相对独立的经营主体后，利用自筹资金增加积累，利用可支配的收入增加职工收入，本是企业范围内的事，这样做是无可非议的。但是如不加限制，任其发展，必然会导致固定资产投资失控和消费基金失控，破坏宏观经济的综合平衡。为此，需要从宏观上控制企业的扩张冲动和消费欲望。这是社会主义原则在不同层次上的矛盾。这一矛盾将存在于社会主义经济运行过程中。保护企业积极性和限制其扩张冲动与过高的消费欲望，是调节社会主义经济运行的长期而艰巨的任务。

四、经济机制的目标控制功能

上述的社会主义经济运行基本目标的要求以及目标与目标之间的二律背反,表明所选择的经济机制必须具有目标控制功能和目标协调功能。

最大限度地满足人民群众的需要和时间的节约是社会主义经济运行的总体目标。这种目标在具体的经济时期需要具体化,并要适应不断变化的经济政治形势。具体化的目标在贯彻实施以前还需要进行分解。所有这些过程,就是目标控制过程。所选择的经济机制必须具有这种功能。

首先是经济运行目标的具体化,它包括两方面的内容。一方面是确定不同经济时期的发展目标,包括经济增长速度指标和经济发展方向及重点。这一具体化过程不是随心所欲的行为,需要有一定的机制合理调节积累和消费的比例,以保证近期和远期最大限度地满足劳动者的需要。另一方面是确定不同经济时期社会生产资源的合理分配比例。这就需要经济机制能比较和衡量劳动耗费与效用的关系,以保证给部门和企业确定的发展目标符合社会需要,即符合社会必要劳动时间的要求。

其次是对不同经济时期的经济运行目标进行分解,使其成为每个经济单位的实际行动的目标。调节控制方式不同,目标分解方式也就不相同。在直接控制方式中,目标分解实际上是把宏观计划通过指令性计划方式层层分摊给各部门和企业。而在间接控制方式中,国家主要运用经济杠杆调节企业活动。这样的经济运行目标的分解表现为将国家的财政政策、货币政策、收入分配政策及产业政策同经济运行目标相挂钩,从而形成服从于经济运行目标的财政政策目标、货币政策目标、收入分配政策目标和产业政策目标,以此保证经济杠杆运用的统一性。

五、目标协调功能

在企业具有相对独立的经济目标的情况下,要实现预定的经济运行的总体目标,就必须对不同层次的目标进行协调。其协调内容包括两个:

一个是按预定的经济运行总体目标决定（直接地或间接地）企业生产什么、生产多少、为谁生产；另一个是给企业提供两方面的动力：一方面鞭策企业主动地改进技术，选择劳动花费少、成本低、资源能够得到充分利用的生产经营决策；另一方面迫使企业主动地在花色品种、规格、质量上不断完善和更新使用价值，不断提高产品质量，不断调整生产规模，跟上市场需要，从而使社会需要得到最合理的满足。

目标协调需要一定的经济联系。准确地说需要一定的经济机制来实现。就拿劳动时间的节约来说，它不单纯是技术问题。企业的生产规模、技术状况、工艺水平等大有时间节约的潜力。这种潜力的充分发挥，使潜在的生产力全部变成现实的生产力，需要一定的经济关系的刺激和激励。资本主义社会劳动生产率的提高，首先是靠各单个资本家追逐超额剩余价值的竞争实现的。在社会主义经济中，生产不再是为了追逐剩余价值，但同样需要通过一定的经济关系，或者说一定的机制，激励企业自动地改进技术，改善经营管理，充分挖掘潜力，节约劳动时间，提高劳动生产率。

劳动时间的节约既然不仅仅是一个技术经济问题，它同时是一种经济关系，因此，不能以为在公有制条件下，时间的节约会自动地实现。现实中总有这样一种经济联系，如平均主义的分配体制、小生产的管理方式等，都会使潜在的生产力不能得到充分而有效的利用，造成过多的劳动消耗和生产资源的浪费。因此，社会主义生产关系只是为提高劳动生产率和节约劳动时间提供了可能。可能性要成为现实性，需要通过社会主义经济关系具体形式的改进，通过经济体制的改革和完善，形成促进企业主动节约劳动消耗的经济机制。这样一种机制的基本要求是：在保留和发挥商品经济积极性功能的同时，限制其消极功能；在保护企业的主动性、积极性及创造性的同时，从宏观平衡的角度限制其扩张冲动和过高消费欲望，从而保证社会主义经济运行目标的最佳实现。

六、自适应功能

经济机制在调节经济运行的过程中，面对的是复杂多变的经济过程。

为保证社会主义经济运行目标的最佳实现,经济机制本身必须根据经济运行过程中出现的新情况进行自我调节,以适应变化了的经济运行的需要,从而使自己成为灵活的调节系统。这包括:

首先,要适应变化了的经济政治状况。预先确定的经济运行目标不一定完全符合实际情况,即使起初是符合的,随着经济状况的变化也会不完全符合。例如,结构调节中的社会必要劳动时间目标,就不是一个常量,它会随着社会生产条件和社会需要的变化而变动。这就要求经济机制要有一种自适应、自组织的功能,随时调整和改变自己的调节目标。

其次,要适应调节对象的变化状况。也就是说,经济机制要随时根据调节对象的输出与目标值的差距,及时地、自动地进行校正。这要求经济机制既有预先控制的功能,又有随机控制的功能,即根据实际状况能自我协调。

第 三 章

企业经营机制

从本章开始,我们将从纵向分析社会主义经济运行机制的构成体系,即分析企业经营机制、市场机制、计划机制及它们之间的相互关系。本章先分析企业经营机制,企业是社会主义经济运行机体的细胞,社会主义经济充满活力的中心问题是企业充满活力。“国家调节市场,市场引导企业”,这个新的经济运行机制得以运转的微观基础,是企业对市场信号的灵敏反应,企业具有企业家的创新精神,即敢冒风险,勇于开拓,不放过一切机会追求企业长期发展的精神。同时,为了使充满活力的企业经营符合社会主义经济运行目标,企业需要有自我约束行为的机制,从而从根本上打破长期存在的“一放就乱,一管就死”的恶性循环。所有这些提出了完善企业经营机制的要求。

第一节　新的经济运行机制的微观基础

一、企业行为

企业是有计划商品经济运行的主体和微观单位。企业的行为适合有计划商品经济的运行,是新的经济运行机制的微观基础。

企业的经济活动包括生产活动、分配活动和交换活动等。生产活动包括生产产品和生产规模的确定、生产要素的配置、生产方式的选择、新技术采用等。分配活动包括对企业可支配收入的分配比例的确定、折旧基金的提取、企业资金的积累、奖励基金的分发、集体福利基金的安排等。交换活动包括购买生产资料、选择和开拓产品销售市场、确定产品出售条件等。所有这些经济活动都会反映企业的一定的行为方式。企业行为一般分为长期行为和短期行为。在生产活动中,如果企业拼设备,不注重技术改造,追求近期利益,那么,企业的行为是短期的。在分配活动中,如果企业将可支配收入大部分用于消费,分光用光,不注重积累,那么企业行为也是短期的。在交换活动中,如果企业不注重市场预测,不顾产品质量,不努力开拓和扩大市场,提高自己的市场信誉,为追求利润而不惜损害国家和消费者的利益,那么企业行为同样是短期的。

企业行为是指由企业的内在动力所决定的行为目标以及追求这种目标的行为方式。企业行为不是孤立的,它处于一定的企业行为机制中,也就是说,企业处于一定的经济联系中。企业在所有制关系和利益关系中处于何种地位,它与市场采取何种联系方式,它处于何种宏观控制环境中,就决定了它有何种行为。这些就构成企业的行为机制。对企业行为是否合理的判断,不能脱离企业行为机制的性质和它所依存的经济环境。如果企业行为符合行为机制的性质和它所依存的经济环境,符合动力机制性质,那么这种行为便是合理的。至于从别的角度,如宏观角度、社会伦理角度,对企业行为合理与否的判断,则另当别论。马克思对资本家行为的分析也说明了这一点。他指出,资本家信奉的口号是:“我死后哪怕洪水滔天”①。尽管他们本人可能是慈善家,但他们作为资本家行事时,为了追求最大利润,往往不关心工人的健康和寿命,不顾一切地榨取剩余价值。这种行为从无产阶级立场上评判,是残酷的阶级剥削,但从资本的角度评判,却是合理的。它合乎剩余价值生产之理。

---

① 《马克思恩格斯全集》第23卷,人民出版社1972年版,第299页。

二、不同经济机制中的企业行为

企业行为不是孤立的。企业行为一般由两方面的因素决定:一是企业对自身经济利益的追求;二是企业利益实现的过程和机制。经济机制是决定企业行为的重要因素。因此,在不同的经济机制中会有不同的企业行为。根据目前的经济发展的实践,大致有以下三种情况。

第一种情况是,在传统的经济体制下,企业的一切生产、交换、分配活动都听命于国家,企业没有条件追求自身的经济利益。这时,企业的行为目标是完成国家下达的产值任务,追求产值最大化。为了实现这一目标,企业不惜增加投入,牺牲产品质量,放弃新产品的开发和试制。这时,企业也会自发地产生隐瞒生产能力的行为,原因是国家下达的产值任务“鞭打快牛”。上级对企业生产能力掌握得越清楚,计划越紧,企业越难对付。于是企业设法隐瞒生产能力,以便压低计划基数,从而较为轻松地完成产值任务。如果经济体制仍然以指令性计划控制为主,但是企业的利益得到了承认,企业利益的实现程度与完成国家下达的计划任务相联系;而且国家下达给企业的指令性指标减少,企业在一定程度上有了谋取自身利益的条件。这时企业的行为目标,除了完成国家下达的计划任务外,还有谋求企业利益的目标。在企业行为上,企业可能从自身利益出发接受较紧的计划任务。但是,企业对经济效益不会有主动的关心。因为企业利益的获取同计划指标挂钩,企业会努力从计划指标中寻求对策,钻计划指标的空子,牺牲同利益联系不大的计划指标来实现与利益联系密切的计划指标。于是,满足市场需要,提高产品质量,降低劳动消耗等,仍然不会成为企业自觉的行为。

第二种情况是,在市场调节体制下,企业的利益(实现利润)同市场状况相联系,生产、交换、分配活动受市场调节。企业追求利润最大化,利大大干,利小小干,无利不干。企业的行为方式是参加市场竞争,争夺市场地盘,在企业内部则努力降低成本,以谋求在既定价格下获得最大限度的利润。所有这些行为,合商品生产之理,也是商品生产者的本能。在这种经济体制下,企业决策无视市场信号,不顾利润大小,倒是反常的、罕见的。

第三种情况是,在经济体制改革过程中出现了双重体制。一方面,企业的一部分生产仍由国家的指令性计划控制,它的一部分利益仍同计划指标相联系;另一方面,企业的一部分生产受市场调节,同时一部分利益同市场实现成果相联系。于是,企业行为目标多元化,既有完成产值计划的目标,又有利润最大化目标,还有职工收入不断提高(或最大化)的目标。这三个行为目标都有存在的合理性,都合各自所依存的经济体制之理。产值计划目标合乎仍然存在的集中计划体制之理,利润最大化目标合乎微观经济放开后市场调节体制之理。至于职工收入不断提高(或最大化)目标,是联合在公有制企业范围内的劳动者的共同愿望。社会主义条件下的劳动,还是劳动者个人谋生的手段,劳动者个人利益要在企业行为中得到最大限度的满足。但是,企业在经济运行中,追求各自目标的行为方式有三个着眼点:一是盯着国家;二是盯着市场;三是盯着职工收入。三者集合在一起,企业行为便发生扭曲,即各种行为不再合乎各自所依存的经济体制之理。

三、新的经济运行机制中的企业行为

改革开放以来,我国实际上形成了双重体制。与此相适应,企业行为也发生了扭曲。这种扭曲性企业行为主要表现在以下三个方面。

第一,企业不同的行为目标相互摩擦、相互挤压。例如,当企业中职工收入最大化目标占上风时,由此引起的企业行为短期化会淡化企业的利润最大化目标。

第二,企业的行为方式发生紊乱。企业会用相异的经济体制下的行为方式来实现特定的行为目标。例如,企业会以市场调节体制下的涨价行为来实现计划的产值目标;企业留利水平的增加,不是依靠自己的市场竞争能力和劳动生产率的提高,而是依靠自己同国家讨价还价的能力,等等。

第三，企业行为不对称。当企业作为生产资料需求者时，受产值目标驱使，对价格反应迟钝，不论投入品价格多高，只要能增加产值，就乐于更多地购买和消费。当企业作为产品的供给者时，受利润目标的驱使，对价格反应较灵敏，热衷于扩大价高利大产品的生产，甚至力图以提高价格，而不是以降低成本来增加利润。当企业作为分配主体时，受职工收入最大化目标的驱使，千方百计以减少积累来增加消费。当企业作为生产主体时，受产值和利润最大化目标的驱使，又会力图以争投资、争贷款的方式来扩大生产规模。

上述扭曲性企业行为同从社会角度评判的行为即社会得益最大化的行为目标相违背。它源于经济体制改革的分配套。当国家调节市场，市场引导企业经济运行机制形成后，企业行为可趋端正。这时，企业有了与自身利益相联系的独立决策，指令性计划已缩减到最低限度。国家计划目标通过市场机制贯彻，职工的收入同企业的长期发展相联系。这样，一方面，职工收入最大化目标包含在企业利润最大化目标中；另一方面，在市场机制按国家计划目标运行的条件下，企业追求利润最大化的行为和过程，实际上又被纳入追求社会得益最大化的轨道，从而使职工收入最大化目标和社会得益最大化目标，在利润最大化目标下得到统一。这时，企业的行为方式主要是在降低劳动消耗、适应市场需要等方面进行竞争。与此同时，企业会通过市场发现宏观控制目标，自我约束投资行为和消费行为，以适应宏观经济环境。

党的十一届三中全会以来，以放权让利为内容的改革富有成效。它扩大了企业的经营自主权和可支配权力，企业开始有了自主的行为。但企业行为有待于合理化，企业行为要同经济机制的转换相适应。根据新的经济运行机制的要求，完善企业经营机制，从而端正企业行为，大致包括四个方面内容：第一，从搞活企业考虑，确保企业作为生命体的自主运动。已有的“放权让利”尚未完全到位。第二，从充分激发潜藏于企业的活力和企业家精神考虑，完善激励机制，强化利益刺激和市场约束。第三，从加强宏观控制考虑，完善企业行为约束机制，硬化预算约束和法律约束。第四，从所有权对经营者的要求考虑，健全经济责任制，确保企业经营的全民所有的资产实现价值增值和资产增值,使国家、集体和职工的收入逐年增长。按照这四个方面要求建立起来的企业经营机制便是新的经济运行机制的微观基础。

第二节　企业作为生命体的运动

一、企业的性质和地位

我国经济体制改革的基本任务是要建立起具有中国特色的、充满生机和活力的社会主义经济体制,促进社会生产力的发展。这个生机和活力的基础,就在于企业有生机、企业有活力。具有生机和活力的整个国民经济,就像一个生命力十分旺盛的生物体一样,它是由千千万万个各种不同形态和功能的活的细胞组成的。生物体的盛衰强弱,归根到底取决于细胞的活力。细胞作为生物体组织的基本单位,它本身就是有生命的,能够呼吸、吐纳、新陈代谢,对外界的刺激有反应。如果细胞的活力衰退了,生物体也就必然衰老以至灭亡。在过去的经济体制下,作为经济细胞的企业缺乏活力,处于抑制下的呆滞状态,因而整个经济活动僵化而缺乏活力。因此,整个经济机体充满活力的关键,是要使企业作为生命体而自行活动。

企业具有作为生命体的自主运动,是由企业的性质和地位决定的。在传统的经济体制中,整个社会是一座工厂。企业实无“企业”的内容,只是生产单位而已。作为企业,必须包含三方面规定:第一,企业必须是有独立利益的经济实体;第二,企业必须是自主经营的经营主体;第三,企业必须具有进行扩大再生产的权力。只有这样,企业才成为名副其实的“企划(筹划)之业”,具有自我积累、自我改造、自我发展的能力。显然,改革国有制、搞活企业的重要内容是,改变企业在传统体制下的国家的附属物地位,还其企业的内容,其中包括承认其独立的经济利益,放给其自主经营的权力。

由于社会主义经济是有计划的商品经济,企业也就顺理成章地成为社会主义商品生产者和经营者。这可以说是全民所有制企业的一个基本属性。企业作为商品生产者应有三方面规定:首先,企业要有商品生产者的权力,能自主地按市场需要决定投资方向和生产规模;其次,企业要有商品生产者利益,企业的经营以利润为目的,企业的收入源于其市场实现成果;最后,企业处于充分竞争的市场环境,有均等的竞争机会。只有这样,企业才成为市场活动的主体,成为开放系统,不停地同外界(特别是市场)交换着物质、能量和信息,有呼有吸。由此,企业便产生出对外界刺激的自动反应能力,对自己的生存条件的适应和选择能力,以及抗干扰的自我组织能力。

二、所有权和经营权的分离

生产资料所有权与经营权的关系,大致有两种类型:一种是所有权与经营权集于一身,不发生分离,例如,个体农民和手工业者就是如此;另一种是所有权与经营权发生分离,例如,资本主义股份公司内资本家将生产资料交给经理去经营。

社会主义全民所有制,否定了资本主义私有制,生产资料归全体人民所有,但需要在一定程度上保留所有权与经营权分开的形式。这是有其客观必要性的。全民所有的生产资料必须交给成千上万个企业支配使用。企业作为国民经济细胞,是单纯的生产单位、经济核算单位,还是经营单位?这是全民所有制关系的核心问题。在过去的几十年中,我们按照整个社会是一座工厂的模式建立全民所有制管理体制,国家机构直接经营企业。企业占有生产资料,但无经营自主权。企业一切活动听命于上级主管部门。随着经济实践的发展,这种体制的弊病越来越明显。社会需求复杂多样,而且处于经常性的变动之中;企业条件千差万别,企业之间的经济联系错综繁杂。对于这样瞬息万变的状况,国家不可能完全适应并迅速作出反应。如果全民所有制企业都由国家机关经营,主观主义、长官意志、瞎指挥就在所难免。即使企业已发现决策错误也无权根据客观情况及时纠正,企业的生机和活力受到严重的压抑,导致整个国民经济的僵化,反应迟钝,经济效益低下。解决这种矛盾的出路就在于,依据马克思主义关于所有权与经营权可以适当分开的原理,赋予企业以经营权,让企业作为自主经营者出现于全民所有制内部。社会主义企业成为真正的商品生产者和经营者,可以说是按所有权和经营权分离的原则放权到位的标志。

迄今还有许多人对经营权全部放给企业顾虑重重,唯恐企业扩权会扰乱计划经济,主张把企业扩权的度限制在现行计划管理体制的范围内。实际上,如果从搞活经济和提高经济效益的角度考虑,企业扩权不应服从于现行计划体制,而是相反,计划体制的改革应适应企业扩权。原有的计划体制,以指令性计划直接控制各个企业的活动,这同国家直接经营企业相联系。实践已证明,这种做法不但不能保证微观经济效益,也不能真正保证宏观经济的计划性。社会主义国民经济计划,只能是企业总体活动的计划化。计划经济不能直接等同于直接计划和控制企业活动,它不排斥国家计划与单个企业计划分开的可能性。从一定意义上说,国家计划同企业计划分开,是所有权和经营权分开的实现形式。其实,在市场机制作用充分展开后,许多原来需要国家集中决策解决的问题,如市场供求均衡、设备更新改造、提高产品质量、产品更新换代、提高效率等,都可以由市场调节来解决,而且市场调节比国家直接决策更为有效。随着市场机制的完善,这些问题应逐步退出国家集中决策的范围。这一过程同所有权与经营权分离的进程相一致。

三、决策权限

所有权和经营权分开后,全民所有的资金一般有这样的运动:国家对企业的投资(新办企业或对企业追加投资),形成企业资金,企业对归自己占有的资金进行支配和使用,由此创造的利润一部分留在企业(其中一部分作为积累投入生产过程),一部分以税金形式上缴国家,税金的一部分又会形成国家投资。这样,全民所有的资金实际上分别存在于国家和企业两个系统中,形成两级占有层次:国家占有国家资金(如国家掌握的财政资金),企业占有企业资金。国家对归自己占有的资金的支配和使用具有决策权,这是确定无疑的。但企业所占有的资金的支配和使用的决策权归谁,应取决于企业的性质。现在,国家尽管是企业资金的所有者,但不是占有者。而企业作为资金的占有者,又是独立的利益主体,它们对自己占有的资金的支配、使用和流向具有经济利益上的关心。因此,企业对自己占有的资金的支配和使用具有决策权,正是企业成为独立的经营者的要求和体现。

基于上述认识,我们可大致确定所有权与经营权的分离度以及企业与经营权相联系的决策权限。

(一)资金支配的权限

在这方面,分权决策的一个重要目标是企业要有独立的资金运动。资金运动是价值的独立运动。自我运动、自我更新、自我增殖,是资金运动的本性。国家作为全民的代表对资金行使所有权,参与资金的分配和利润的分成。但这一经济行为不能否定企业资金运动的独立性。国家将资金投入企业后,这部分资金进入了企业的资金运动,其占有和支配主体就不再是国家,而是企业了。国家不能任意地占用或抽调这部分资金,也不能随意支配它。这里包括三方面的内容:(1)企业对归自己占有的资金具有支配权,能自主地决定投资方向,自主地决定自己占有的资金在社会生产各部门之间的流动。(2)折旧基金属补偿基金,对它的提取和使用包含在企业资金运动中,为了保证企业设备的及时更新和改造,这部分资金应留给企业,由企业支配。(3)资金在运动中实现了增殖,增殖的价值(利润)中留归企业的部分,如果再投入生产,就形成企业积累的资金。这部分积累资金的所有权属全民,但占有权应归企业。国家不应平调这部分资金,从而承认各企业因积累水平差别而产生的资金占用上的不均等,以此鼓励企业积累。至于国家占有的资金的支配由国家集中决策,则是确定无疑的。这是宏观经济均衡和发展的可靠保证。

(二)生产决策权限

生产决策可分为微观生产决策和宏观生产决策。微观生产决策是指企业生产什么、生产多少、为谁生产的决策。宏观生产决策涉及产业结构和两大部类比例的决策。企业作为整个国民经济活动的细胞,不可能在微观经济范围作出关于产业结构调整和发展的宏观决策,因此这方面决策理所当然地由国家作出。至于微观经济范围的生产决策则必须由企业作出。企业有权根据市场需要,自主地决定生产方向和生产规模。而且,微观生产决策范围也包括企业的扩大再生产。企业若无筹划扩大再生产的权力,就不具有企业的内容,只是一个生产单位而已,因此,企业不仅要有实物量的扩大再生产的自主权,还要有资金量的扩大再生产的自主权。

(三)分配决策权限

分配决策包括企业范围分配决策和国民经济范围分配决策两个层次。企业范围分配决策主要是指,企业税后利润在生产发展基金和福利奖励基金之间的分配,以及劳动者个人消费基金(以工资形式)的分配等的决策。企业作为经营主体和利益主体,应该具有这一范围的分配决策权限。至于国民经济范围的分配决策,如积累和消费比例的确定、国家投资的分配等方面的决策,会直接或间接地影响国民经济发展的方向和重点,因而必须由国家作出。

在实践中,宏观决策与微观决策不能截然分开。例如,在宏观生产决策中,产业结构及两大部类比例最终是在微观生产决策基础上形成的;再如宏观的分配决策确定国民收入在积累和消费之间的分配比例,也涉及企业范围的收入分配比例。但是所有这些,并不能否定按宏观层次和微观层次,或者说按所有权和经营权划分决策权限的必要性和可能性。在现实经济中确实存在的宏观决策和微观决策的衔接问题,则由适当的调节机制来解决。

四、财力保证

企业活力的增强,需要有财力保证。如果有经营自主权,但无财力保证,回旋余地小,经营自主权就会落空。企业活力的财力保证,首先是保证企业自我改造自我发展的资金。这不但要求企业资金(包括企业自行积累的资金)不能平调,而且还要求应允许企业自主地灵活地筹措社会资金,包括向银行贷款,在政策许可范围内引进外资,以及向集体和职工集资等,以有效地利用各种经济成分的资金,加速企业的发展。其次,企业活力的财力保证是保证企业贯彻社会主义物质利益原则的必要财源。其中包括企业依照按劳分配原则鼓励和奖励职工的开支及发展集体福利事业的开支。

在实行新体制后,企业财力主要由企业留利形成。因此,保证企业财力的途径除了依靠企业发展生产增加收入外,还依赖于两个方面:一是国家对企业的税负不能过重,要想取之必先予之。二是减轻企业的不合理经济负担,杜绝四面八方向企业伸手的不合理摊派。

有人担心,企业钱多了会不用于正道,导致宏观失控。其实,这些问题的产生不在于企业可支配的收入的多少,而在于企业对自己的经营状况是否真正承担责任和风险,国家对企业的宏观调节手段是否完善。如果企业真正对自己的经营状况承担了责任和风险,那它就绝不会乱花钱,不会乱发奖金,不会把过多的钱用于消费,因为这样做会使它没有钱去发展生产技术,改善生产条件,从而会使它的生产实力下降,在竞争中处于不利的地位,经济利益要受到损失。同样,国家的宏观控制措施如果得当,企业也不会乱花钱,搞“吃光分光”。相反,如果国家的宏观控制措施不当,那么企业即使没有钱也会千方百计地乱花钱,甚至不惜损害国家和消费者的利益。1984 年年底消费基金的失控就是一个很好的例子。当时国家规定企业 1985 年的消费基金增长速度以 1984 年为基数,企业为了使自己在 1985 年能获得更多的消费基金,就在 1984 年年底突击发钱,乱发奖金,乱提工资。有的企业没有钱,就向银行贷款,甚至变卖固定资产,动用生产基金,通过各种不正当手段来提高自己 1984 年的消费基金基数。由此可见,企业是否乱花钱,并不在于企业自己支配的钱的多少,而是在于我们的经济政策是否合理、管理体制是否完善、市场竞争是否充分。如果这些问题妥善地解决了,就不必担心企业钱多了会乱花。

第三节　企业活力的激励机制

一、激励机制

增加企业活力,就是充分挖掘潜藏于企业内部的经济潜力,充分调动企业生产经营的主动性、积极性和创造性。通过体制改革将经营权放给企业,是增强企业活力的必要条件,但不是充分条件。要把企业活力充分激励出来,需要有足够的利益刺激。激励机制是激励企业活力、激发企业内部潜力的经济联系方式。

在原有的经济体制下,企业活力的激励机制主要是外在的和行政性的。其途径:第一,国家依靠政治动员来激发企业和职工的政治使命感和责任感及主人翁态度,以此来推动企业和职工全面完成和超额完成国家的计划指标;第二,国家经常运用开展具有政治性质的运动的方式,如增产节约运动、质量月、为某个重大事件或节日献礼、评选劳动模范等来激发企业和职工的政治热情,依靠政治热情来推动生产活动;第三,国家还依靠具有强制性约束力的行政命令、指令、决定等行政手段来推动企业以及整个经济活动。上述这些主要是以政治为特点的推动企业活动的动力,在特定情况下确实能起作用,但这种动力终究是有限度的,例如靠政治工作激发的政治热情不可能持久,在政治热情衰减后,又需重新激发。开展质量月活动就是这样。在质量月活动中,企业在各方压力下还可能关心一下产品的质量,但这种关心不能持续下去,不能成为企业的经常性行为。特别是这种政治性手段难以调动企业的内在积极性,仅仅是一种外在的推动力,企业往往会抵销这种推动力。例如,企业为了对付计划部门下达的高指标,往往把自己的实际生产能力压低,对年底实际可能达到的生产量作若干保留,或者生产一些原材料消耗大、没有销路的产品来实现总产值指标,不顾社会经济效益。所有这些都表明,在企业有相对独立的经济利益的条件下,激发企业活力的激励机制,主要不应是行政手段,而应是经济利益关系。

二、企业利益的相对独立性

经济利益通常是人们进行经济活动的内在动力。人们从事经济活动总是为了谋求一定的经济利益。人们之间的经济关系归根到底是经济利益关系。这就是恩格斯所说的:“每一个社会的经济关系首先是作为利益表现出来。”①马克思主义者历来重视物质利益关系。早在苏联实行新经济政策的时期,列宁就明确指出,向共产主义过渡“不是直接依靠热情,而是借助于伟大革命所产生的热情,依靠个人兴趣,依靠从个人利益上的关心……”②。过去的经济体制,对个人物质利益虽有时容易忽视,但基本上也还是注意到了。而企业作为经济利益的一个相对独立的层次却被忽视了,甚至长期没有得到承认。其结果是企业缺乏活力,企业的主动性、积极性和创造性难以充分发挥。

随着所有权和经营权分离,企业成为社会主义全民所有制关系中的一个独立的经营层次,企业利益的相对独立性也随之提了出来。

首先,在全民所有制经济内部,生产者个人不是直接同社会发生联系。在生产者个人同社会之间,隔了一个生产资料占有和经营的主体——企业。全民所有制经济中的每个成员,如果以生产者的身份出现,他首先是和企业直接发生关系,而且只有通过企业才和社会发生关系。生产者个人不能独立地生产产品,也不可能单独向社会提供劳动,其劳动

① 《马克思恩格斯全集》第18卷,人民出版社1964年版,第307页。

② 《列宁选集》第4卷,人民出版社1972年版,第572页。

只能体现在企业总体劳动中,凝结在企业共同的劳动产品中。这样,在根据按劳分配原则实现劳动者个人的利益之前,先要实现组织在企业中的劳动者整体的利益。于是,社会主义生产的动力机制中单有生产者对按劳分配的利益的关心已远远不够了,需要寻求企业的经济利益所在,从而寻求推动整个企业"自转"的动力。

其次,在现实的商品生产中,企业的劳动具有非直接社会性,企业向社会提供的劳动并不直接是社会劳动。即使企业按国家计划生产也是如此。传统的计划体制中出现的产需脱节,生产成本高昂就足以说明这一点。这样,即使企业内部实行完全的按劳分配,它与满足社会需要的社会主义生产目的之间也不可能是直接的联系,其间必须有一个企业局部劳动还原为社会必要劳动的价值确定和实现过程。也就是说,在企业内部实现按劳分配以前,企业的总体劳动先要作为价值来实现。企业总体劳动者一旦作为商品生产者以实现价值为目标,谋求利润最大化便成为企业经济利益之所在,因而成为企业"自转"的动力。满足社会需要的动力,也就寓于企业追求利润最大化的过程之中。

因此,企业不仅是单纯的生产主体,而且是有实实在在的经济利益的利益主体。承认企业利益相对独立性的现实表现,是使企业自负盈亏。自负盈亏同自主经营是一对孪生子。如不实行企业的自负盈亏,企业的自主经营就会落空。自负盈亏意味着企业对自己的经营状况承担全部经济责任和风险。企业之间经营状况不同,彼此实现的企业利益就有差别,这表现为上缴税利后留利的差别。其后果是,不同企业有与经济状况相联系的生产条件的差别、集体福利事业的差别、劳动者收入的差别。这样一来,企业内部就会萌发出关心企业经营成果的内在动力和冲动。

三、激励机制寓于期待联系

前面已经指出,激励企业自动地改进技术、提高劳动生产率和降低劳动消耗,激励企业自动地完善使用价值和关心社会需要,要依靠一定的社会经济联系。这种经济联系就是企业的期待联系。企业相对独立的经济利益被承认后，接下来的问题是企业的利益在什么样的关系中实现。这对企业来说便是期待联系。期待谁？大致有两个：一个是国家；另一个是市场。在过去的体制中，收入往上缴，支出向上要，盈利者得不到好处，亏损者国家补贴。这是企业共国家产、吃国家“大锅饭”的期待联系。这种期待联系决定了企业缺乏改进技术、改善经营管理、关心社会需要的动力和压力。近几年来，经济体制改革在“放权让利”方面前进了一大步，但激励机制没有相应配套。其表现是，企业对自己的经营状况尚未真正负责。企业名为自负盈亏，实际上只能负盈，不能负亏，不冒风险。企业在遇到财务困难时，可以向上级行政机关讨价还价，争取减税或免税，索取财政补贴，拖欠贷款，甚至可以根据自己的利益去影响价格，将亏损转嫁给国家或消费者，从而使预算约束继续软化。而且，现在有的企业虽然有了经营权，但其收益分配仍期待国家，企业留多少利、在留利中以什么样的比例增加职工收入、以什么样的比例发展生产等等，仍同国家的计划指标直接挂钩。这样一来，企业谋求更高利润的途径，不是完全依靠经济效益的提高和市场竞争能力的增强，而是往往从计划指标中寻求对策，向国家讨价还价。这表明现实中企业存在着双重依赖：一是依赖国家；二是依赖市场。对国家的依赖往往抵销对市场的依赖，致使企业虽有了一定的商品生产者的权力，但不能真正按商品生产的规律行事，企业行为不是趋长，而是趋短。这表明，只要企业对国家的期待联系（包括资金和收入分配）不完全切断，难免会出现企业通过钻国家计划指标空子而谋求收入的状况，使企业的活力不能充分发挥。

充分调动企业积极性的出路何在？唯一的选择是切断国家与企业的父子关系，将企业的期待联系由国家转向市场，将激励机制建立在企业对市场的期待联系中，这是与企业商品生产者地位相适应的激励机制。

一旦企业的期待联系转向市场，企业的经济利益同其市场实现成果紧密联系起来，企业的全部活动就被推入市场。市场的等价交换关系客观地承认不同企业之间因劳动成果不同而产生的经济利益差别，默认不同企业间不同等的经营管理水平和技术水平是天然特权，默认不同等的企业积累水平是天然特权。只要国家通过调节税等形式，消除了影响企业间利润差别的客观因素(如国家资金分配不均等、价格不合理、自然条件有差别等),外在的经济压力会变成企业的内在动力,企业的主动性、积极性和创造性会充分地发挥出来。与此同时,那种四面八方伸手的不合理摊派也就失去了存在的基础。

下述两个企业的例子,很能说明企业在期待市场以后,必然会激发出极大的生产主动性和积极性。

重庆钟表工业公司是四川省最早实行扩大企业自主权、直接面向市场的一个企业。实行扩权以后,该企业有了产品销售权,以往商业部门对该企业实行的统购包销制改为产品选购制,商品部门选购之后,该企业可自销产品;与此同时,该企业也实行了自负盈亏责任制。在这种情况下,该企业的生产积极性很高,并且非常关注市场的变化和盈亏。1982 年,该企业考虑到闹钟已经滞销,向上级主管部门报了压缩闹钟生产的计划,但上级主管部门下达的闹钟生产计划仍然很高。如果在该企业扩权之前,闹钟由商业部门统购包销,国家统负企业的盈亏,那么该企业根据上级主管部门的计划进行生产,即使生产过剩,企业也不会受损失。但现在扩权的条件下,企业如根据上级主管部门的计划生产,闹钟销售不出去,企业就会受到极大的利益损失。因此,该企业并没有按照上级主管部门的计划去安排生产,而是根据市场状况调整了生产方向。实行的结果证明该企业决策是正确的。很显然,该企业的生产主动性,是期待市场而激发出来的。

另一个例子是青岛锻压机械厂。该厂在由国家统管时生产并不怎么景气。从 1980 年开始,国家将该厂推向市场,再不给该厂下达生产计划指标,也不再给该厂相应的生产资料,由该厂自找出路。该厂当时处于异常困难的境地。困难迫使工厂自己寻找产品市场,寻找生产资料市场,积极参与市场活动。结果是市场压力变成了动力,他们积极地克服了各种困难,努力生产,不仅生产没有受到损失,而且还有了发展,工厂和职工都得到了利益,也为国家创造了很大的财富。看来,市场会激发出极大的生产主动性和积极性。

四、强化市场竞争的压力

企业被推入市场，其经济利益期待市场后，市场竞争的外在压力便会成为企业增强活力的内在动力。因强化市场竞争是完善企业活力和激励机制的必要途径。人们常把企业能否按价值卖掉产品，称为致命跳跃的风险。利润最大化目标总是同市场风险结合在一起的。企业进入市场后会遇到三个方面的竞争：一是同消费者竞争，其产品经常受消费者的检验和选择；二是同生产同种产品的生产者竞争，主要是争夺销售市场；三是同生产不同商品的生产者竞争，在替代关系方面争夺市场。这些竞争集中表现为市场价格和利率的变动。由于价格和利率直接影响销售收入，进而影响企业利润，所以企业的自主经营便不能随心所欲，而是必须自动地服从市场价格信号和利率信号的调节，根据市场价格和利率变动情况决定自己的投资方向规模，变动自己的生产方向和生产规模。形成这种市场约束的经济条件，就是建立和保持充分竞争的环境：一没有垄断，各企业机会均等；二没有任何保护落后的政策，优胜劣汰。在能否卖掉产品的这个致命跳跃中，跳不过去的损失不由国家和消费者承担，而是由企业自己负责，从而保证价值规律的充分作用。在企业行为受市场约束后，国家对企业经营活动的调节则可通过市场进行。

强化市场竞争的首要条件，是完善市场体系。具体要求是：资金能够灵活融通、迅速周转；劳动力能够合理流动、适时更替；生产条件能够及时更新，技术能够迅速交流和推广；产品能够自由流通，这不仅包括企业经常在市场上吸入生产要素吐出产品，还包括企业经常在市场上吞吐生产资料、资金和技术，并调配劳动力。这种情况在企业改变生产方向和调整生产规模时表现得特别明显。企业一旦需要调整生产规模，就必须及时地吞入或吐出生产资料、资金和劳动力，以适应扩大或缩小生产规模的需要。企业一旦需要改变生产方向，就必须及时地从生产要素市场获得开发新产品的技术，以及生产新产品所需要的新的生产资料，并重新组织和培训劳动力。这些也是价值规律作用充分展现的必备条件。假如生产要素都由国家计划配给和调拨，纵然市场变化的信息反馈给了企业，企业也难以灵敏地作出反应。这时，价值规律的调节作用等于零。企业活动是这样，整个国民经济活动也是这样。为了适应社会需要和生产条件瞬息万变的情况，资金、劳动力和技术就需要在部门及企业间顺畅地流动。这些，指望过去的生产要素调拨配给制是难以适应的。为了适应上述情况，我们在大力发展商品经济过程中，就需要发展和完善社会主义生产要素市场，即发展和完善生产资料市场、劳务市场、金融市场和智力商品市场等。

强化市场竞争还要求企业创造良好的竞争环境。当前为创造良好的竞争环境，必须要做好以下的工作：打破条条块块的分割封锁，破除由“部门所有制”和“地区所有制”所造成的阻碍竞争的各种壁垒，取消所有的保护落后的做法，使企业充分自由竞争；破除和防止各种形式的垄断，任何一种畅销产品都要有一定量的、不同的企业参加生产和经营，坚决反对独家经营和垄断；把有碍于企业进行公平和合理竞争的各种照顾、特殊待遇、扶持“帮助”统统从经济活动中排除出去，使竞争具有公平和合理性；价格、利率等市场要素都应放开，否则，竞争是难以展开的，例如硬性规定的畸高和畸低的商品价格就很不利于竞争；应造成企业能够很容易地进入市场，同时也能够很容易地退出市场的环境，使企业有平等的竞争机会；形成买方市场，改变卖者的奇货可居现象，防止竞争中卖者向买者转嫁损失。

最后，强调市场竞争还要求为企业创造良好的信息传导环境。国家要通过各种经济杠杆为企业活动提供及时而正确的信息，使企业及时了解各种生产要素的稀缺程度，而且能够调节企业对资金的需求和运用。对价格、税收等的调节也应该是这样。只有这样，企业才能在信息的引导下搞好经营，具有经营的主动性。

五、分配关系中的利益刺激

全民所有制经济内部，所有权和经营权分离后，国家与企业还保留着分配关系。为激发企业活力，还需要在分配关系上强化对企业的利益刺

《人民文库》第二批书目

马克思主义

马克思传	[德]弗·梅林著　樊集译
恩格斯传	[德]海因里希·格姆科夫等著　易廷镇/侯焕良译
中国共产党思想理论发展史	张启华/张树军主编
社会主义通史（八卷本）	王伟光主编
马克思主义哲学的当代论域	陶德麟/汪信砚主编
资本论注释	[苏]卢森贝著　李延栋等译
唯物史观与中共党史学	张静如著
当代视域中的马克思主义哲学	汪信砚著
马克思主义哲学史教程	何萍著
辩证法与实践理性	贺来著
生态马克思主义经济学原理（修订版）	刘思华著
物与无：物化逻辑与虚无主义	刘森林著
市民社会论	王新生著
现代性论域及其中国话语	张曙光著
东方的崛起：关于中国式现代化的哲学反思	杨耕著

哲　学

境界与文化	张世英著
中西文化与自我	张世英著
新仁学构想	牟钟鉴著
逻辑经验主义	洪谦著
存在论——实际性的解释学	[德]海德格尔著　何卫平译
思的经验	[德]海德格尔著　陈春文译
智慧说三篇（简本）	冯契著/陈卫平缩编
维也纳学派哲学	洪谦著
克尔凯郭尔：审美对象的建构	[德]T.W.阿多诺著　李理译
中庸洞见	杜维明著　段德智译
西方美学史教程	李醒尘著

历　史

中国古代社会	何兹全著
中国通史简本	蔡美彪主编
中国民俗史（六卷本）	钟敬文主编　萧放副主编
中国长城史（增订本）	景爱著
灾荒与饥馑:1840—1919	李文海/周源著
魏晋南北朝隋唐史三论	唐长孺著
中国史学思想史	吴怀祺著
中国近代海关史	陈诗启著
匈奴通史	林幹著
拉丁美洲史（修订本）	林被甸/董经胜著
东南亚史（修订本）	梁英明著

中东史（修订本） 彭树智主编
史料五讲（外一种） 齐世荣著
秦汉官制史稿（上、下） 安作璋 / 熊铁基著
北宋武将群体与相关问题研究（增订本） 陈峰著
中国古代历史理论（上、中、下） 瞿林东主编
五四运动史（修订本） 彭明著
秦汉区域文化研究（增订本） 王子今著
西域文明——考古、民族、语言和宗教新论 林梅村著
15 世纪以来世界九强兴衰史 齐世荣 / 钱乘旦 / 张宏毅主编
中国的社与会（增订本） 陈宝良著
宋代地域经济（增订本） 程民生著
两宋财政史（修订本）（上、下） 汪圣铎著
简明清史 戴逸著
长征记 丁玲等主编

政　治

中国共产党创建史 邵维正著
中国反贪史（先秦—民国） 王春瑜主编
当代政治哲学（修订版）（四卷） 高宣扬著
政治生活的系统分析——政治学学术经典译丛 ［美］戴维·伊斯顿著　王浦劬主译

法　律

中国近代社会与法制文明 张晋藩著
历代例考 杨一凡 / 刘笃才著
法篇 ［古希腊］柏拉图著　王晓朝译
论法治（修订版） 李步云著
社会的法律 ［德］卢曼著　郑伊倩译
律学新考 何勤华著
共有权研究（第三版） 杨立新著
中国法的源与流 武树臣著

经　济

中国资本主义发展史（三卷本） 许涤新 / 吴承明主编
中国近代经济史（1937—1949） 刘克祥主编
中国古代经济史概论 傅筑夫著
中华人民共和国经济史（1949—2020） 武力主编
外国经济史（近代现代） 樊亢 / 宋则行主编
社会的经济 ［德］卢曼著　余瑞先 / 郑伊倩译
经济运行机制概论 卫兴华 / 洪银兴 / 魏杰著

文　化

中国新闻事业通史（三卷本） 方汉奇主编
文学活动的美学阐释 童庆炳著
文学人类学教程 叶舒宪著
小说形态学 徐岱著

激。这种利益刺激体现为国家对企业的"让利"。我国前一阶段的改革试图通过"让利"来加强利益刺激,但收效不大,由此激发出的企业的活力集中在短期行为上,损害了企业的长期行为。目前人们责难"让利",其实,该责难的不是"让利"本身,而是"让利"改革的超前,市场竞争机制和经济责任制的完善没有相应跟上。

迄今为止的"让利",实际上也没有到位,它对激发企业行为长期化的动力的刺激强度尚嫌不足。要使企业和职工对企业长期行为有足够的关心,就要使企业和职工能从企业积累中得到有足够刺激力的好处。这就涉及国家与企业分配关系的进一步调整。在农村的改革中,为鼓励农民向土地投资,克服掠夺性经营的短期行为,国家采取了延长土地承包期和农民对土地投资所产生的级差收益Ⅱ归己所有的政策,农民的经营行为因此趋于长期化。根据农村改革的经验,要实现企业行为长期化,国家必须深化"让利"方面的改革。

(一)减轻企业税负,提高企业留利水平,增强企业自我积累的能力

现在国营企业税负过重,再加上四面八方向企业伸手摊派,利润大部分被抽走,所剩无几。企业不能从利润增加中得到看得见的利益,也就丧失了积累的积极性。更何况留利水平过低,企业也不可能有积累能力。现在国营企业留利水平普遍偏低。国营企业的留利占利税的比重,1981年为7.5%、1982年为9.2%、1983年为11.9%、1984年为14.3%。国营大中型企业留利水平更低,1981年为7%、1982年为9%、1983年为10.5%、1984年为12.9%。企业留利水平这样低,企业何来增加积累、发展生产的积极性和能力?国营工业企业留利用于发展生产的比重,1981年为20%、1982年为25%、1983年为28%、1984年为20%。这就造成了企业技术进步的缓慢。现在我国大中型工业企业固定资产净值仅占原值的60%,相当多的企业连50%也不到。企业缺乏自我积累的动力和能力,最终会影响国家财政收入的增长。我国现阶段的国民经济从总体上来说,是资源约束型经济,国家资金奇缺,企业发展必须主要依靠其内部积累。因此,要实现企业行为长期化,首先要求国家行为长期化。国家必

须根据“欲将取之，必先予之”的原则，减轻企业税负，以便使企业从积累中得到足够的利益刺激。

（二）解决好企业之间的公平负担问题

不同的企业有不同的积累水平，只有当不同积累水平能带来不同收入，企业能从积累中得到级差收益时，企业才会有积累的积极性。现在的问题是企业之间负担不公平，一方面国家对实现利润高的企业征收调节税，另一方面企业之间存在着像退休金负担不均匀之类的不公平负担，致使更多的积累得不到更多的收入，积累与不积累一个样。这就会挫伤企业积累的积极性。因此，负担公平，多积累多得，是刺激企业积累的重要环节。

（三）稳定国家税收政策和收入分配政策

企业积累是长期行为，若干年后才能收益，因此企业对投资收益有预期心理。只有当投资预期有较大收益时，企业才乐于积累。政策变量，如税收、收入分配政策以及价格政策直接影响企业收益。如果政策不稳定，税收、收入分配政策和价格政策朝令夕改，预期收益是个未知数，企业对投资有不安全感，就会失去积累的动力。显然，只有当宏观收入分配政策稳定、规范，从而有较高的透明度时，企业才会依据看得见的利益，寻求发展的机会。

六、企业内部管理制度的完善

企业活力最终来源于企业内部。只有企业内部管理制度完善了，才能调动起广大职工的生产积极性，使整个企业充满活力，生气勃勃。

完善企业内部管理制度的关键，是要建立起一整套生产责任制。其中包括：一是划小企业内部的核算单位，使那些具备条件的车间变成专业厂，并给予相应的自主经营权力，让它们成为企业内部的经营者；二是放活车间和班组，对它们虽然不能给予像专业厂那样大的权力，但在经济承包中应使它们在责、权、利的结合上有较大的自主性，实际上具有经营者的特点。这样的分层承包责任制，可以把国家给企业的权利分解到车间，有些分解到工段、班组，从而把企业里的“小细胞”搞活了，使企业内部经营小型化，全厂从上到下人人树立经营思想，改变“厂搞经营，基层搞生产”的那种呆板局面，使整个企业机体变得生气勃勃。实践证明，凡是企业内部划小了核算单位或给承包单位以较多经营权的企业，面貌变化都很快，经济效益都有显著提高。例如，第二汽车制造厂实行了“三全面分层经营承包责任制”，即以全面质量管理为基础、全面技术进步为核心、全面社会经济效益为目标的分层经营承包。每级承包单位，都按照商品生产特点，用经济办法进行经营管理，一切按价值规律和经济合同办事。他们经济承包的具体做法是，专业厂对总厂实行利润递增全面承包，承包年限一次核定，签订合同。专业厂可以在总厂统一安排下，制定自己的技术改造和发展规划，还有承接来料加工和市场调节产品权、闲置多余设备的出租或有偿转让权、中层干部的任免权、对职工进行奖惩权、自选工资分配形式权、基建项目自行组织施工或对外招标承包权；对部分封闭的辅配件分厂，还增放了部分产品销售权、材料采购权等。分厂的自主权扩大了，他们又对车间、班组层层放权，如车间有承揽劳务加工权、车间之间联合组织生产的产品外销权、超利润分成权、人事选配权、对职工浮动工资分配和奖惩权等。二汽实行“三全面分层经营承包责任制”后，使企业增强了内在活力，为充分发挥职工的聪明才智开辟了广阔的天地。事实说明，把国家放权仅仅理解为使企业成为商品生产者和经营者，而对下面则寸权不放，不敢使有条件的单位有一定经营权，是不利于把企业搞活的。

完善生产责任承包制的核心，是激发生产者的主人翁责任感和创新精神。要达到这一点，关键是要发扬经济民主。生产者的责任感、创新精神是和他们在企业中的地位联系在一起的。经济民主就是要保障生产者的主人翁地位。有了经济民主，才能激发生产者的主人翁责任感；有了经济民主，才能启发生产者的革新精神。例如，经济责任制与不同职工的民主管理相结合，工人只是按规定劳动，按劳动拿钱，就会失去社会主义的特色，职工的主人翁责任感和创新精神就无从谈起。又如，现在企业都向目标管理发展,有些成效很显著,其重要原因之一,是目标管理同民主管理相结合,把企业的管理目标变成了职工的自觉行动,每个人都动脑筋、出主意、想办法,而不是仅仅跟上生产线的运转节奏而已。现在有人一谈到加强管理,搞活企业,总是从行政指挥上考虑得多,这种考虑是必要的,但对怎样理顺人心却想得少,而目前理顺人心是加强管理、搞活企业的一个基本问题。例如,长春卷烟厂前些年人心不顺,生产者积极性不高,科技人员长期被冷落,职工的思想政治教育很少有人过问,生活有困难无人关心,单纯"惩办主义"盛行,结果是1981年以来上缴税利连年下降,1983年吃国家补贴230多万元。1984年以来,该厂在端正经营思想、加强严格规章制度管理的同时,把思想政治工作的重点放在理顺人心上,激发了职工的积极性和创造性,大家把工厂的荣誉当成自己的荣誉,同工厂共命运,为搞活企业出力,生产形势迅速好转,1985年上缴税金猛增到一亿零五百万元,超过1983年的88.47%,实现利润1287万元,人均效益名列全省第一。总之,发扬经济民主,调动广大职工的积极性,是搞活企业的基本保证。

第四节　企业行为约束机制

一、企业行为目标结构

企业有了经营自主权和相应的财力以后,需要有相应的行为约束机制,以自动调节自己的经济行为,实现社会主义经济运行目标。要搞清楚企业的行为约束机制,需要从企业行为目标讲起。

企业作为国民经济运行机体的细胞,是社会主义社会各种经济关系及其矛盾的汇合。其行为目标,既有社会主义公有制关系的规定,又有商品关系的规定;既有国家整体利益的规定,也有企业相对独立利益的规定,还有劳动者个人利益的规定。因此,企业行为目标是多重的或者说是复数的。各种经济关系的矛盾性会产生目标与目标的矛盾，甚至在同一目标内部也包含矛盾。总的来说，企业行为目标由三部分构成：其一是利润最大化目标；其二是企业职工收入的不断提高；其三是争取社会赞誉。

（一）利润最大化目标

在社会主义商品经济条件下，企业具有社会主义企业和商品生产者的两重身份。作为前者，它必须以满足全体劳动者的需要为己任；作为后者，它要谋求自身的商品生产者利益。这双重目的可以用利润最大化目标来概括。当然，两者的矛盾也是包含在其中的。

一方面，利润目标体现社会主义生产目的和商品生产目的的统一。首先，从利润形成看，利润总是要由一定的使用价值来承担的。只要企业是通过改进技术、降低成本、产品适销对路等途径谋取最大限度利润，那么在其他条件既定的情况下，利润的增大同时就意味着社会需要满足程度的提高。其次，从利润的分配来看，国家作为全民的代表参与利润分配，其中相当部分形成社会纯收入。因此，企业利润增大意味着企业向社会提供了更多的由剩余劳动形成的价值。

另一方面，利润目的由于受违反社会主义原则的经济活动的影响，也会背离社会主义生产目的。例如，企业为了谋求最大限度利润，可能会走歪门邪道，损公肥私，坑害国家，损害消费者利益。再如，企业谋求利润的过程受价格信号调节，如果价格信号扭曲，企业生产就会出现盲目性，从而难以满足社会需要。

上面对利润最大化目标功能的分析表明，尽管利润目标与社会主义生产目的有相悖的一面，但不能像倒洗澡水把婴儿一同倒掉那样，抛弃和限制企业的利润最大化目标，而应该鼓励企业以获得正当利润为目的而进行生产经营活动，国家通过经济的、行政的和法律的手段，对企业同社会相悖的一面进行调节、限制和克服，从而使利润目标同社会主义生产目的完全重合。

在社会主义商品经济条件下，企业可以通过一系列正当途径实现利润最大化目标。利润是企业销售收入与成本的差额，因此，利润最大化目

标的实现过程包括两个行为:一是节约成本;二是增加销售收入。这两个行为包含于以下三个过程中:

第一,按市场需要选准产品方向,努力以适销对路、质优价廉的产品打进市场。这一过程下章将详细说明。

第二,提高资金使用效果,加快资金周转。为此,一方面要求企业搞好经营管理,提高设备利用率,缩短流动资金在生产领域和流通领域滞留的时间。另一方面要求国家通过改善交通运输条件等途径为企业缩短流通时间、减少生产储备提供外部环境。

第三,确定最佳生产量。这要求企业在决策时考虑边际成本同边际收益的关系。边际成本是指增加一单位产量所耗费的追加成本,边际收益是指增加一单位产量所增加的销售收入。如果边际成本小于边际收益,意味着有利可图,还可增加产量,直至边际成本等于边际收益,达到临界点。超过这一点,增加的产量所耗费的追加费用高于追加收益,生产就不合算。

为适应企业利润最大化目标,社会主义国家对企业经济活动调节的基本途径就应当是:牵住利润这个牛鼻子,通过各种调节手段,因势利导,将企业利润最大化目标同最大限度满足社会需要的经济运行目标重合起来。

(二)职工收入不断提高的目标

企业范围的联合劳动是结合在企业内部的劳动者共同的谋生手段。劳动者的个人利益,需要在企业行为中得到满足。因此,不断提高职工收入是企业内全体成员的共同要求和愿望,并客观地成为企业行为的一个目标。它同利润最大化目标既相统一又相矛盾。

一方面,职工的个人利益在企业行为中得到一定的满足,能促进职工从自身利益上关心企业经营成果,迸发出增进企业利益的内在动力。这里的关键是通过工资、奖金、利润分红等形式,将职工收入同企业的经营成果联系起来,从而使每个劳动者在各自的岗位上以主人姿态进行工作,人人关心企业的经营,人人重视企业的效益,推动利润最大化目标的实现。

另一方面，职工收入最大化又同企业长期行为发生矛盾，从而影响利润最大化目标的实现。在过去的体制中，利润统统上缴，企业职工不能从增长利润中得到好处，因而挫伤了劳动者的积极性。现在通过体制改革，企业对留利有了较大的支配权，随之便出现了企业不顾生产发展，片面提高职工收入的状况。其原因是所有权与经营权分离后，经营者并不完全代表所有者利益，企业领导人和职工一样有共同的个人利益要求。这样，容易导致在企业利润分配上，企业领导人往往更多地照顾职工要求，通过各种途径而尽可能多地将企业利润转化为职工收入(消费基金)。至于企业积累和企业的长期发展，则在利润分配时往往得不到应有的关心。但是，这不等于说企业没有扩张自己事业的冲动。实际上，企业往往试图通过社会资金的投入来实现自己的利润最大化目标，千方百计地向财政争投资，向银行争贷款。于是，种下了在固定资金投资的同时，消费基金膨胀的苗子。

以上对企业不断提高职工收入目标的功能的分析表明，社会主义国家对企业的这一目标必须要进行引导和调节。其关键是在企业内部的利润和工资之间形成明确而又强硬的制约关系，从而使企业自动地控制消费基金膨胀。

(三)争取社会赞誉的目标

这是一个非经济目标，但对企业行为有一定的影响。企业为了谋求社会的信任和赞誉并获得先进称号，必然要努力通过改进经营管理，节约劳动消耗来创优质产品，提供优质服务，关心消费者利益。所有这些都是同社会主义经济运行目标相吻合的。

不可忽视的是某些企业为了沽名钓誉，可能会出现不切实际的好大喜功、报喜不报忧、搞浮夸的不良倾向。这样做不仅会损害职工的利益，而且还会影响国民经济的比例。这表明，即使对这种非经济目标，社会主义国家也要进行调节和协调，以保证社会主义经济运行目标有效地实现。

二、企业行为约束

以上分析表明,企业行为目标是多元化的,不同目标之间、同一目标内部都存在着矛盾,而且企业行为目标不会自动地同社会主义经济运行目标完全重合。例如,有的企业为了追求利润目标可能会损害国家和消费者利益,有的企业为了提高本企业职工的福利,可能会把投资基金作为消费基金分掉,等等。为此,需要有社会协调机制,对企业行为目标进行调节控制。其中首先需要有企业内部的自我控制机制,让企业自动按社会主义经济运行目标要求约束自己的行为。

在企业成为相对独立的经营主体后,企业行为约束主要包括两个方面:一方面,是由企业可支配收入和资金所形成的预算约束,这是企业内部的约束条件;另一方面,企业活动放开后,社会主义国家必须通过各种途径造就这种约束条件,以形成企业行为的自动控制机制。这种行为约束机制形成后,国家对企业活动的宏观间接调节和控制也就有了基础。

第一,预算约束。它是指以预期收入控制支出。微观经济学在分析企业及家庭经济活动时,提出了预算线的概念,即:家庭或企业在选择甲、乙两种商品时,可以根据自己收入多寡和甲、乙两种商品的相对价格高低划出一条预算线,在预算线内的是可以实现的购买,在预算线外的是不能实现的购买。对家庭或企业来说,这种收入对支出的约束,不是事后结算,而是事前的行为约束。预算约束越硬,市场对企业行为的约束也就越强,企业对市场信号的反应就越灵敏。在企业活动放开以后,国家对企业只要有较硬的预算约束,企业的扩张冲动和过多增加职工收入的过度消费欲望,就会受到预算的约束。哪些商品该买而哪些商品不该买,扩大投资规模还是缩小投资规模,哪些钱该发而哪些钱不该发,均取决于:(1)企业自己能够支配的收入的大小;(2)价格和利率的信号;(3)自己对借款的偿还能力。由此便形成企业自我约束和自我控制的机制。这里需要指出的是,较硬的预算约束,不是指企业可支配的收入越少越好,而是指以较硬的税收、财政、银行信贷制度,保证企业严格按照自己的资金和收入安排支出，有多少钱办多少事。我们过去的体制实际上是软预算约束，包括名目繁多的财政补贴，动辄减免税收，利用税前利润归还贷款，低利息率等。企业支出即使超过预算收入，也无关紧要，有国家财政和银行这两家"保险公司"兜着。由于企业扩张冲动欲望没有约束，所以固定资产投资规模失控便在所难免。企业活动放开后，如若这种软预算约束不硬化，不仅固定资产投资失控的旧病会复发，而且还会产生由消费欲望无法遏制所引起的消费基金失控的新病。

软性预算约束形成企业对国家的期待联系，同时割断了企业资金来源及收入同市场机制的联系。这就造成了企业一系列的扭曲性行为：企业有了商品生产者的权力和要求，但不按商品生产规律行事；企业在市场上活动，但对市场信号、供求变化信息不能灵敏地作出反应。其危害性不仅仅是弱化市场机制的调节功能，更为严重的是，当宏观间接控制通过市场机制，使市场调节信号体现计划信号时，企业不为市场信号所动，国家的宏观控制和计划调节就会落空。

软性预算约束的根子是所有制关系中国家与企业的"父子"联系。在现有的全民所有制关系中，由于每个企业都是国家的，国家对各个企业便有"父爱"，国家对企业有着"抚养"、资助和保护的责任；而企业对国家有着讨价还价、索取资金的依赖关系。虽然自实行了利改税后，国家对企业的"父爱"有所减弱，但国家仍不会置企业于困境而不顾。国家与企业荣辱与共的关系没有根本改变。从现象上来看，企业破产是全民所有制经济的一大损失，因而国家宁可以大量的资金通过各种途径维持濒临破产的企业，也不愿让一个企业破产。殊不知濒临破产的企业不仅不向国家贡献财富，还在浪费国家有限的生产资源。而且，该破产的不破产还会产生连锁反应，增加别的企业的惰性，降低全民所有制经济的总体效益。显然，通过所有制关系的改革和调整，切断国家与企业的"父子"关系，是硬化预算约束的必要途径。

第二，法律约束。这是保证社会主义经济正常运行的条件。企业活动越是放开，越要强化法律约束。法律约束大致包括以下几个方面：一是通过经济法规惩办企业弄虚作假、以次充好、损害消费者利益等经济行为，保证企业的社会主义经营方向；二是通过经济法规保证经济运行机制自身所无法解决的公共利益问题，如通过环境保护法防止环境污染等；三是通过经济法规保证社会主义经济单位之间的正常联系，如通过经济合同法维护各企业的正常联系等；四是通过经济法规保证对企业有较强的预算约束，如通过成本法、会计法、统计法、银行法等，使企业不能随意突破预算约束。所有这些法律规范，可以有效地保证企业有秩序地进入市场，有秩序地参加竞争，有秩序地退出市场。

综上所述，在将企业活动放开的同时，必须要在企业激励机制和行为约束机制方面实行配套改革，以使其相互间能够协调运行。这样，不但微观活力有了保证，而且宏观控制也有了基础，最终可消除困扰我们几十年的"一放就乱，一管就死"的恶性循环。

三、宏观的间接控制

在计划经济体制中，国家机构是"自觉的社会组织"，具有直接领导和组织整个社会经济的职能。但是，国家管理经济绝不等于国家机构直接经营企业。国家机构和企业在社会经济生活中处于不同的地位，承担不同的职责和任务。如果国家直接干预企业的供产销经营活动，不但会把企业乃至整个国民经济活动管死，而且还会削弱自身的宏观管理职能。政企职责分开后，国家的基本经济职能包括两个方面：一是对宏观经济进行调节和管理；二是对放开的微观经济活动进行指导、协调和服务。

在所有权和经营权分离，政企职责分开，企业成为相对独立的自主经营、自负盈亏的商品生产者和经营者后，国家对企业的调节将逐步由直接控制为主转向间接控制为主。

间接控制的特点在于，国家不直接给企业规定具体的投入和产出的数量和指标，而是根据宏观计划目标的要求，借助经济手段和法律手段，影响企业活动的约束条件和环境，从而使企业作出符合宏观计划目标要求的决策。

间接控制应从何处入手呢？我国现阶段国家与企业的关系提供了解

答这一问题的线索。生产资料的所有权与经营权分离后，国家与企业保持着两个层次的关系：一个层次是所有者同经营者的关系，或者说所有权同经营权的关联；另一个层次是国家通过市场与企业的关系。国家可以借助这两个层次的关系进行间接控制。

首先，国家可以通过所有权关系对经营者的影响，来间接地调节企业决策。所有权影响包括两个方面：一是国家资金（直接的或间接的）对企业的投入和收回，可以约束企业的经营行为。国家对投资方向和对象的选择会间接地引导企业的投资方向和生产决策。二是国家作为所有者参与企业收入分配也会约束企业的行为。这就是说，国家政策规定的收入分配原则和收入分配比例，会间接地影响企业在投资规模和消费需求等方面的决策。这两个方面集中反映在国家与企业的财政关系上。国家通过税收和预算分配等途径贯彻财政政策、收入分配政策和产业政策，其中包含了国家通过所有权对企业活动的影响。

其次，国家可以通过市场关系对企业活动进行间接控制。企业活动处于市场环境中，国家可以通过税收、预算分配、货币供给等途径贯彻产业政策和货币政策，调节市场价格、利息率的结构和水平。只要市场信号对企业决策起调节作用，而市场价格、利息率等又是在国家计划调节下形成的，那么，企业的生产经营决策就最终会同国家的国民经济计划目标相吻合。

为有效地约束企业行为，国家机构还必须致力于以下几方面的工作。

（1）规划。制定经济和社会发展的战略计划，制定资源开发、技术改造和智力开发的方案，确定国家在一定时期内经济发展的方向和速度。

（2）制定政策。制定和颁发各项重大的经济技术政策、经济法律和法规，并加强检查监督。

（3）协调。协调地区、部门、企业之间的发展计划和经济关系，促进和指导跨地区跨部门的经济联合和专业化协作。

（4）控制。控制固定资产投资总规模，确定投资方向和重点；控制消费基金总规模，确定工资基金总额的增长量。

（5）提供信息。从宏观角度汇集信息和发布各种经济技术信息，为企业经济活动提供信息服务。

(6)调节。科学地运用各种经济杠杆调节企业的经济活动,对其进行间接控制,以实现宏观计划目标。

国家把以上几方面的工作做好了,便能保证国民经济活而不乱,既能从宏观上保证国民经济发展不偏离计划轨道,又给企业以充分自主经营的广阔天地。

四、经济责任制

全民所有制经济内部国家与企业按所有权和经营权的界限分权后,企业有了独立经营的权力和财力,因而有了与自身利益相联系的独立的经营活动。但是,企业作为经营者没有也不应该与所有者脱钩。企业必须对所有者——国家负责,承担国家所赋予的经济责任。而且国家对企业也有所有权方面的要求,它不仅向企业收取利润,还要求收取的利润不断增加,要求企业占用的国家资产在经营中增值。这种所有权要求,是通过国家同企业的经济责任制贯彻的。

经济责任制是在国家计划指导下责权利相结合的经营管理制度。在经济责任制中,企业行为受到有效的所有权约束。

国营企业承担的国家所赋予的经济责任是多方面的。例如,产品产量、产品质量、实现利润、新产品开发、新技术采用、设备更新、原材料节约等等。其中有一些责任在市场机制发育成熟并充分发生作用后会成为企业的自动行为,到那时,国家赋予企业的责任将主要集中在上缴税收和利润的数量以及资金增值上。

经济责任制有效约束企业行为的功能体现在以下几个方面。首先,它在经济利益上体现国家、集体、职工利益的统筹兼顾,三者利益在经济责任合同中事先得到调节。其次,它体现所有权与经营权的联结。在经济责任合同中,不仅要明确经营者对所有者应负的责任,还要明确所有者对经营者应承担的义务,特别是明确与合同规定的企业应承担责任相应的放权让利的范围和程度。再次,它体现计划和市场的结合。微观放开后，企业活动直接受市场调节，经济责任合同确定的企业责任则体现计划的导向作用。最后，它体现价值规律和按劳分配规律的结合作用。在经济责任制中经营者及职工的收入同企业的经营状况挂钩。企业内部据以进行按劳分配的收入总量是企业的市场实现成果。市场实现成果则是价值规律作用的结果。

目前的企业经济责任制有多种形式，如租赁制、承包制等；有的是个人承包或租赁，有的是集体承包或租赁。每一种经济责任制都有一定的适用范围，每一种经济责任制都存在这样那样的问题，有待在改革中完善和发展。

第四章

市场与市场机制

上一章我们分析了社会主义经济总体运行机制的基础层次即企业经营机制。本章接着分析社会主义总体运行机制的中介层次即市场机制。市场,是从事具体生产经营活动的主体即企业同社会经济活动的调节主体即国家的结合体,各个企业为了从事生产经营活动而从横的方向进入市场,国家为了对经济活动进行调控而从纵的方向进入市场。与此相对应,市场机制是既对企业经营机制发生调节作用,又接受国家调节机制导向的中介机制,即同时对企业经营机制和国家调节机制发生作用的双向性经济机制。因此,市场机制是社会主义经济运行机制的重要构成部分,也是本书着力研究的一个重点。

第一节　有计划的商品经济与市场

一、市场是发展商品经济的关键

市场是商品经济运行的基础。商品经济问题,说到底,是一个市场问题。列宁指出:商品生产"也就是通过市场而彼此联系起来的单独生产者的生产。”①“哪里有社会分工和商品生产，哪里就有‘市场’。市场量和社会劳动专业化的程度有不可分割的联系。”②列宁的这些话，揭示了市场与商品经济的内在联系。无论是哪种社会，只要有商品经济，就必定存在着市场。从人类社会经济发展的历史来看，市场的范围和作用是随着商品经济的发展而发展和扩大的。市场的发展和扩大，又为商品经济的进一步发展创造了条件。在简单的商品经济条件下，市场主要是商品交换的场所，商品生产者是“为买而卖”，市场的范围和作用都是很有限的。在社会化商品经济(资本主义商品经济和社会主义商品经济虽然性质不同，但都是建立在社会化生产的基础上的，都可以称为社会化的商品经济)的条件下，情况发生了很大的变化：一方面，社会化的商品经济是社会分工高度发达的商品经济。分工使生产者互相分离，每一个生产者都按照特殊的方式生产着具有特定使用价值的商品；而市场则使生产者互相结合，每一个生产者都要在市场上实现自己生产的商品价值，取得他人生产的商品的使用价值。这样，市场就成为彼此独立的商品生产者之间进行经济联系的场所和纽带。正是由于它的存在和作用，才使得整个社会的生产一环扣一环地紧密相连，从而使社会经济成为一个有机的整体。另一方面，社会化的商品经济又是一种为卖而买的扩大规模的商品经济。社会再生产的扩大，既需要不断地追加生产资料和劳动力，又需要有资金的调剂。这就对包括商品市场和金融市场等在内的市场体系的形成起到了促进作用。商品经济的一个显著特征，是经济的横向联系。横向运动的生产资料和劳动力，必然要求有横向流动的资金。这些横向流动的生产要素必然要求其流动形式即市场不断发展。因此，只要是社会化的商品经济，就必然同时存在着市场。市场是社会化商品经济的支柱，离开了市场，商品经济就很难发展起来。特别是在现代科学技术迅速发展、设备更新的步伐日益加快、竞争十分激烈的情况下，如果没有市场的存在和发展，商品生产者就不能较为迅速地获取新的技术、新的装备和掌

① 《列宁全集》第1卷，人民出版社1955年版，第385页。

② 《列宁全集》第1卷，人民出版社1955年版，第83页。

握专门技术的人才，商品经济本身也就很难存在和进一步发展，更无法在国际竞争中求得生存和发展。

正因为市场是商品生产和商品交换的伴随物，只要有商品生产和商品交换，它就必然存在，所以我国现阶段要大力发展有计划的商品经济，就不仅要使市场存在，而且还要使市场有很大的发展。这可以从三个方面来看。

二、市场与经济体制改革

就近期改革来看，市场的发展是从根本上改变束缚生产力发展的旧的传统体制的关键。旧的经济体制是一个完整的和系统的机体。它忽视商品经济及其规律，排斥市场机制。它的主体是以推行指令性指标为特征的计划体制，而这种计划体制又是以旧的物资分配体制、旧的资金分配体制和旧的劳动人事制度为主要支柱的。控制了这三个方面，就控制了人、财、物，也就控制了社会生产的三个要素，从而也就控制了社会再生产和流通的整个过程。旧的经济体制的这三个方面也是互相联系、互相制约的，它们之间有着错综复杂的连锁关系，每一个方面的存在，都必然以其他两个方面的存在为条件和依据。正因为如此，旧的经济体制才能对经济过程有较强的控制能力。现在我们进行经济体制改革，显然不是只对旧的经济体制进行修修补补，而是要从根本上破除原有的建立在产品交换经济基础上的经济体制，建立起有计划的商品经济体制。因此，如果不全面地开放市场，使人、财、物的运动由过去的集中调拨改为市场流通，那就不可能从根本上改变旧的经济管理体制。如果仅仅开放商品市场，而不同时开放金融市场及其他市场，那么商品市场也不能充分发挥作用。因为在这种情况下，社会生产的基本要素实际上是在两种不同的机制下运动，即物质产品在商品经济的机制下流通，而资金等则是在产品交换经济的机制下运行。这样，不但消费品市场仍然受到旧体制的束缚和限制，就是活跃起来的生产资料市场也难以找到与之相结合的劳动力和实现这种结合所需要的资金，从而使放开的商品市场，特别是生产资料市场也不能发挥应有的作用。所以,如果不全面地开放市场,旧的经济体制就不能完全破除,新的经济体制也不能很快建立,那么在一个统一的社会经济中,就会同时存在着两种残缺不全的经济体制,存在着产品交换经济和商品经济两种不同的运行机制,这两种经济体制和两种运行机制之间存在的不可调和的矛盾就会在社会经济生活中尖锐地表现出来。在这种情况下,原有的宏观经济管理机制失灵了,新的宏观管理机制又没有建立起来,微观的经济活动因受旧体制的束缚而不可能完全搞活,企业本身存在的经济利益又决定了它必然要尽可能地增加利润,这就不可避免地出现"上有政策、下有对策"的情况,企业既可以从国家的"大锅饭"中捞到好处,又可以从商品经济中得到利益而不承担任何风险,从而导致国家对经济活动的调节和管理能力的削弱,造成社会经济生活的紊乱。因此,开放市场是彻底改革旧体制和建成新体制的关键环节。

三、市场与稳定经济

从我们开始实行有计划的商品经济的实践来看,市场也是我们解决经济生活中目前存在的重大问题的关键。近几年在大力发展社会主义商品经济的过程中,我们已经开始重视价值规律的作用,注重运用经济杠杆调节经济活动,但是并没有完全收到预期的效果,其原因是多方面的,但市场体系尚未完全形成,则是一个非常重要的原因。可以说,当前社会主义经济运行中出现的一些重大问题,大多与我们没有一个与有计划的商品经济相适应的市场体系有关。

以工资基金盲目增长和企业劳动纪律松弛为例。为什么现在企业的工资总额增长过度,以致大大超过了劳动生产率的增长速度,而许多企业的劳动纪律却很松弛?重要的原因之一,就在于没有一种能够制约和约束企业行为的市场机制。虽然我们在改革中想贯彻按劳分配原则,也采取了一些措施使劳动者的经济利益和企业的经营状况结合起来,但是由于市场机制不健全,功能微弱,因而围绕着工资制度方面进行的改革不能完全奏效,其结果常常是工资与哪一个指标挂钩,哪一个方面就出问题。

工资与利润挂钩，一些企业就拼设备、拼人员，只求眼前把利润搞上去，而不考虑长远的经济效益；工资与产值挂钩，一些企业就想方设法扩大产值，不惜成本，不惜使用贵重材料，以便从产值的增大中得到好处；工资与吨位挂钩，一些企业就一味地追求吨位，不考虑设备、不考虑质量，不注意安全，甚至不管生产出的产品能否得到实现。在企业内部，不管经营的状况如何，奖金只能升不能降，一旦奖金减少，一些工人就消极怠工，企业领导也无可奈何。这些情况固然同尚未从根本上改变企业吃国家“大锅饭”、职工吃企业“大锅饭”的状况有关，但缺乏发展的市场和健全的市场机制，也是重要原因之一。现在有些企业虽然按规定有辞退职工的权力，但是由于没有劳动力合理流动赖以进行的市场机制，以及与之相适应的社会保险制度，一旦劳动者离开了企业，就很难再被其他企业吸收，社会上也没有管理这部分人的部门和机构，因此，企业实际上很难运用这种权力。这就造成了企业中人浮于事，不但劳动生产率很难提高，而且客观上起了涣散纪律和劳动组织的作用。

再以投资规模膨胀为例。为什么现在我们一再强调压缩基本建设战线，但近年来基本建设战线却还在拉长？其重要原因之一就在于目前还存在旧的投资资金分配制度，在于没有一个活跃的资金市场。在原投资体制下，各地区、各部门都在考虑通过什么办法向国家争投资、争项目，而不考虑投资和建设项目所能产生的经济效益以及应该承担的经济责任，这样，基本建设投资就很难压缩，基本建设规模也就难以控制。同时，在没有一个活跃的资金市场时，民间资金分散在为数众多的所有者手中，缺乏把资金使用权集中起来和再分配的充分渠道，因而各个企业在争不到项目和投资的情况下，无法自行筹集资金，只能使用自有资金。但各个企业自有资金有限，只能上小型项目。这样一来，必然会造成项目重复上马，总投资规模扩大。在这种情况下，合理的投资结构根本无从谈起，更谈不上提高投资效益，只能导致投资规模膨胀。

因此，要解决包括工资基金盲目增长和投资规模膨胀在内的重大经济问题，就必须尽快完善和健全市场，通过市场的强制作用力，引导和消除那些阻碍和有害于有计划商品经济发展的因素。否则，目前经济生活中存在的问题还会扩大，甚至会引起整个社会的动荡。

四、市场与新经济体制

从经济体制改革的长远目标来看，市场将作用于整个社会经济运行过程之中，是新的经济体制确立的根本性条件。我国经济体制改革的目标是建立有计划的商品经济体制。在新的经济体制下，企业的整个经济过程都与市场活动相联系：企业作为商品生产者和经营者进入市场，通过市场建立社会经济联系；无论是生产经营决策还是固定资产投资规模和方向的长远目标决策，企业归根到底都是要以市场价格和利率信号为依据；企业以市场利润为经营目标，并且以市场利润的实现程度为收入分配的依据。因此，在有计划的商品经济条件下，人们的生产、分配、交换活动以及消费活动都离不开市场，都要在市场机制的直接作用下进行。也就是说，整个社会经济生活的各个方面和各个层次，都与市场活动密切联系，都是在市场运行中展开和实现的。因此，市场全面地作用于社会经济生活的运行过程。同时，在有计划的商品经济条件下，企业不像在旧的经济体制下那样是国家行政机构的附属物，由国家来统一安排其生产经营活动，而是以一个商品生产者的身份在市场上行使自己的权力和实现自己的利益。一方面，企业有生产和经营的自主权，不但具有独立的生产和经营活动的决策权，可以根据市场上的需求规模和需求结构的变化来调整生产规模和生产结构，而且还具有对生产要素的自主选择权，可以自主地在市场上选择生产资料和资金，也有权选择劳动力。这种自主权是企业作为商品生产者的一个基本的标志，不容许受到侵犯，社会必须承认和尊重企业的这种自主权。另一方面，企业还有着独立的经济利益。在生产要素和产品的市场流通取代了行政调拨后，企业的经济利益能不能实现和在多大程度上实现，都最终取决于市场状况。正因为企业的经济利益与市场有如此紧密的关系，所以企业才不承认任何别的权威而只承认市场竞争的权威，才不是对市场信号无动于衷，而是必然要作出灵敏的反应。这就决定了市场在经济运行中的极端重要的地位。

因此，我们必须尽快建立和发展与有计划的商品经济相适应的社会主义市场。

第一，建立和发展社会主义市场，可以使有计划的商品经济的运行得到科学决策的指导，保证有计划的商品经济获得正常发展。有计划的商品经济需要科学决策的指导。所谓决策，实际上是人们对一定时期内经济发展的目标、重点、步骤和措施等作出的一种选择，它是主观见之于客观的东西，必须有客观的依据，从客观实际中产生并接受客观实际的检验。在商品经济条件下，社会的需求和供给都是通过市场来体现的，因此，检验人们指导社会主义商品经济的决策是否科学的客观依据就是市场。离开了市场，决策的科学性、指导性也就无从谈起。

第二，建立和发展社会主义市场，可以使有计划的商品经济得到灵敏的调节，保证其协调发展。有计划的商品经济在运行中要受到计划和市场的调节，而计划的调节又必须利用市场机制，通过调节市场而调节商品经济。只有利用市场，调节市场，并通过调节市场来调节社会的供给和需求，才能保证有计划的商品经济按比例地协调发展。

第三，建立和发展社会主义市场，可以使有计划的商品经济获得发展更充分的动力，促使其迅速发展。有计划的商品经济的发展离不开竞争，而竞争的全面展开需要有市场。只有在市场存在和发展的条件下，竞争才能充分展开，从而推动有计划的商品经济的发展。

以上的分析表明，无论从哪个方面来看，我们都必须尽快建立和完善社会主义市场。对于市场在社会主义经济中的地位和作用，目前人们在认识上还有比较大的分歧。这表明，建立和完善市场必须要弄清几个重要的认识问题。

（一）市场的属性及其同社会主义经济的关系问题

市场与社会主义经济。

有一种观点认为，市场并不是社会主义经济的属性，市场关系不利于发展社会主义经济关系。我们认为，市场同商品经济一样，是可以为几种社会经济制度利用的一般经济联系形式，它本身既不具有特定的社会属性,也不排斥商品经济借以存在的经济制度。在有计划的商品经济条件下,完善的社会主义市场不但能够为价值规律的作用提供一个广泛的场所,为商品生产者进行生产和经营活动提供广阔的“舞台”,而且还有利于促进社会主义经济制度的发展和完善。由于社会主义经济关系的许多方面要通过或借助于商品经济关系来实现,因而,作为有计划的商品经济的内在属性的市场,从多方面反映着社会主义的经济关系。例如,在市场上,商品生产者之间互相提供产品和劳务,这就反映了社会主义的协作要求;市场竞争所形成的优胜劣汰,对企业的生产和经营活动是一种无形的强制力量,它迫使商品生产者不断地改进生产条件和提高管理水平,这就反映着社会主义的节约和效益原则;商品生产者通过市场而进行的生产和经营活动,是在国家的组织、管理和监督下进行的,无论是生产、建设还是流通活动,都必须符合国家的法律和政策,一切违背国家利益和人民利益的经济活动,都要受到经济的、行政的和法律的制裁,这又反映了社会主义的物质利益关系原则。由此可见,市场关系同社会主义并不矛盾,不能把市场同资本主义等同起来,从而同社会主义对立起来。

(二)市场与市场经济异同问题

市场与市场经济。

在当前讨论市场问题的过程中,有些同志认为市场机制在社会主义经济运行中的作用范围应当扩大,主张搞市场经济,把发展市场看成发展市场经济。这种观点是值得斟酌的。市场与市场经济不能简单等同。市场作为商品交换的渠道和领域,是可以为几种不同社会制度利用的一种一般性经济联系形式,而市场经济则首先是社会经济制度的范畴。在西方经济学中,市场经济已经是一个规范性的、具有特定含义的范畴。完全的、全社会范围的、典型的市场经济,就是资本主义经济的代名词。这在西方国家是较为普遍的看法。如美国经济学家雷诺兹认为:“在市场经济中,生产资源私有,经济决策高度分散。……我们不会看到纯粹的市场经济。但是,在北美、西欧、澳大利亚和日本,市场成分占统治地位。同样，苏联、东欧和中国，虽然是中央计划经济，也有相当大的市场成分。”①另一位西方经济学家伯恩斯坦说：“比较经济制度的文献通常把两种主要的经济制度称为——资本主义的经过政府调节的市场经济和社会主义的中央集中的计划经济。经过调节的市场经济具有几个主要特征：(1)大部分的生产资料归私人所有；(2)主要由市场力量决定经济活动的水平、增长率、产品构成和收入分配；(3)政府也通过各种方式来干预经济增长、垄断、通货膨胀、失业、收入分配等问题。经过调节的市场经济国家的例子包括美国、加拿大、西欧、日本和澳大利亚”。②《现代日本经济事典》表明：市场经济有三原则：(1)“私有财产制度的神圣不可侵犯”；(2)“契约自由的原则”；(3)“自我负责的原则”。即在市场投机中，“一夜之间既有可能变为大富翁，又有可能变成穷光蛋”③。由此可见，市场经济有两个基本内涵：一是市场运行的基础是私有制；二是市场运行的根本原则是市场自发调节。市场经济国家虽然也可以利用计划，但计划只是作为补充，它绝不会动摇市场经济的基础和根本原则。事实上，在国际的学术交往中，一直把典型的市场经济看作资本主义经济。例如，联合国和世界银行的核算统计机构把市场经济与计划经济划分得很清楚，在它们的权威性统计中，市场经济国家和计划经济国家是两种体系，前者指资本主义国家，后者则主要指社会主义国家。因此，我们绝不能把市场与市场经济混为一谈。

社会主义国家在改革过程中，都强调要有效地利用商品价值关系，发挥商品经济规律的作用。但无论在改革的决议中，或领导人讲话中，一般没有将其同市场经济相混同。苏联有的领导人强调：如果听从外国人的“忠告”，“让我们的经济转入市场经济轨道，社会主义就会一无所有了。”《中共中央关于经济体制改革的决定》中明确指出：“就总体说，我国实行的是计划经济，即有计划的商品经济，而不是那种完全由市场调节的市场经济。”

---

① 《微观经济学》，第24—25页。

② 《现代国外经济学论文选》第九辑，第201页。

③ 《现代日本经济事典》，第149页。

（三）市场与市场调节、价值规律调节的关系问题

市场与市场调节的异同。

在社会主义商品经济的运行中要充分发挥市场机制和市场调节的功能，这是不应该有什么疑虑的。问题在于我们应该充分发挥何种市场机制和市场调节的功能。一般来说，市场机制的调节便是市场调节。但现实经济活动中存在着两种不同类型的市场机制和市场调节。一种是通过价格的自发和自动涨落，供求关系的自发变化，而自发地调节社会生产比例。另一种是国家根据价格与供求关系的联系机制，自觉地通过价格变动来调节社会生产比例。这两种类型从形式上看都是市场调节，但实质上并不一样。前者是市场机制的自动调节，可以说是市场调节的典型形式；后者是市场机制被自觉用于计划调节。在社会主义国民经济运动中，典型的市场调节始终只占从属的辅助地位，因此，讨论计划和市场的关系更有意义的是后一种类型。事实上，搞活经济和提高经济效率的关键，是在国民经济活动中充分发挥后一种调节机制的功能。

市场机制的调节功能的充分发挥，需要有一定的经济环境和市场条件。有人认为有市场就有市场调节。这一命题在理论上无说服力，也不符合事实。众所周知，我国在过去的传统体制下也存在市场，例如有消费品市场、农副产品市场，还有对农村开放的工业品（包括农用生产资料）市场，但这时的市场机制对社会生产基本上不起调节作用。我国近年来的改革实践也表明，单靠取消国家下达给企业的指令性计划，并不能完全使市场机制的调节功能有效发挥。从存在市场到市场发挥调节功能，其中包含了一系列中介环节。除了企业具有经营自主权外，至少需要具备三个市场条件：一是完善的市场体系；二是功能较全的市场机制；三是较硬的预算约束，即企业利益与市场实现成果紧密联系。

市场是否能起调节作用，在很大程度上取决于有无充分作用和功能齐全的市场机制。本来，市场机制是市场活动的客观经济联系和过程，有市场活动就有市场机制。但是由于市场活动的这种联系和过程可能被人为地限制和割裂，从而会弱化或扭曲市场机制的功能。例如，在传统的体

制中，国家行政机构规定固定价格，并且下达的指令性生产计划并不那么科学，从而人为地割裂市场活动中价格与供求之间相互制约的联系，其直接后果便是市场机制缺乏调节功能或调节功能微弱。另外，即使价格变动与供求相联系，但如果市场上存在着垄断和封锁，竞争不能充分展开，限制了价格形成及供求变动与竞争的相互制约关系，那么市场机制的调节功能便是扭曲的。价格不能反映商品供求关系，利率不能反映资金供求关系，由它们调节的社会生产比例也必然是扭曲的。

市场机制功能的完善和强化要以市场体系的完善为条件。我国传统体制下的市场机制功能之所以不健全、价格机制不能充分发挥作用的重要原因，就是市场体系不完善，特别是没有真正的生产要素市场。近几年来，我们在改革中放开了微观活动，同时也放开了部分价格，但某些供不应求的产品价格居高不下，其原因也是市场体系不完善，缺乏通过生产要素流动而促进供求平衡的市场机制功能。

所以说，有市场不一定有市场调节，市场机制调节功能的强化，是与完善的市场体系和功能齐全的市场机制相联系的。因此，微观放开，在计划经济内部充分发挥市场机制的调节功能，包含着整个经济机制的转换。微观放开的程度，从而市场机制发挥调节功能的程度，必然与市场体系的完善程度及市场机制功能的强化程度相适应。

市场机制的调节功能，同价值规律的调节功能是相联系的。尽管市场机制是价值规律的作用形式，但两者的调节功能并不完全重合。价值规律的本性是要求商品的价格符合价值，只有当调节社会生产比例的价格趋向与价值相符时，社会生产比例才是社会所必需的和最佳的。这是计划经济利用价值规律的目的。但是在现实经济生活中，价格往往背离价值，价值规律的作用就体现在价格围绕价值波动并趋向一致的过程中，市场机制的调节也就包含在这一过程中。其特点是，价格的涨落引起生产相应地扩大或收缩。这种调节功能是短期的。也就是说，由价格涨落调节的生产活动都是短暂的，市场行情一有新的变化，生产活动就会相应发生变化。而且，由价格的涨落所引起的生产扩大或缩小，并不会必然实现同社会的需要量相适应。在这里，价格与价值的一致，生产量和需要量的一致，只是在价格的不断波动、生产活动不断变动的长期趋势中实现的。正因为市场调节功能具有短期性，符合社会需要的生产比例需要通过较长时间的波动才能形成，因而在自发性经济中，社会不可能自觉地运用价值规律，而只能依靠市场机制的自发作用，在波动的长期趋势中实现生产和需要的平衡。计划经济则不然。它利用市场机制是要自觉地使价格反映价值和供求关系，并实现价格与价值的趋向一致，因而价值规律在调节生产与需要时发挥的是长期性调节功能，而不是那种生产活动随市场行情变动，时而扩大、时而缩小的市场调节的短期性功能。按此要求，计划经济中对市场机制的自觉利用，就体现在通过对市场的计划调节，加快和缩短价格趋近价值的过程，减弱价格波动的振幅，避免生产活动的盲目扩大和收缩，从而赋予市场机制以长期性调节功能，最终缩短了社会生产比例的调节过程。当然，要达到这一点是要花费很大气力的，其中最关键的一点是要确定计划调节市场的模式。只有采用了科学的计划调节市场的模式，价值规律的长期性调节功能才能被自觉地利用。

第二节　市场机制的功能及其具体作用形式

一、何谓市场机制

市场既是商品交换的场所或渠道，也是商品交换关系实现的枢纽，商品交换活动在这里得到了充分的展开。在商品交换活动中，各种市场因素如价格、竞争、供求等相互联系，相互制约，相互作用。例如，竞争和供求关系的不断变化，必然引起商品价格的上下波动，而商品价格的波动，既能刺激生产和供给，又能改变消费者的消费方向和影响消费量，从而调节市场供求关系的变化。价格、竞争、供求等各种市场因素之间互为因果，相互制约，各自发挥功能又共同发挥功能的这种联系和作用，就是市场机制。例如，市场价格变动与市场供求变动之间相互制约的联系和作用，就是价格机制；利息率变动与信贷资金供求变动之间相互制约的联系和作用，就是信贷利率机制；商品生产者之间、商品购买者之间、生产者和购买者之间，随着供求关系的变动而展开三个方面强弱不同的竞争，就是竞争机制。各种机制相互联系和作用，构成了统一的市场机制，并在运行中调节着社会生产活动。例如，当某个部门的产品供不应求时，价格就会上涨，价格机制就会使资金和劳动力向这个部门流动，从而引起利率及工资发生变化，最终使市场供求趋于平衡，保证了社会生产的协调发展。

二、市场机制的特点

市场机制有五个特点。

第一，关联性，即任何一个机制的作用都会引起其他机制的连锁反应，并要求其他机制的配合。例如，供求变化会引起价格的涨落：供大于求则价格下跌，供不应求则价格上升；价格涨落会引起利润的增减：价高则利大，价低则利小；利润的增减会引起投资活动的变化：利润大投资增加，利润小则投资减少；投资活动的变化会引起利率和工资的变化，投资、利率、工资等的变化会引起供求关系发生新的变化；供求关系的新变化又会引起价格、利润、投资、利率、工资等的新变化，如此循环无穷。如果某个机制发生呆滞，那么其他所有机制就难以正常地起作用，从而整个市场机制的功能就无法发挥出来。例如，在价格严重扭曲的条件下，利率机制就会丧失对投资活动的调节作用。因为：当某种产品的价格居高不下，生产者可以通过高价获得较多的利润时，再高的利率也不会使该种产品的生产者的经济利益受损失，从而利率机制不可能使生产者减少该种产品的生产或转向其他产品的生产；当某种产品的价格过低，再低的利率也不能补偿生产者因价格过低而带来的经济损失时，利率机制就不可能使生产者扩大该产品的生产或吸引其他生产者转产该种产品。因此，我们应充分注意各种市场机制的相互关系和相互作用，搞好市场机制的配套改革。

第二,利益制约性,即通过对每个经济主体的经济利益的或增或损来发挥作用。例如,价格机制通过价格的涨落,影响每一个生产者和消费者的利益,从而协调生产和消费的关系。又如,竞争机制使生产者与投资者时时都感受到获取利益的诱力和失去利益的压力,在利益作用下而食不甘味、寝不安席,不得不精心经营,严格管理,努力采用先进技术。因此,市场机制发挥作用的关键,是要承认各个经济主体的经济利益。否则,市场机制的作用就会呆滞。

第三,客观性,即在某种特定条件下,某种机制必然会发生某种作用,而不具备这种条件时,其作用必然无从发挥。例如,价格机制发挥作用的关键条件,是价格水平随价值和供求关系的变化而变化,价格与价值的背离无论在程度上和方向上,还是在时间上和强度上,都应该是灵活多变的。如果价格背离价值的程度过大、背离的方向固定化、背离的时间过长、背离的强度具有刚性,那么价格机制就无法起到应有的调节作用。我们过去那种价格管理体制,使有些产品的价格十年一贯制,或几十年一贯制,必然使价格机制无法发挥作用。因此,我们当前在完善市场机制时,要特别注意完善市场机制发挥作用所必需的条件。

第四,内在性,即它的作用是来自内在的某种机理,而并不是由外部力量的作用造成的。例如,在某些条件下,某种商品的价格提高百分之几,必然会使该种商品的供给相应增加百分之多少,会使该种商品的需求减少百分之多少,这都是由价格与供求之间的相互联系和相互制约作用决定的,也就是说是由它们的内在机理所决定的,而不是人为地决定的。辽宁省 1985 年苹果购销活动就很好地说明了这一点。根据 1985 年苹果的供求状况,辽宁省苹果的收购价格应大体上和 1984 年相同,但收购部门却把收购价格比 1984 年提高了 33%,销售价格也相应提高,结果使苹果价格严重超过了群众的消费承受能力,大量苹果卖不出去,烂掉在仓库里,这既使消费者的需要没有得到很好的满足,又使国家财产受到很大的损失。① 因此,市场机制作用的发挥,必须以不损伤市场机制的内在机理

① 《甜果为何变“苦果”?》,《人民日报》1986 年 5 月 6 日。

为前提。目前人们在谈到国家利用市场机制问题时,往往强调由国家直接控制价格、利率等市场机制,这是不对的。因为这样做的结果,必然会损伤市场机制的内在机理,使市场机制难以很好地发挥作用。市场机制的这个特点,要求我们必须改变过去那种对市场机制采取直接行政控制的办法,而采取间接的控制方式。例如,国家对价格的控制,不应该直接规定价格,而是应该通过银行、财政等部门的活动间接影响价格,使价格能够正确地反映供求关系和调节企业经营活动。

第五,动态性,即它是在运动、变化之中发生作用的(当然,这并不否定其作用的结果具有某种相对的稳定性)。例如,在改革后的经济体制下,利率机制在各种直接因素(资金供给和需求状况等)和间接因素(生产增长和消费增长等)的作用下,将处于不断变化之中,正是因为它的这种不断变化,才发挥了它的应有作用。因此,不能试图通过行政办法使市场机制固定化,而应该创造条件,使它对外界的刺激反应异常灵敏和迅速。例如,不要人为地规定利率,而应该使它能随着资金供求状况和企业生产状况不断变动,从而使它既能反映资金的稀缺程度,又能通过它的变化调节企业对资金的需求和运用。

三、市场机制的作用

市场机制的作用主要有两个。

一个是刺激生产者努力改进技术,尽量提高劳动生产率,千方百计地降低劳动消耗。大家知道,商品的价值不是取决于生产商品的个别劳动时间,而是取决于社会必要劳动时间。在市场上,生产同种产品的生产者相互比较衡量各自的劳动消耗,将个别劳动消耗还原为社会必要劳动消耗,也就是将个别劳动时间还原为社会必要劳动时间,最终将个别价值还原为社会价值或市场价值并以市场价格形式表现出来,这样的市场价格就是交换产品的依据。在这样的价格依据条件下,那些劳动生产率较高、个别劳动消耗较少从而商品的个别价值较低的企业,按照由社会必要劳动时间决定的社会价值的表现形式即市场价格来出售商品,便可获得较多的收入,并能在竞争中争得主动地位。反之,则相反。因此,各个企业为了获得较多的利益,并在竞争中处于主动地位,就必然要改进生产方法,采用先进技术,提高劳动生产率,结果是促进了整个社会生产力的发展。

市场机制的另一个作用是调节生产比例。大家知道,在商品生产条件下,企业都是按照市场价格的涨落来安排自己的生产的。如果某种产品供不应求,价格高于价值,就会吸引更多的企业来生产这种商品。反之,如果这种商品供过于求,价格低于价值,就会有许多企业放弃或减少这种商品的生产,转而去生产其他商品。这样,经过生产要素在不同部门间的不断流动,就会使各个生产部门大体上保持一定的比例。

市场机制作为价格、竞争、供求等市场因素相互联系、相互制约的体系,其作用是通过价格机制、竞争机制等实现的。因此,要进一步详细说明市场机制的作用,就必须对价格机制、竞争机制等加以具体分析。

(一)价格机制

1. 价格机制的作用

价格机制是通过价格与供求之间相互依赖、相互制约的联系而发挥作用的。供求关系变化,引起价格变动;价格的变动又会引起供求的变化。正是在这种联系和波动中,供求趋向一致,价格与价值趋向一致,价值规律的要求得到实现。过去人们把竞争和价格波动限定为私有制条件下价值规律的作用形式,现在看来不完全如此。在价格背离价值的情况下,没有价格的变动,何来价格与价值的一致及价值规律的实现?公有制商品经济当然也不会例外。

价格机制对经济运行的作用是多方面的。在不同的作用层次上,价格机制有不同的功能。第一,价格机制对生产同种商品的生产者来说,是竞争的工具。生产同种产品的生产者为在市场上夺取较大的地盘,必须在价格上以廉取胜,从而带动了劳动消耗的节约;价格机制对生产不同产品的生产者来说,是调整生产方向和生产规模的信号。价格机制决定的价格比例,是社会劳动在部门间分配的选择条件。价格比例的变动及其同价值比例趋于一致会调节社会劳动在各部门间的分配比例,从而使社会生产各部门合比例地发展。第二,价格机制对宏观控制来说,它以价格总水平的变动,一方面给国家反馈宏观控制的信息,另一方面自动调节企业总体活动,推动总供给与总需求的平衡。第三,价格机制对消费者(企业或居民)来说,是改变需求方向和需求规模的信号。价格水平的上升和下跌,影响消费者的购买力,从而调节消费者的需求规模。价格比例变化,消费者会考虑产品的替代,放弃购买价高的商品,而购买价低的商品,从而会调节市场的需求方向和需求结构。

2. 价格机制的作用形式

价格机制的上述调节功能在商品经济中有着重要的作用。价格机制作为利益范畴和供求关系的指示器,是市场机制的动力要素。价格机制的这些作用,是通过价格与价值的背离及其趋于一致的过程而实现的。也就是说,价格与价值的背离及其趋于一致,是价格机制发挥作用的形式。因此,价格机制能否充分发挥作用的关键,是价格与价值的背离状况。这包括:

第一,背离的方向。价格是在以价值为中心的上下波动中调节商品供求关系的。价格下落刺激需求,限制供给;价格上升限制需求,刺激供给。这表明,价格与价值背离的方向不是固定的,既有上也有下,从而调节了商品的供求关系。因此,价格背离价值的方向不能固定,否则,既会使一些商品大量积压,又会使另一些商品严重脱销,价格机制就无法起到平衡供求关系的作用。

第二,背离的时间。价格虽然是在与价值的背离中发挥作用的,但这种背离仅仅是暂时的、短期的,而不能过长。如果背离时间过长,必然会产生两种现象:一是价格过低的商品产生非经营性亏损,并且长期得不到补偿;二是价格过高的商品,可以轻而易举地取得额外盈利。这样,不同商品之间就会产生不等价交换,企业之间就会产生苦乐不均。由此可见,价格与价值的背离时间不能太长,是价格机制发挥作用的重要条件。

第三,背离的程度。我们说价格通过与价值的背离而发挥作用,是指价格的背离以价值为基础,而不是说价格与价值无限度地背离。价格只有在它大体上能反映价值的限度内，才能发挥应有的作用。如果超过了这个限度，价格就不是以价值为基础，当然也就不可能通过它与价值的背离发挥刺激和调节作用了。

第四，背离的强度。价格是在与价值的背离过程中发挥作用的，因此，它与价值的背离不是刚性的，即不是不可逆性的，而应该是有弹性的。如果背离的程度硬化、不可逆，那么价格就无法发挥刺激生产和调节生产的作用。

以上四点表明，如果价格背离价值的时间过长、方向固定化、程度过大、强度具有刚性，那么价格机制就无法发挥应有的作用。价格机制要充分发挥作用，价格的变动就应该是灵活的。也就是说，它与价值的背离应该在程度上、方向上、时间上、强度上都是灵活的，而不是固定不变的。因此，价格机制能够充分发挥作用的关键，是要放活价格，让其能依据供求的变化，围绕价值上下波动。价格若不是灵活的，价格机制就难以充分发挥其功能。

3. 价格机制的作用与放开价格

怎样才能使价格灵活地围绕价值上下波动，从而使价格机制充分发挥其作用？目前不少人认为，只要国家通过对价格的控制权，按照社会需要上调或下压价格，使所有生产者在价格涨落的指导下，确定自己的生产方向和生产规模，确定自己生产的扩大、缩小、停止和转移就可以了。这种观点的核心，是认为国家应该直接掌握价格，并通过对价格的控制权，根据市场状况来变动价格，使价格具有充分的灵活性，从而使价格机制发挥应有的作用。我们认为，无论从理论上还是从实践上来说，这种意见都是不可取的。

首先，如果国家直接控制价格，按照需要使某些产品的价格较大幅度地高于或低于其价值，并使其相对固定化，那就必然会使生产者之间因价格因素而产生较大收益差别。这种收益差别并不是生产者主观努力的结果，而是一部分生产者对另一部分生产者的劳动的侵占。它既不符合社会主义公有制的经济性质，也不符合社会主义按劳分配的原则。特别是这种级差性的苦乐不均，不利于提高经济效益，不利于生产者之间在平等条件下开展竞争,也不利于商品经济的正常运行。当然,有人可能认为,这种因价格因素所造成的非主观性收益差别,可以通过税收杠杆收归国有,这样,上述弊病就不会产生,所以国家控制价格应和税收杠杆配套使用。这种说法似乎有道理,但其实是行不通的。因为,国家之所以能够通过控制价格的方式发挥价格机制的作用,主要是由于国家通过价格与价值的背离,能使那些愿意按照国家制定的价格来安排生产活动的生产者获得较多的经济利益。在这里,国家是通过价格与价值的背离所产生的经济利益的力量,来指导生产者的生产活动的。如果国家通过税收将这些因价格因素所形成的较高收益收归国有,那么生产者就得不到什么经济利益,也就不会随着国家的提价来安排自己的生产活动了。这样的结果,是价格对生产者失去了吸引力,价格机制的作用无从发挥。

其次,价格与价值的背离是价格机制的作用形式,但这并不是说价格机制通过价格与价值的一次变动,就能实现自己的作用。价格的某一次涨落,虽然会引起一些商品的生产和流通的扩大或缩小,但是与这次价格涨落相联系的商品生产量和流通量的增减,并不意味着社会劳动已按比例地分配于各生产部门,从而使生产和需要达到了平衡。因为就价格的某一次涨落来看,它的上涨也可能使商品的供给超过了社会需要,它的下落也可能使商品的供给变得不敷社会需要。因此,价格机制的作用是不可能在价格的一次变动中就可以实现的,而是在价格反复波动的过程中实现的。正因为如此,国家如果要通过直接控制价格的方式来发挥价格机制的作用的话,那就不能试图通过一次提价或降价来达到目的,而必须经过一系列的提价和压价的活动,来实现价格机制的作用。但是,这在实践中是根本做不到的。在国家直接控制价格的条件下,价格机制的作用难以展开。

再次,价格机制属于市场机制,是一个不宜人为地动用的经济机制。例如,国家如果想通过控制价格来抑制某种产品的需求和供应量的话,那么从需求方面看应该是提高价格,但从供给方面看则应该是降低价格,这对国家来说是一个无法解决的矛盾。国家如果要同时既在供给方面压价,又在需求方面提价的话,那么国家就必须包揽商品的收购和出售,这等于又回到过去那种旧的模式中去了；国家如果不作为生产者和消费者的包揽商，那么国家也就无法做到既使供给方面的商品降价，又使需求方面的商品涨价。而且，从实践来看，在社会化生产日新月异，随时都有许多新产品进入市场的情况下，试图让所有商品在生产过程中就由国家确定价格，带着所谓合理性价格进入市场，是根本不可能的。因此，价格机制不可能被国家直接控制，而应该是在自行运行中发挥作用。

最后，由于价格机制是价值规律运行的内在机制，正如恩格斯所说的："只有通过竞争的波动从而通过商品价格的波动，商品生产的价值规律才能得到贯彻，社会必要劳动时间决定商品价值这一点才能成为现实。"①人类对于任何规律，都只能是为规律运行创造必要的条件，从而使规律朝着有利于人类的方向发展，而绝不能直接掌握规律的内在运行机制，所以国家就不能直接掌握价格机制。

总之，价格机制发生作用的前提条件，是价格必须放活，不能由国家直接管制价格。当然，这并不是说国家现在就应立即取消对价格的直接控制权。在现在还不具备完全放活价格的条件下，国家对价格的管理应采取直接管理和间接控制相结合的原则，实行国家定价、指导价格和市场调节三种价格形式。根据条件的可能，不断扩大后两种价格形式，一直到把价格完全放开。对于因为生产力方面的原因，还不得不采用国家定价的商品，也要尽量使它们的价格反映供求关系的变化，具有一定的弹性。这样，价格机制就获得了正常运行所必须具有的条件，从而能够在市场中发挥自己应有的作用。

（二）信贷利率机制

1. 信贷利率机制的功能

信贷利率机制即信贷资金的供给和需求同利息率之间的有机联系，是金融市场的机制。如果说价格在产品供求方面进行调节，那么利息率就在货币资金供给和需求方面进行调节。利息率就是货币资金的"价

① 《马克思恩格斯全集》第21卷，人民出版社1965年版，第215页。

格”。利息率的变动调节货币资金的供给和需求。在金融市场已经完善，并且其他改革也已配套的情况下，利息率自动地随货币资金供求状况变动，信贷资金根据利息率差别的变动顺畅地在社会生产各部门之间流动。这是价值规律作用的进一步展开和补充。当然，目前我们的金融市场还未形成，国家还必须控制利率的变动，这也是应当和必要的。在产品供求不平衡、价格背离价值的情况下，信贷资金的顺畅流动，能灵活地促进供求平衡，推动市场价格接近价值（或生产价格）的运动。

信贷利率机制对经济运行的调节功能是多方面的：（1）利息同企业利润相联系。企业的存款利息是企业利润收入，而企业的借款利息则是企业利润支出。一定高度的存款利率和借款利率会促使企业精打细算，不滥用资金，讲究资金使用效果。（2）利息率提供在全社会范围内分配社会劳动（资金）的选择条件，不同部门和不同项目采取差别利息率，能诱导投资方向，配合价格机制调节社会劳动在各部门的分配。（3）利息率水平能配合价格水平共同调节宏观经济中总供给与总需求的平衡，控制经济增长目标。

信贷利率机制在调节社会经济活动时，有两种信号：一种是利率总水平信号，另一种是差别利率信号。

2. 利率总水平信号

所谓利率总水平信号，是指一定时期全社会的利率的平均总水平。它反映一定时期全社会资金的供求状况和社会生产的总供给与总需求状况。信贷利率总水平信号可以协调社会资金的供求状况，进而可以协调社会生产的总供给与总需求矛盾，保持国民经济的总平衡。

大家知道，在商品经济条件下，供给和需求分别表现为市场供给和市场需求。总供给与总需求失衡的现实形式是市场供求失衡。如果总需求超过总供给，市场上便出现货币过多、物价上涨、市场利率提高的状况。因此，价格总水平和利率总水平是宏观总量是否平衡的集中反映，同时也成为国家观察和控制总需求的参照值。具体地说，国家的宏观调节瞄准价格总水平和利率总水平，采取相应的宏观对策，运用调节货币供应量等手段，使价格总水平和利率总水平符合宏观计划目标要求，从而实现宏观总量平衡。

价格总水平和利率总水平不仅仅是被动地反映总需求和总供给状况,它对供求总量的平衡还有自动调节的作用。原因在于,总需求与市场价格水平、利率水平之间有着相互联系、相互作用的机制。生产者和消费者都进入市场从事经济活动,市场机制通过价格水平和利率水平自动调节各个企业和消费者的投资和储蓄活动,以实现总供给与总需求的平衡。当总需求超过总供给时,由于价格总水平上涨,从而推动市场利率提高。在高利率的刺激下,投资者就减少投资需求,消费者会增加储蓄,最终恢复总供给与总需求平衡。相反,当总供给超过总需求时,价格总水平下降,推动市场利率降低,在低利率的刺激下,投资者增加投资,消费者减少储蓄,增加消费支出,最终实现总供给与总需求的平衡。总之,利率水平是调节总供给与总需求的重要机制,它同其他市场机制一起,在国家间接宏观控制下实现着总供给与总需求的平衡。

3. 差别利率信号

所谓差别利率信号,就是不同项目、不同部门的贷款利率之间存在着差别。若某些部门和项目的贷款利率高,贷款额就会减少;若某些部门和项目贷款利率低,贷款额就会增多。利率的这种变化,会引起资金(社会劳动)在各生产部门间自由流动,从而调节了社会生产比例。因此,贷款利率差别变动,是调节社会生产比例的重要经济机制。

差别利率信号的调节功能,主要表现在以下两个方面:

一方面,差别利率信号能加强价格差别信号的调节作用。在专业银行企业化以后,银行作为信贷资金的供给者,总是依据差别利率信号而发放信贷资金。一般来说,利率差别是同价格差别挂钩的。某种产品价高利大,意味着该部门商品供不应求,对信贷资金需求大,于是利率较高,诱使银行企业将更多的信贷资金流入该部门。相反,某种产品价低利微,意味着该部门产品供过于求,对信贷资金的需求量小,于是利率较低,据此,银行企业会减少对该部门的贷款,阻止信贷资金流入该部门,甚至还会将原有资金抽走。显然,差别利率信号在这里能够起补充价格比例信号的作用,加快社会劳动在各生产部门间的转移,促进价格接近于价值(或生产价格)。

另一方面,差别利率信号也能够起到减弱价格比例信号的调节作用。这主要是在价格信号扭曲时起作用。当某种产品供不应求,但由于价格信号扭曲,不能调动社会劳动投入该部门时,对该部门规定较低的贷款利率则能诱使资金向该部门转移。当某种产品供过于求,但由于价格信号扭曲,大量社会劳动仍向该部门流动时,对该部门规定较高的贷款利率则能限制资金流入该部门。

4. 信贷利率机制的作用条件

信贷利率机制上述作用的充分发挥,需要一系列经济条件。其中主要有:

第一,充分放开市场利率,一方面使之同价格紧密联系,保证价值规律充分发挥作用;另一方面使之同信贷资金供求紧密联系,保证利率对信贷资金的调节作用。这要求:(1)利率总水平必须随价格总水平升降。只有这样,才能有效地控制总需求。如果单有价格水平上升,利率不动或轻微提高,会使价格信号不断加强,起到"正反馈"作用。生产者在虚假的社会需求刺激下,继续增加投资;消费者持币抢购,力图尽快将货币转化为商品,使上涨的价格水平持续不衰,最终将导致整个经济机制的突变。(2)提高利率的投资弹性。现在,利率偏低,在企业利润中占的比重很小,再加上企业以税前利润支付利息,实际由国家财政代企业付息,利率对企业活动的制约性很小。这种状况不改变,利率机制的调节功能便不能充分发挥。

第二,使信贷双方对利率有高度灵敏的反应。利率机制是通过利率的升降影响信贷资金的供求而实现调节作用的,因此,信贷资金的供给(银行)和需求(企业)能否对利率变动作出及时和灵敏的反应,是利率机制能否奏效的关键。我国近几年虽然提高了利率,但仍未能很好地发挥利率机制作用的主要原因,就是信贷双方对利率的变动反应迟钝,效应太差。改变这种状况的主要措施,是利率同信贷双方的利益直接挂钩,使利率的变动直接影响信贷双方的利益。这要求:(1)专业银行企业化。因为在银行企业化的条件下,利率的变动会直接涉及银行的自身利益,使银行对利率的微小变化都会作出灵敏的反应，这样，那种不管利率如何而胡乱贷款的现象会自行消除。(2)利息成为企业的重要投入。当贷款利率作为企业的重要投入并要求企业必须按期支付时，企业就会特别注意市场需求变化和利率变动，不敢贸然贷款，而是按照利率机制的导向去从事经营活动，从而使利率机制的作用得以贯彻。

第三，加强信贷利率的硬度。利率作为反映资金供求关系及其占用效益的机制，除了某些优惠信贷由财政付给利息，对企业实行贴息贷款外，一切信贷都必须付息，其利率高低，调节着资金的供求及使用方向。这就要求信贷利率必须硬化。信贷利率硬化包含两层意思：一是信贷利率不能偏低，更不能有存贷倒挂现象，应该根据资金占用的平均效益，采用适当的利率。二是信贷利息要具有风险性约束，到时必须还本付息。为此，必须坚持：(1)申请贷款的企业要有一定比例的自有资金，无论是流动资金或固定资金；(2)发放贷款一定要有适销、适用的物资与财产作保证，在一般情况下，贷款不得超过这些物资、财产的金额；(3)银行发现企业无力偿还贷款时，有权依法处理作为保证的物资、财产。没有这三条，信贷利率的风险由银行(其实是国家)承担就会落空，信贷利率机制就失去了任何作用。

(三)工资机制

1. 何谓工资机制

工资机制是竞争过程中工资变动与劳动力供求变动之间相互制约的联系和作用，它是“劳务市场”的机制。工资机制和商品市场上的价格机制、金融市场上的信贷利率机制一起作用，共同在运行中调节社会生产活动。例如，当某个部门的产品供不应求时，价格就会上涨，价格机制就会使资金和劳动力向这个部门流动，从而引起金融市场的利率和劳动力市场的工资发生变动，结果是社会生产活动得到了协调。

工资机制作为“劳务市场”的运行机制，其充分作用有赖于“劳务市场”的开放和完善，并有赖于其他生产要素的开放。这是由劳动力这个生产要素和其他生产要素之间的相互替代性所决定的。例如，某个企业在选择生产要素时,如果认为劳动者的工资太高,不如使用先进的技术设备划算,那么它就会尽量少使用劳动力,而采用技术密集型生产方法;相反,当它认为技术设备价格太高,不如使用劳动力划算时,它就会尽量少购进技术设备,而采用劳动密集型生产方法。很显然,只要其他生产要素市场的机制在起作用,那么工资也就会作为市场机制而发生作用。因此,那种认为只能开放其他生产要素市场,只能允许价格和利率作为市场机制运行,而不能开放“劳务市场”和允许工资作为市场机制运行的观点,是一种不实际的想法。目前的现实状况是,在其他生产要素市场逐步开放的条件下,工资机制正在不以人的意志为转移地发生作用,科技人员的流动,“留职停薪”的大量发生,就是很好的证明。

2. 工资机制的功能

工资机制对经济运行的调节功能是多方面的:

首先,刺激经济发展。这种刺激作用表现在两个方面:一方面,可以促进劳动者努力工作,因为劳动者支出的劳动数量越多、质量越高,劳动者获得的工资就越多;另一方面,可以促进企业高效益地使用活劳动,因为活劳动的工资要加入产品成本,企业节约地使用活劳动,可以减少工资支出,进而减少成本,增加盈利。当工资同企业的经济效益之间形成有内在联系的机制时,便会促进经济效益的提高。

其次,协调总供给与总需求的矛盾。工资是总供给和总需求的重要组成部分,因此,工资机制可以以自己的总水平变动,反映总供给与总需求的状况,为宏观控制总需求导向,为宏观指导供给导向。只要将工资水平及其增长建立在社会生产发展和劳动生产率提高的基础上,并同企业的经济效益挂钩,那么,工资机制本身可以约束消费膨胀,因而它也是控制总需求进而协调总供给与总需求矛盾的重要机制。但工资机制的这种作用必须以劳动力流动为前提。如果劳动者不能随工资变动而自由流动,那么,当某一部门因劳动力供不应求而工资水平偏高时,其他部门的劳动者就会感到不公平,认为同等劳动不能获得同等报酬,但他们又不能流动到工资水平较高的部门。在这种情况下,工资水平低的部门就会同工资水平高的部门相“攀比”,就会通过增加成本、弄虚作假等不正当手段增加自己的工资，从而引起整个社会在工资上进行“攀比”，其结果是消费急剧膨胀。“攀比”心理在任何条件下都存在，但在工资不是作为市场机制而使劳动力能自由流动的情况下，大多数人对自身之外的职业可望而不可即，不是由于无能力而是由于无机会，这就会大大强化“攀比”心理。由此可见，工资机制是使个人收入“攀比”得到抑制，从而使消费膨胀得到抑制的重要机制。特别应该看到，在市场机制健全和工资作为市场机制而运行的条件下，工资形成产品的重要成本，企业为在市场竞争中取胜，就不会随意提高工资，增加成本，更不会以牺牲积累为代价片面增加职工收入。因此，工资机制的调节功能是贯彻收入分配政策，对付工资（成本）推进型通货膨胀的重要手段。

为了能使工资机制很好地发挥作用，国家要制定和实施有关的经济政策，其中主要有收入政策和劳动政策。收入政策的核心是工资和物价指导线，即由国家根据长期劳动生产率增长状况确定工资和物价的增长标准，要求把工资和物价增长率限制在劳动生产率的平均增长幅度以内。收入政策能防止工资率的上升大于劳动生产率的上升幅度，从而避免在经济增长过程中加剧通货膨胀，为工资机制发挥作用创造良好的环境。劳动政策的核心是使劳动力能自由流动。但劳动力有不同工种、技术熟练程度之分，对劳动力的需求和劳动力的供给还有地区的限制。这样，劳动力由于工种、技术熟练程度的区别和地区的限制，难以在工资机制的作用下自由流动，满足不同地区和行业对特殊工种和技术人员及熟练工人的需要。这就要求实施以劳动力培训为主要内容的劳动政策，通过就业指导和对劳动力的重新训练，促进青年和非熟练工人适应就业要求，消除结构性劳动力流动障碍，以保证劳动力的流动，使工资机制的作用能充分实现。

（四）竞争机制

1. 竞争机制的功能

竞争机制反映竞争同供求关系、价格变动、资金和劳动力流动等市场活动之间的有机联系。竞争机制的作用不是独立的，它同价格机制和信贷利率机制等紧密结合,共同发生作用,因而它存在于商品市场、金融市场和“劳务市场”之中。但我们这里主要以商品市场为分析对象,着重说明商品市场的竞争机制。

竞争包括买者和卖者双方之间的竞争,也包括买者之间和卖者之间的竞争。“个人在这里不过是作为社会力量的一部分,作为总体的一个原子来发生作用,并且也就是在这个形式上,竞争显示出生产和消费的社会性质。”①在竞争能充分展开的条件下,谁也不能垄断市场,谁也不能个别地长久地主宰市场价格。

竞争的主要手段,在同一生产部门内主要是价格竞争,以较廉价的价格战胜对手;在部门之间主要是资金的流入或流出,资金由利润率低的部门流向利润率高的部门。竞争的内容包括争夺较大的销售市场、争夺资金来源、争夺先进技术、争夺技术人才等。竞争机制充分发挥作用和展开的标志和结果是优胜劣汰。

竞争机制的功能一方面是保证价格机制和信贷利率机制等市场机制的充分展开,并充分发挥其功能;另一方面是保证市场机制对企业活动的充分调节。因此,竞争是市场机制的一个基本要素。市场机制促进社会生产力发展和调节社会生产比例的作用,都是通过竞争机制而实现的。竞争可以促使企业改善经营管理和提高劳动生产率,可以促使各企业的资金在社会生产各部门之间流动。在这种意义上,可以说,没有竞争这个市场机制的有效运行,市场机制的作用就很难发挥出来。

竞争的对立面是垄断和封锁,而不是计划。社会主义企业之间的关系,作为社会主义生产关系的表现,首先是互相协作、相互支援的关系;但社会主义企业作为相对独立的商品生产者和经营者,又决定了企业之间的关系并不排斥竞争。长期以来,人们往往把竞争看成是资本主义特有的现象,其实,只要有商品经济,就必然有竞争,只不过是在不同的社会制度下竞争的目的、性质、范围和手段不同罢了。社会主义企业之间的竞争,主要是为了让企业在市场上直接接受广大消费者的评判和检验,优胜

① 《马克思恩格斯全集》第25卷,人民出版社1974年版,第216页。

劣汰，及时暴露企业的缺点，及时改进生产技术和经营管理，推动整个国民经济和社会主义事业的发展。竞争中可能出现超越社会主义竞争规定、损害社会主义利益的某些消极现象和违法行为，但这些可以和应当通过经济的、法律的、行政的手段加以限制，必要时还可以加以制裁和取缔。

2. 竞争机制发挥作用的条件

竞争机制能否充分发挥作用的关键，是满足竞争机制在运行过程中所需要的条件。一般来说，主要应满足下述条件：

第一，使企业真正成为商品生产者和经营者。这是竞争机制得以展开的先决条件。在企业不是作为商品生产者和经营者，而是作为行政机关的附属物的情况下，企业自己没有权力根据市场状况去决定自己的生产方向的变动、自己生产规模的扩大和缩小，以及自己的投资规模和方向，竞争根本无法展开。所以，要发挥竞争的作用，就必须给予企业作为商品生产者和经营者应有的权力和地位。这包括把生产方向和生产规模的决策权、经营方式决策权、投资决策权交给企业。对于把前两种决策权交给企业，理论界的意见基本上是一致的，但有些同志不同意把投资决策权交给企业。我们认为，企业如果没有投资决策权，那么不仅前两种决策权无法实现，而且企业也无法适应市场变化和主动开拓市场，从而根本无法开展竞争。因此，必须把投资决策权交给企业。当然，企业有了投资决策权也会产生某种盲目性，但这可以通过一系列措施加以纠正，不能因此而把应交给企业的权利抓住不放。应该指出的是，我们不能把近几年出现的投资盲目性归罪于企业有了部分投资权。近几年出现的投资盲目性主要是由价格扭曲、没有由企业承担投资风险的机制、国家未能很好地利用一些经济杠杆引导企业投资等多种原因造成的。只要我们在将投资权交给企业的同时加强监督和引导，那就必然会极大地增强企业的竞争力，社会经济的发展也能从竞争活动中获得裨益。

第二，使企业能够在竞争中获得相应的经济利益。这是竞争充分展开的动力。竞争的实质是经济利益的竞争。企业参加竞争的动力，在于企业本身的经济利益，在于经济利益的差别程度。如果企业不能在竞争中获得相应的经济利益，那就必然失去参与竞争的主动性和积极性。因此,为了发挥竞争这个市场机制的作用,就必须保证企业在竞争中所获得的经济利益不受侵犯。其中包括:经营效果好的企业在竞争中获得的较多利润,可以在国家政策允许的条件下,用于增加职工的工资基金和奖励基金;企业把自己的税后留利资金用于生产建设和技术改造,从而在竞争中所获得的更多的经济利益,应该让企业自行支配和享受;对管理好、贡献大、留利少的大中型企业适当减免调节税,使它们在竞争中获得相应的正当利益;建立合理的价格管理体制,并保证企业的定价权。在现行的价格体制下,不少商品的价格不能反映供求关系的变化,不能全面地评价企业的生产经营成果,企业往往无法获得自己在竞争中的应有利益,从而使企业失去了竞争的内在动力。这就要求尽快地改革现有的价格管理体制,以适应竞争机制的充分运行。

第三,保护竞争,防止垄断。垄断是竞争的直接对立物。企业对于竞争机制的反应,与它是否处于垄断地位具有直接的联系。处于垄断地位的企业,往往对竞争机制的作用反应不积极,这类企业即使不努力竞争也能获得较高利润。为了使竞争机制充分发挥作用,必须消除垄断现象。目前我国经济生活中的非经济垄断现象还很严重,存在着因行政分割而形成的市场垄断,因资源分配不合理而形成的资源垄断,因资金不能横向流动而形成的资金垄断,因人才及技术使用上的不合理而形成的人才和技术垄断,等等。所有这些,都阻碍了竞争的顺利进行,必须坚决消除。这包括:(1)消除条块分割和封锁,打破"部门所有制"和"地区所有制"所形成的各种阻碍竞争的壁垒;(2)把过去市场中大量存在的那些特殊待遇、种种照顾、"关系"以及各种保护落后的做法,从经济活动中排除掉,以使竞争公平、合理,从而防止这些因素造成垄断;(3)同一产品和劳务不仅要由足够数量的企业进行生产和经营,而且还要由不同所有制的企业参加生产和经营,以防止独占性垄断的形成;(4)逐步形成买方市场的格局。没有买方市场,就不可能开展有效的竞争,因此要尽快改变因经常性短缺所形成的卖方对买方具有垄断地位的状况。

第四,为竞争创造良好的环境和条件。在这里,关键是建立开放的、完整的社会主义市场体系。商品作为"天生的自由派",需要有一个不受阻碍的市场而任其流通。同样，竞争也需要有一个开放的完整的市场为自己提供广阔的活动场所和领域。竞争作为市场机制的一个重要组成部分，其发挥作用的程度是由市场本身的完善程度决定的。在市场本身不完善的条件下，竞争是难以充分发挥作用的。因此，必须建立起一个开放的和完整的社会主义市场。这包括：(1)建立包括商品市场、金融市场和“劳务市场”在内的社会主义的完整市场体系，让企业从市场上获得自己所需要的一切生产要素，进行平等的有效竞争；(2)市场的各种经济信号(包括价格、利率等)的形成要有利于竞争的展开。硬性地、人为地盲目规定经济信号(如硬性规定畸高畸低的价格)，是不利于竞争的，应该让市场信号自行形成；(3)取消那些不必要的限制企业进入或退出市场的规定，使企业能够在政策允许范围内，既容易进入市场，又能在需要转产时容易退出市场；(4)打破地区限制，建立全国统一的市场，让商品按照合理的最佳经济渠道流通，即使在经济比较落后的地区，也不应采取封锁的办法保护本地落后企业；(5)要破除企业在政治上的等级差别，确立对所有企业平等相待的观念，让所有企业在平等的市场上接受检验。

(五)风险机制

1. 何谓风险机制

在商品经济条件下，任何一个经济主体都面临着盈利、亏损、破产的可能性，都必须承担相应的利益风险。风险以利益的诱力和破产的压力作用于企业，往往使每个商品生产者和经营者及投资者吃不香、睡不稳，从而督促和鞭策他们奋发努力，改善管理，更新技术。企业一旦没有利益的风险，也就失去了千方百计生产适销对路、价廉物美的商品的动力。因此，风险是一个极为重要的市场机制。只有在风险机制充分作用下，各经济主体才能努力提高劳动生产率和按照市场需要安排经营活动。

2. 风险机制发挥作用的条件

我国目前的市场活动中基本上没有风险机制。这是我们难以充分利用市场机制作用的重要原因。因此，我们现在完善市场机制的一个重要任务，是完善风险机制。如何完善风险机制？主要应做好下述三方面的工作。

首先,改变原有体制下国家对企业的软预算约束关系。

预算约束就是以预期收入控制支出。微观经济学在分析企业及家庭经济活动时,提出了预算线的概念,即:家庭或企业在选择甲乙两种商品时,可以根据自己收入多寡和甲乙两种商品的相对价格高低画出一条预算线,在预算线内的是可以实现的购买,在预算线外的是不能实现的购买。对家庭或企业来说,这种供给(收入)对需求(支出)的约束,不是事后的结算,而是事前的行为约束。在预算约束硬化的条件下,企业的经济行为要承担一定的风险。哪些商品该买,哪些商品不该买,扩大投资规模还是缩小投资规模,哪些钱该花,哪些钱不该花,企业都会考虑是否具有风险。因此,硬预算约束是风险机制发挥作用的重要前提条件。但在软预算约束条件下,风险机制是无法起作用的。因为在软预算约束条件下,企业吃国家的"大锅饭",企业财务活动不以量入定出为原则,而是收支之间根本没有直接的利害关系,当企业由于经营管理不善而收支出现亏损时,国家就会伸出援助之手,使企业的亏损通过减免税赋、增加补贴、调整产出任务、调整价格等方式而得到补偿,甚至负债企业还可以完全赖掉到期应付的款项,从而使企业在利益上不承担任何风险,风险机制不会对企业有任何作用,企业不会真正在经营活动乃至决策上对风险作出反应。风险机制和软预算约束是根本对立的:风险机制是给企业活动施加调节力,而软预算约束则使这种调节力失去作用。因此,要充分发挥风险机制的作用,就必须彻底割除旧体制下形成的软预算约束这个赘瘤。消除软预算约束的关键,是将企业的期待联系由国家转向市场。一旦企业的期待联系转向市场,企业的经济利益同其市场实现成果紧密联系起来,企业的全部活动就被推入市场,承担市场风险,特别是要承担在W—G的致命跳跃中的风险。在这种情况下,风险机制就会充分展开。

其次,完善自负盈亏制度。

自负盈亏意味着企业对自己的经营状况承担全部经济责任和风险。因此,自负盈亏也是风险机制发生作用的重要条件。但我们目前的自负盈亏制度很不完善,其主要问题是企业只负盈不负亏,从而使风险机制还无法充分发挥作用。如何完善自负盈亏制度,以保证风险机制的运行?关键是要打破两个“大锅饭”。一是打破企业之间在经济利益关系上的“大锅饭”,要承认企业之间因下述三种情况而引起的经济利益差别:(1)企业之间因劳动技能和劳动强度差别所引起的经济利益差别,劳动技能高和劳动强度大的企业所获得的较多经济利益,应归企业自行支配和享受。(2)企业之间因经营效果而引起的经济利益差别,经营好的企业所获得的较多经济利益,应由企业自行安排使用。(3)企业之间因积累能力差别所引起的经济利益差别,把税后留利用于积累,并且积累搞得好的企业所获得的较多经济利益,应该大部分由企业自己享受。企业通过自身积累所形成的固定资产的最终所有权虽然是属于国家的,但企业必须具有完全的支配和使用权,并且可考虑在一定时期内让企业具有一定程度的实际上的所有权,企业是这些固定资产所带来的经济利益的主要享受者。只有承认了上述差别,才能打破企业之间的“大锅饭”,使企业对风险机制作出积极的反应。二是打破企业同国家在经济利益关系上的“大锅饭”。因为在企业还吃国家“大锅饭”的条件下,企业必然是只负盈不负亏,即使经营失误,自身经济利益也不会受损失,不会承担任何风险,从而使风险机制失去了效力。这已为我国近几年的实践所充分证明。只有当国家财政和银行这两家“保险公司”不再为企业兜着风险,企业真正成为独立的经济利益实体时,风险机制才能通过触动经济利益这个企业中枢神经,使企业对风险机制的调节活动产生积极反应。

最后,实行企业破产制度。

破产是风险机制的最高层次的作用形式,因而也是风险机制运行的最关键条件。长时期以来,社会主义条件下风险机制作用不力的重要原因,是我们没有实行企业破产制度。在商品经济中,经营是风险性行为,失败者会导致破产和企业倒闭,这种风险时时处处对企业施加作用。但是,在我国原有的经济体制下,这种风险和失败是不存在的。企业投资资金来自国家财政拨款或国家银行贷款,即使“拨改贷”后贷款是有偿使用的,但由于利率偏低,特别是实行税前还贷制度,对企业来说,它也不可能是风险,而是没有成本或成本很少的“礼物”。正因为企业投资资金来源于国家（“拨改贷”后只是途径不同而已），因而国家总是要保证企业投资项目完成后能生存下去。即使对于那些经营不好、投资效益很低的企业，国家也要运用各种办法来帮助，例如价格、税收的优惠和财政补贴等。在这种情况下，无论怎么样，企业也不会破产，因而企业不可能把经营活动当作风险性行动。风险机制作用不灵的结果，是经营活动不以成本、价格、利润等情况的预期而定，而是根据企业的偏好来确定，最终引起经济生活紊乱和效率低下。因此，我们必须允许企业有经营性破产。某些经营不善，对债务失去偿还能力的企业破产，是风险机制发生作用从而促进经济效益提高的必要条件。对失去偿还债务能力的企业及时实行破产处理，比让它长期吃国家“大锅饭”，使补贴费超过收入总额要好得多。从全局看，某些因经营不善而亏损的企业破产是积极的、有益的。对于因企业管理人员失职而引起的经营性破产，应该根据实际情况，分别轻重追究其经济的、行政的和法律的责任。

（六）供求机制

1. 何谓供求机制

供求这个市场机制，往往不被人们重视。其实，它是一个很重要的市场机制。价格、竞争、利率等市场机制的作用都离不开它。例如，价格机制的作用同供求机制密切联系着。价格机制是通过价格与价值的背离及其趋于一致的过程来发挥作用的，而价格与价值的背离即价格与价值的差额，以及价格与价值的趋于一致，都是由供求决定的。没有供求机制作用于价格与价值的相互关系之间，价格机制就不能发挥它的作用。又如，竞争机制的作用也同供求机制密切相连。竞争机制要发挥促进企业改善经营管理和提高劳动生产率的作用，就必须具备供给略大于需求这个条件。

供求机制在商品市场、金融市场和“劳务市场”上均发生作用。它在金融市场和“劳务市场”上的作用，同它在商品市场上的作用虽有不同，但实质都是一样的，因此，我们这里的分析以它在商品市场上的作用为对象。

2. 供求机制的作用过程

供求机制反映价格与供求关系的内在联系。"如果求过于供，价格就会上涨，因而就会刺激供应；只要市场上供应一增加，价格又会下跌，而如果供过于求，价格就会急剧下降，因而需求又增加"。[①] 这就是供求机制的内涵对于价格机制的作用，我们可从以下几个方面得到说明。

首先，供求关系的变化，导致市场价格的涨落，而市场价格的涨落，又刺激供给和需求的增减。这包含两层意思：一方面，供求影响价格。如果某种商品的供给超过了当时的社会需要，生产这种商品的社会劳动时间的一部分就不为社会所承认，因此这些商品必然要以低于它们的市场价值的价格出售，表现为较低的价格。如果某种商品的供给不能满足社会需要，结果就相反。这个道理从需求方面看也是正确的。另一方面，价格反过来也能影响供给和需求，供求随价格涨落而增减。需求按照和价格相反的方向变动，价格下降需求就增加，价格提高需求就减少。供给的变动同价格的变动关系则是另一种情况，它按照和价格相同的方向变动，价格上涨则供给增加，价格下降则供给减少。但是，用作某种商品生产的生产资料的价格，在某种情况下既决定这种生产资料本身的需求，也决定用这种生产资料进行生产的那种商品的供给或需求。例如，棉花价格上涨了，对棉花的需求会减少，如果棉布价格不涨或涨的幅度没有棉花价格幅度大，那么棉布的供给便会减少。如果棉布的价格随棉花价格的上涨而上涨，则对棉布的需求也会减少，这表明，价格与供求关系的变化，涉及所有相关的商品。

其次，供求关系在市场上"总是兴奋和消沉相更迭（这种更迭排斥一切进步），永无止境地摇摆不定"[②]。因为供给和需求都是变数，它们的变动受到很多因素的影响。马克思在谈到社会需要时指出："从量的规定性来说，这种需要具有很大伸缩性和变动性。它的固定性是一种假象。"[③]所谓伸缩性和变动性，就是一般所说的需求弹性。商品经济条件

① 《马克思恩格斯全集》第 1 卷，人民出版社 1956 年版，第 613 页。

② 《马克思恩格斯全集》第 1 卷，人民出版社 1956 年版，第 613 页。

③ 《马克思恩格斯全集》第 25 卷，人民出版社 1974 年版，第 210 页。

下的商品需求，是指有购买力的需求，所以需求大小的变动决定于：(1)货币收入的增减。(2)货币购买力的增减，即价格的升降。前者称为需求的收入弹性，后者称为需求的价格弹性。如果考虑到商品之间的替代作用，那么一种商品价格的变动往往可以引起其他有关商品的需求变化，这就是人们所说的需求的交叉弹性。此外，还有其他的需求弹性。和需求一样，供给也有弹性。供给弹性是商品供给量对价格变动的反应程度，即商品价格按一定比率上升或下降所引起的供给量的增加或减少的比率。但供给弹性比较复杂，涉及生产周期的长短、资金转移的难易、生产规模的大小，以及生产资料的价格和生产的工程技术。正是由于供求双方都有弹性，受到各方面因素的影响，所以供求关系处于不断的变动之中。

最后，供求平衡是偶然的，供求不平衡是经常的。既然如上所述，供给和需求受到很多因素的影响，这些因素又相互发生作用，供给和需求以及两者的关系都在不断发生变化，因而供给总是紧跟需求，但又从来没有刚好满足需求。供给不是太多，就是太少。所以马克思说："供求实际上从来不会一致；如果它们达到一致，那也只是偶然现象，所以在科学上等于零，可以看作没有发生过的事情。"①正是由于供求在实际上从来不会一致，才形成了供求与价格相互作用、相互联系的运动过程。供求不平衡会彼此接连不断地发生，偏离到一个方向的结果，会引起向另一个相反方向的偏离，因而从某一时期的整体来看，供求还是一致的。不过这种一致只是作为过去变动的平均数，并且只是作为它们的矛盾不断运动的结果。所以平衡是由一个不平衡的不断过程形成的。从偏离到一个方向，到引起向另一个相反方向的偏离，互相对立的各种不平衡的转化，是通过供求机制实现的。

3. 供求机制发生作用的条件

上述分析表明，供求机制在商品市场、金融市场和"劳务市场"等各类市场上均发生作用，反映着供求关系同价格、利率等市场要素的内在联

① 《马克思恩格斯全集》第25卷，人民出版社1974年版，第212页。

系。供求机制与各市场要素的作用是相互的。一方面,供求影响各市场要素;另一方面,各市场要素也会反过来影响供求。供求机制同各市场要素相互作用的过程,就是供求机制对市场活动发生作用的过程。在现实经济活动中,供求机制是通过供求关系的不断变化而实现的。正是由于供求关系的不断变动,才形成了供求与各市场要素相互联系和相互作用的运动过程,才使得供求机制作为供求双方矛盾运动的平衡机制,通过供求关系变化而影响各市场要素的变化,最终调节整个市场运行。因此,供求机制发生作用的条件,是供求关系能够灵活地变动。这就要求:首先,供求关系背离的方向不可固定。供求关系无论是只朝着供大于求的方向背离,还是只朝着供小于求的方向背离,都不利于供求机制发挥作用。其次,供求关系背离的时间应该是短期的,不宜过长。较长时间的背离会使价格、利率等市场要素扭曲,从而使供求机制难以奏效。再次,供求关系背离的程度不宜太大。如果背离的程度太大,供求机制就不可能通过它发挥调节作用。最后,供求关系背离的强度不能太高,不应该是刚性的,即不应是不可逆性的,而应该是有弹性的。如果背离不可逆,形成为硬化,供求机制就无法发生作用。由此可见,供求机制要充分发挥作用,供求关系的背离在方向上就应该是灵活的,在时间上、程度上和强度上就应该是适当的。所以,我们不能人为地使供求关系固定化。虽然我们从总体上是追求供求关系的大体平衡,但这种平衡是通过无数的不平衡来实现的。只有供求不平衡的不断发生,才能形成趋势的平衡,为市场机制的运行创造条件。因此,完善供求机制的关键,是使供求关系灵活地变动。

第三节　市场机制发挥作用的条件

我们在上面分析市场机制的作用时,曾附带地在有些地方简要地谈到了市场机制发挥作用所需要的某些条件。现在我们要专门说明这个问题。从市场活动本身来看,市场机制发挥作用所必需的市场条件是:市场体系健全、市场机制完善、买方市场形成。

一、完善市场体系

市场机制作为由各种市场因素所形成的一个有机的体系，它的运行需要有一个广泛的、多层次的、多方面的市场系统。其中包括生产资料市场、金融市场、“劳务市场”、消费品市场、智力商品市场和房地产市场。但我国目前的市场体系极不健全，基本上还停留在单一的物质产品市场阶段，即使物质产品市场也很不完善：一部分生产资料还未纳入市场；许多商品价格仍由国家直接规定，生产者和消费者对价格的反应极不灵敏；商品在各地区之间的流通还受到许多限制，市场竞争也不够充分，等等。在这种残缺不全的市场体系下，构成市场机制的诸因素之间彼此割裂、互相抵触，不仅不能协调配合，而且还会发生逆调作用，因此，我们必须尽快完善市场体系。

（一）进一步发展生产资料市场

1. 完善生产资料市场的重要意义

进一步发展生产资料市场是完善市场体系的重点。首先，生产资料是创造社会物质财富的重要基础，企业只有在市场上买到自己所需要的各种生产资料，才能真正作为相对独立的商品生产者和经营者出现。这表明生产资料进入市场是破除传统体制的关键。其次，完善生产资料市场能够为企业平等竞争提供前提条件。在没有生产资料市场的条件下，生产资料分配只能采取纵向的实物配给调拨制，这就使一些企业可以全部或部分地获得平价供应的生产资料，而有一些企业则不能获得，从而使企业之间形成了生产资料成本上的不平等。特别是在生产资料不纳入市场的条件下，生产资料间的差价和生产资料与其他产品的比价不能随着变化了的供求关系而得到调整，以致使许多企业由于生产资料价格不合理而苦乐不均，并且也造成了原材料生产企业和加工企业之间的竞争条件的不平等。因此，只有在生产资料通过市场分配的条件下，企业间竞争才有可能真正达到平等。再次，生产资料市场是提高生产资料利用率的最有效手段，比我们过去那种计划配给制要优越得多：(1)在生产资料市场上，生产资料必然要分配给那些经济效益高的企业。因为，市场是以价格为尺度来分配生产资料的，谁出价高就分配给谁，而在正常情况下，出价高的企业一般都是经济效益较高的。例如，如果一个企业愿意以每吨80元的价格进煤，那说明每吨煤的投入所带来的收入一定至少不低于80元；如果一个企业不敢出80元买进一吨煤，那说明它用每吨煤所创造的收入不会高于80元。(2)在生产资料供求缺口大的情况下，市场分配生产资料能够使那些效益高的大企业通过高价把生产资料夺过来，而那些小而劣的企业就会自行淘汰，甚至根本不会出现，无须国家下任何"关、停、并、转"的命令。(3)市场分配生产资料可以形成企业之间的有效竞争。靠市场分配生产资料，竞争表现为先进企业对后进企业的争夺，其结果是保证生产资料可投入到效益最高的企业；相反，如果生产资料是配给制，那么竞争就表现为落后企业对先进企业的争夺，其结果往往是宝贵的生产资料浪费于效益差的企业。显然，前一种生产资料分配办法比后一种要好得多。

2. 完善生产资料市场的措施

进一步发展生产资料市场的关键，是搞好生产资料价格体系的改革。在这方面，我们应该采取稳妥的办法，实行放、调结合的方针，逐步把生产资料价格理顺。除此之外，我们必须尽快改革现有的物资供应体制。这包括：(1)逐年减少国家分配调拨物资的数量，最后应做到除极少数特殊重点工程所需要的重要生产资料仍由物资部门保证供应外，其余生产资料(包括进口物资)一律投放市场，任何企业都可以自行选购。(2)即使是由物资部门保证供应的重点工程所需要的生产资料，也要采取形式上计划供应，而实质上按市场价格规律办事的原则。也就是说，在保证计划供应的前提下，要按照当时市场供求状况，适当调整价格，使供应价格大致上接近于市场价格。这样既保证了重点工程，又使重点工程受到价格的压力，尽量降低消耗，千方百计地提高效益。(3)物资部门企业化，把物资企业的经营状况和它们自身的经济利益联系起来，提高物资部门参与市场活动的主动性和积极性，同集体、个体商业开展有效的竞争，扩大经营，薄利多销，提高效益。(4)物资部门要利用自己在资金、设施、人才等方面的优势，通过大批量的生产资料购销活动，发挥吞吐调剂、平抑物价和稳定市场的作用。(5)坚决打破对市场的条块分割和地区封锁，让企业能自由进货、自由运销，各地政府和物管部门不得为保护本地落后企业而阻止外地价廉物美的生产资料商品流入，也不得阻止本地生产资料商品流出。(6)采取鼓励性政策，大力发展多样化的生产资料市场以及与生产资料流通有关的各类服务业，从各方面创造条件，让集体、个体商业参与生产资料流通，并在生产资料批发和零售市场上发挥积极作用。

在搞好物资管理体制的同时，还要建立健全生产资料市场所必需的基础设施和有关法令。例如，建立生产资料贸易中心，制定保证生产资料市场的竞争和交易能正常进行的法令，在生产资料市场上办商业信用、商业票据贴现、供销合同签证等有关业务事项，等等。

(二)建立“劳务市场”

1. 建立“劳务市场”的重要意义

在这里需要首先指出的是：在社会主义公有制经济中，劳动者是企业和生产的主人，他们的劳动力并不是商品，因此，社会主义条件下并不存在本来意义上的劳动力市场。但从搞活经济的需要来看，应允许劳动力有所流动。这种流动的渠道和纽带，暂时还没有一个适当的范畴加以概括，姑且借用“劳务市场”这一习惯性概念来表示。“劳务市场”只是就业和劳动力流动的形式，并不具备劳动力转化为商品的实质。

在社会主义商品经济条件下，劳动力不是商品，但并不意味着社会主义商品经济不需要一个适当规模的“劳务市场”。社会主义商品经济在决定劳动力不是商品的同时，又要求有一个“劳务市场”与之相适应。在社会主义商品经济条件下，企业作为相对独立的生产者和经营者，要根据市场供求状况决定自己的生产方向和规模，确定生产的扩大、缩小和转移，因此，企业必然要求能够随着自己的生产方向和规模的变化，及时变动本企业的技术人员和工人的数量，更换具有不同技能的技术员和工人，以适应自己生产方向和规模的变化。企业的这些要求,需要通过"劳务市场"来满足。

"劳务市场"不仅能很好地适应企业对技术人员和工人的需求变化,而且还可以把劳动者放到他们能作出最大贡献的工作岗位上。因为劳动者的工作适合劳动者本身的要求和专长,同提高劳动者的报酬一样,是推动劳动者努力工作的重要动力。同时,"劳务市场"还能为教育和劳动培训机构发出明确的信号,让它们及时了解各个时期生产对劳动者的详细需求情况,以保证劳动力的正常供给。

另外,从我国现阶段的生产力发展状况来看,我国正处于从较低程度的社会分工向细分化社会分工转化的过程中,生产规模的不断变化,各个部门发展速度和比例的不平衡性,资金有机构成的提高,新兴部门的发展,以及地区性开发和城市工业与乡镇企业的联合,都会引起社会对劳动力在数量的需求和质的构成方面的变动,从而客观上要求有一个能使劳动力不断迅速地流动的"劳务市场"。

2."劳务市场"的形式

"劳务市场"可以采取多种形式,如聘请制、招募制、考试制、合同制等。其主要原则应该是:(1)个人有选择职业的自由,安排工作首先要尊重本人的志愿。(2)企业有用人自主权,择优录取,择劣淘汰,上级机关和劳动部门不能硬性分配。(3)企业可以决定自己招收多少和招收什么种类的职工,有权辞退游手好闲或玩忽职守的职工,也有权辞退或拒接生产上不需要的职工。(4)随着情况变化,允许劳动者在地区、单位之间合理流动。(5)废除终身制,打破"铁饭碗"。

3.实行"劳务市场"的条件

实行"劳务市场",首先要解决认识问题。有人认为,社会主义是公有制,劳动力不是商品,人人都有同公有的生产资料相结合的权利,因此实行"劳务市场"不符合社会主义原则。我们认为这种看法是欠妥的。这里有两个问题要澄清:第一,在生产资料公有制条件下,每个劳动者在生产资料占有关系上都是平等的,任何劳动者都有就业权,这是无疑问的。现在的问题是,在平等地占有生产资料的条件下,劳动者如何就业,国家按什么原则安排就业,以什么尺度来衡量应在哪个企业就业和就什么样的业。我们认为,这里只能是这样一个原则和尺度,即:劳动者按能力就业,企业按能力录用劳动者。除此之外的其他任何原则和尺度都不符合人们在生产资料占有上的平等权的要求。建立和健全“劳务市场”,人们通过这种“市场”按自己的能力就业,不涉及违反公有制的要求问题,正如建立生产资料市场并不违反生产资料公有制一样。公有制并不要求高能者低就业、低能者高就业。第二,通过“劳务市场”的形式就业,并不表明劳动力成了商品。劳动力是不是商品,关键是要看生产资料的所有制形式,要看劳动者在生产中的地位和他们所获得的工资是不是自己劳动力价值的转化形式,劳动者所创造的利润是不是被他人私自占有。在社会主义公有制下,劳动者是社会的主人,也是企业和生产的主人,劳动者所创造的利润不会为他人私自占有,工资也不是劳动力价值的转化形式,因此,不能因为实行“劳务市场”,就认为劳动力成了商品。在这里,“劳务市场”是适应习惯的和流行的用语讲的,它实际上指的是劳动力或人才流动的中心、渠道、机制。这种“市场”只是就业形式,不是劳动力转化为商品的条件。

除了澄清认识上的问题外,还要正确对待和解决在实行“劳务市场”过程中出现的实际问题。建立“劳务市场”可能会使一些人就业困难,造成某些浪费,但是这样的浪费同我们现在的就业制度所造成的浪费相比较,无疑要小一些。现在的就业制度实际上是把待业人员从家里搬到了企业,既不利于管理人员充分发挥职工的生产潜力,提高劳动生产率,又不利于促进待业人员努力学习劳动技能,主动创造就业机会。当然,对于实际问题,社会要尽可能妥善解决,例如对停业人员的生活要做适当安排,要建立相应的社会保障制度,要为劳动者再就业创造良好的学习条件等。

(三)开放金融市场

1. 开放金融市场的意义

商品经济再生产过程中的实物周转与资金周转是相互联系但又相互

矛盾的有机统一体。也就是说，这两种相互统一的周转在实际运行中往往产生时空上的不一致性，特别是在社会分工和生产专业化程度较高的情况下，随着各种不同产品的生产周期差异度的加大，以及资金投入、产品销售、资金回收之间的不同步性的增加，再加之生产和消费之间的时空矛盾的发展，使得资金分布的动态不均衡性和实物周转与资金周转的分离日益增强，这就使得每个企业随着自己生产的扩张、收缩和转向，都相应地要求能够迅速地从市场上获得资金，或向市场排出资金。因此，金融市场对整个国民经济的有序运行具有全局的意义。首先，如果没有金融市场，信贷资金仍然全部由国家直接统一掌握，那么企业就不可能真正具有对资金的筹集和运用权力，当然也就没有对生产要素的选择和运用权力，这就使企业的生产和经营活动不可能真正放开，自主经营、自负盈亏的经营责任制也难以建立起来，从而使增强企业活力成为一句空话。其次，没有金融市场，整个经济活动缺少能够有效地从社会各个角落中吸收游资和闲置资金，并根据货币供求状况在各部门间重新分配资金的机制，其结果必然是既妨碍我国的生产社会化进程和经济效益的提高，又妨碍市场机制正常发挥功能，直接或间接地导致资金总需求居高不下，而大量货币资金又沉淀闲置的不正常现象。这样，花了钱却得不到实现现代化所需要的经济发展基础。最后，没有金融市场，专业银行就不可能企业化，中央银行也不可能通过存款准备金制度、规定再贴现率和公开市场业务等政策手段，调节市场货币流通量，实现对国民经济的宏观调节。总之，开放金融市场势在必行。

2. 开放金融市场的措施

开放金融市场需要做好以下三方面的工作。首先，加快银行体制的改革。主要包括：专业银行企业化，使银行经营活动和银行自身经济利益挂钩，提高银行参与市场活动的主动性和积极性；银行有权按照行业和地区发展规划，根据企业的资金和经营活动状况，自主地发放贷款；实行存款贷款挂钩制度，银行多吸收存款，就可以多发放贷款，并享受、承担相应的利益和风险；逐步取消对利息率的限制，使利率根据资金供求状况的变化而上下浮动；扩大银行的业务范围，例如，银行可以开办票据贴现、抵押贷款、信托投资等项业务，也可以为企业代理发行股票、债券，并办理证券转让等；在条件允许的情况下，银行之间可以相互进行资金拆借。其次，开展多渠道、多层次、多形式的资金运动，进一步发展和完善短期资金市场，并积极创造条件，逐步形成长期资金市场。其中主要包括：在国家宏观要求允许的范围内，发展多种形式的社会集资活动以及地方性、行业性或集体性的投资活动；在各种法规和制度健全的条件下，也可以适当开展一些有效的民间借贷活动；建立健全社会保险制度，不断吸收保险基金参加中长期投资活动；随着利用外资的逐步增加，可以考虑允许外资银行开展某些业务。最后，建立金融市场运行的基础设施。其中包括：创建股票、债券、票据等各种金融工具；逐步发展多种金融机构，建立起一个多层次、多形式的金融机构体系；成立管理金融市场的专业性机构，建立和完善有关法规；等等。

（四）建立智力商品市场

1. 建立智力商品市场的重要性

在有计划的商品经济条件下，企业竞争的一个重要方面是技术、信息等智力型竞争。这就使各单位都产生了一种不断改进技术和获取信息的内在动力，对技术成果和信息等智力产品的需求量越来越大、越来越迫切。但在商品经济条件下，任何经济单位都不能无偿使用技术和信息，而必须按照等价交换的原则向技术和信息的生产者购买，这样就使技术和信息成了一种特殊的商品，即智力商品，从而产生了开放智力商品市场的必然性。

2. 智力商品市场的内容

智力商品市场主要由部分市场活动组成：一个是包括技术承包、技术咨询、技术服务、有偿转让技术成果等多种形式的技术贸易活动；另一个是包括信息服务、信息咨询、信息转让等多种形式的信息贸易活动。智力商品市场可以促进科学技术研究成果和经济信息付诸应用，促进企业的技术改造和技术革新，提高企业决策的科学性，保证国民经济的良性循环。

3. 如何发展智力商品市场

发展智力商品市场,应注意以下三个问题:首先,制定好保证智力商品市场正常运行的有关法令,包括制定专利法、技术转让有偿合同法等。其次,掌握好智力商品的市场价格。智力商品的价格不能简单地套用产品成本加一定利润率的定价方法,而是应由买卖双方根据其所能带来的经济效益的大小协商。但是由于智力商品很难形成买方市场,往往会出现要价过高的现象,所以应注意及时纠正。最后,建立健全智力商品市场所需要的基础设施,包括建立和健全技术中心、技术咨询站、信息公司、信息中心、信息咨询站等智力商品流通机构。

(五)建立房地产市场

1. 地产市场的必要性

我国的城市土地属于国有,农村土地属于集体所有,不能自由买卖,不是典型商品。但是由于土地是生产赖于立足之上的重要生产资料,所以,在有计划的商品经济条件下,土地的征用和使用,以及土地的经营权和使用权的转移,都必然要赋予土地以价格形式,要考虑级差地租,实行有偿的原则。这样做有利于节约使用土地,避免乱占滥用不良现象的发生;有利于合理使用土地,达到地尽其力;也有利于对土地进行投资,实行内涵扩大再生产,保护最重要的生产资源。因此,我们必须建立城乡地产市场,拉开租金差距,使之真实反映不同地区、不同地段的土地在经济效用上的巨大差别,以促进城乡土地的充分合理利用。

2. 房产市场的必要性

住宅商品化是建筑产品商品化的必然结果。随着住宅商品化规模的日益扩大,需要建立住宅商品市场,以利于住宅的购买和产权转让。近几年,有的地方逐步扩大商品化住宅的数量,或者按照建筑成本和折旧计算房租,使房产市场初见端倪,初收成效,应该继续探索,发展下去。

二 完善市场格局

(一)何谓市场格局

市场格局是市场机制能否正常发挥作用的一个重要条件。所谓市场格局,就是指买卖双方何者在交换活动中处于主导地位,供给与需求在交换活动中哪方处于优势地位。大家知道,市场作为买卖双方交换产品及劳务的经济过程,其活动主体必然包括买方和卖方。虽然如此,但在不同的市场条件下,它们的地位却是不同的,这就使得市场具有不同的格局。主要有两种:一种是以承认买方主权为前提的总供给略大于总需求的买方型市场格局;另一种是买方主权受到损害的总需求过分大于总供给的卖方型市场格局。

(二)卖方市场效应

在卖方型市场格局条件下,市场机制难以正常发挥作用,社会经济效益和宏观控制效益都很差。因为,第一,在严重供不应求的卖方型市场格局条件下,商品的市场价值要由劣等生产条件下的单位商品的个别价值来调节,正像马克思所说的那样:"如果需求非常强烈,以致当价格由最坏条件下生产的商品的价值来调节时也不降低,那么,这种在最坏条件下生产的商品就决定市场价值。"①在这种情况下,不仅那些优等和中等生产条件下的生产者可以获得较多的经济利益,而且就连劣等生产条件下的生产者的劳动耗费都能得到补偿,经济利益也不会受损失,这就使得生产者失去了改善经营管理和采用先进技术的动力和压力,失去了努力降低劳动消耗的主动性和积极性,从而阻碍了经济效益的提高。第二,卖方市场的过度需求会使价格、利率等市场信号严重扭曲,并造成严重的分配不合理和苦乐不均状况,结果是国家无法利用市场机制进行宏观控制,宏观控制效益极差。

---

① 《马克思恩格斯全集》第 25 卷,人民出版社 1974 年版,第 200 页。

（三）买方市场效应

与卖方型市场格局不同，买方型市场格局对于促进经济效益和宏观控制效益的提高具有很大的作用。首先，在买方型市场格局条件下，商品的市场价值在一般情况下是由中等生产条件调节的，在供给异常地超过需求的情况下，是由优等生产条件来调节的，这就使那些个别价值高于市场价值的生产者的一部分劳动耗费，得不到社会承认，其经济利益受到损失，从而使商品生产者在经济利益机制作用下，必然努力改善经营管理，积极采用先进技术和先进生产方法，尽力提高经济效益。其次，在买方型市场条件下，各种市场信号基本趋于正常，它们既能准确地为宏观控制导向，又能使宏观控制措施通过它们而调节企业经营活动，保证整个国民经济的平衡发展。因此，我们所需要的是买方型市场格局。

（四）实现买方市场的途径

如何使市场格局成为买方型市场格局呢？主要有两个途径。第一，控制需求。其中包括：严格控制货币发行量，以防止过度货币发行造成社会需求增长速度超过商品可供量的增长速度；反对搞超越劳动生产率提高程度的早熟消费，以防止消费基金增长过猛而引起需求膨胀；把国民经济发展速度适当地限制在一定范围内，以防止过快的速度使市场绷得太紧；控制基建规模，以防止投资基金的增长给市场带来超常的压力；坚决防止国民收入超分配，以防止需求长期居高不下。第二，指导供给。其中包括：通过各种政策措施特别是产业政策来调整生产结构，抑“长线”而拉“短线”，改善资源的地区配置，提高规模效益；有重点地协调发展国民经济，防止因片面发展重工业和加工能力而引起国民经济失衡；重视经济效益而反对不切实际的盲目冒进，把生产发展建立在效益的基础上；搞好内涵性扩大再生产，通过提高投入产出率来增加生产，改变靠增加投入，靠外延扩大再生产而增加产量的方针；通过利用国际分工、参与国际竞争、提高国内产业出口创汇能力等措施而促进生产的发展，绝不能依靠进口替代来增加供给。总之，我们应该在严格控制需求的同时，注意指导供给，从需求和供给两个方面协调市场买方和卖方的关系，保持买方市场的态势，以使市场机制能正常地发挥作用。

三、完善市场体制

（一）完善市场体制的重要性

市场机制充分发挥作用的一般前提是市场活动正常化。如果市场处于紊乱的无序状态，那么市场机制就无法有效地发挥作用。这就要求我们必须完善市场体制。市场体制也就是市场自身的管理和组织体制。市场作为商品交换的场所和商品交换关系的实现枢纽，即使在社会主义条件下，也需要通过各种管理组织和管理手段来调整市场上各方面的经济关系，处理市场上的各种经济矛盾，解决市场上的各种经济纠纷，维护合法的市场活动和保护各方面的合理市场利益，以保证市场活动的正常进行。社会主义市场的各种管理组织形式和手段的有机结合，构成了社会主义的市场体制。也就是说，社会主义市场体制包括市场管理的组织系统和市场管理的手段体系。

（二）市场管理组织系统的内容

市场管理的组织系统同市场调节的组织系统不同，后者是宏观控制机制的操作系统，主要功能是按照预期的宏观经济发展目标调节市场机制运行，最终实现对整个国民经济的宏观控制；而前者则是市场自身活动的管理系统，其主要功能是保证市场活动的规范化。市场管理的组织系统主要由三类市场管理机构组成：第一类是国家设置的专门市场交易活动管理机构，其中包括政府的有关职能部门、政法系统的有关机构、检查系统的有关部门，以及统计、审计、财政、税收、工商、银行、物价等有关管理机构；第二类是市场流通物资的技术管理机构，主要包括计量、测试、质量管理、物价、环卫保护等有关管理机构；第三类是社会性和群众性的管理机构，其中包括质量监督协会、消费者协会等民间性监督组织。由上述三类管理机构所组成的市场管理组织系统急需解决的问题是：首先，搞好各组织机构之间的分工，加强统一协调，以防止出现无人问津的“真空”，造成市场运行的紊乱。其次，加强和充实各组织机构的人力，并提高各组织机构人员的市场应变能力和管理水平，特别是应使他们掌握市场运行知识，增强市场控制能力。最后，考虑到市场的复杂性、多变性和不透明性，还要为市场管理的各组织机构提供相应的技术手段，以加强管理的科学性，防止盲目性。

（三）市场管理手段体系的内容

市场管理的手段体系与市场调节的手段体系不同，后者是调节市场机制运行方向，使市场机制运行符合预期宏观发展目标要求的宏观调节机制，属于宏观控制机理的范畴；而前者则主要是使市场过程本身正常化，为市场调节手段调节市场机制运行提供前提条件，属于市场的自组织范畴。市场管理的手段体系是一个包括多种市场管理手段的综合体。其中主要有：

第一，政策和法律手段。政策手段是指以经济利益为内容而以行政强制为形式的市场政策，例如市场物价政策、市场税收政策、关税政策等等。法律手段是指以经济规范为内容、以法律强制为形式的市场法规，例如市场管理法、工商管理法、竞争法等。在运用政策手段和法律手段管理市场方面，当前主要有两个问题急需解决：首先，不少市场政策和市场法规不健全、不完善，其中有些已经过时，不能适应市场运行的需要，急需充实和修改；其次，市场政策贯彻不力和执法不严的现象极为普遍，往往是你有你的政策，我有我的对策，这就要求必须加强市场政策观念和尽快健全市场法制。

第二，财政和银行手段。财政和银行是代表国家从社会利益的角度出发，利用价值形式对市场的经营活动、买卖关系进行管理监督。财政在参与国民收入的分配和再分配过程中，同市场购销活动有紧密的联系，因而可以通过国家与企业之间的缴、拨款活动，特别是通过对市场活动的拨款业务的管理，实现对财政资金的市场活动进行管理和监督，从而实现对市场的管理和监督。银行是全国资金活动的总枢纽,任何单位的市场经销活动都要以货币形式表现在银行账簿上,银行利用自己的这种特殊地位和作用,可以通过信贷、结算和现金管理等业务,对市场经销活动中所需要的信贷资金及市场货币流通状况进行管理和监督,以实现对市场的管理和监督。但是,目前财政和银行还没有能充分发挥对市场的管理和监督作用,其主要原因是财政和银行体制还不适应现在的市场活动。例如,我国的财政目前仍然是偏重于聚财和分财,还没有把对市场经销活动的监督和管理列入主要议事日程。因此,财政和银行能否对市场起到很好的监督管理作用的关键,是要搞好财政和银行的体制改革。

第三,行政手段。行政手段主要包括城乡市场具体业务管理、工商企业开业登记管理、商标管理和经济合同管理等。市场行政管理是非常必要的。城乡市场具体业务管理可以保护合法经营,制止不正当交易,促进竞争而消除垄断,维护市场的公平性;工商企业开业登记管理可以把那些不具备经营条件的企业堵隔于市场活动以外,以免它们进入市场后搞非法经营,扰乱市场秩序;商标管理非常有利于监督商品质量,维护消费者利益,使市场竞争规范化;经济合同管理可以保证经济合同的履行,维护当事人双方的正当权益和义务,调解仲裁纠纷,保证市场效益和促进市场的稳定化。但是,目前市场行政管理仍然是一个薄弱环节,各种管理制度都很不完善。例如,商标管理存在许多问题:有的非法仿制已注册的商标;有的乱用注册商标,以假充真;有的冒充名牌,有的使用未经批准的或已废止的商标;有的没有商标,优质产品无从鉴别,消费者选购失去依据。因此,要加强市场行政管理,就必须尽快制定和完善各种市场行政管理制度,以使行政管理能起到应有的作用。

第五章

计划与计划机制的导向

上章所分析的市场机制,需要有计划机制的调节和导向。计划机制对市场机制的调节和导向,构成了国家调节市场的主要内容和过程。因此,计划机制是“国家调节市场、市场引导企业”这个社会主义经济运行总体机制的最高构成层次。对于计划及计划机制导向的分析,是本书的重点内容。

第一节　计划机制导向的内在必然性

上章我们着重分析了市场机制的功能及其发挥作用所需要的条件,并指出了我们应如何去满足这些条件。但这绝不是说我们要放弃计划机制,单纯地依靠市场机制,允许市场机制放任自流。恰恰相反,我们认为市场机制是绝不能放任自流的,它需要有计划机制的调节和导向。这主要是由下述两个方面的原因决定的。

一、市场机制本身的缺陷

(一)市场机制与全局平衡

受市场机制作用的企业,不可能事先洞察国民经济全局,从国民经济综合平衡的角度安排自己的活动,而是可能自发地作出背离宏观计划目标和社会利益的决策。这主要表现在:(1)企业以利润为目的的微观选择,偏离满足社会需要的社会主义生产目的。例如,有的企业为了获得更多的利润,弄虚作假,变相涨价,损害消费者利益;有的企业只顾自己眼前利益,不顾社会利益和长远利益,乱采滥用资源,污染环境,破坏生态平衡,等等。(2)企业微观分配决策偏离宏观分配结构。这有两种情况:一种情况是企业的消费基金发放过多,挤了生产基金,造成宏观上的积累和消费比例失调,出现产品严重供不应求,以致引起通货膨胀;另一种情况是企业的生产资金留得过大,挤了消费基金,造成宏观分配结构的失调,导致生产严重超过需求,生产的商品卖不掉,企业为了维持资金周转,极力增加贷款,从而带来了整个社会的信用膨胀。(3)企业的生产规模和方向偏离社会生产的内在比例要求。例如,某种商品短缺时,许多企业盲目地一哄而上,当投资形成生产力后,才发现市场上的该种产品已严重地供过于求,结果是产品过剩,生产开工不足,造成极大浪费,竞争条件和能力差的企业,甚至会出现破产的情况,以致使两大部类及部类内的比例失调,其结果是社会效益极为低下。

(二)市场机制作用的局限性

市场机制的作用并不是万能的,它的调节作用对某些商品及劳务的生产,是很微弱的,甚至无法起调节作用。这些商品及劳务有:(1)因受国力限制而无法随价格的提高而增加供给的商品。例如,我国的原材料、能源、交通运输等短线商品及劳务,即使再提高价格,拉大价格向上背离价值的程度,在短期内也不可能弥补上来。(2)生产中要耗费大量多种稀缺资源的商品。因为要增加使用稀缺资源的商品在市场上的供给,就要增加这些稀缺资源的需求,而稀缺资源供给并不可能在短期内就增加,这就大大限制了这种商品对价格的反应能力,价格的提高难以刺激它的供给。(3)生产周期长和生产中所需技术装备规模大的商品。因为这种商品的供应,是难以在短期内增加的,虽然价格已发出了这些商品供不应求的信息,但是供给不可能马上对价格信息作出反应。总之,对上述产品的生产活动,市场机制已在一定程度上丧失了调节作用,因而不管我们主观上愿意不愿意,要使这些产品的生产活动得到调节,就非要计划机制参与不可。如果我们无视这一点,不加分析地片面强调市场机制的作用,那就势必会造成经济活动的紊乱。

(三)市场机制与整体利益

市场机制是以承认企业局部利益为出发点的经济联系,它是局部利益的汇合,它给企业和国家提供或反馈的信息在时间上是短期的,在空间上是局部的,因此,单纯的市场机制运行很难统观全局,瞻前顾后,不能自动地实现预期的计划目标。应该清楚地看到,市场机制虽然有自动调节社会生产和社会需要平衡的功能,但是当市场机制的调节功能出现紊乱的时候,单纯依靠市场机制来恢复平衡,需要经过长期的波动并伴有社会劳动的巨大浪费。如果说单纯的市场机制能自动调节社会生产和社会需要的平衡,那是从最终意义上说的,是经过长期自发波动并伴有不同程度的紊乱的结果。正因为如此,计划经济必须对市场机制的运行进行导向,将计划目标的要求贯彻到市场机制的运行中。

(四)市场机制与垄断

市场机制自发运行时,难免会出现垄断。在垄断条件下,市场机制的积极功能必然会被限制。

这里需要指出的是,市场机制调节虽然体现价值规律的调节,但不完全等于价值规律的调节。价值规律调节是从价值规律作用的最终意义上说的。也就是说,价值规律作用包含价格背离价值并最后趋向价值的过程,价值规律调节是指价格与价值趋向一致时起的调节作用,它不是专指价格背离价值时的调节作用。而市场机制调节则是指市场价格的每一波动都会调节生产的扩大或缩小,而不管起调节作用的价格是否同价值一致,也不管生产的扩大或缩小是否符合社会需要。因此,在社会主义商品经济中要考虑两点:一是市场机制调节是实现价值规律调节的必要过程。二是既然市场机制调节与价值规律调节有别,而价值规律是在一定程度和一定范围内调节社会主义生产,那么,社会主义经济就更不能从宏观到微观完全地让市场机制去单独调节。

由此可见,市场机制本身的缺陷决定了市场机制不能自由放任。需要给市场机制的运行导向,将计划目标贯彻到市场机制的运行中去,并要自觉地克服其盲目性,同时也防止垄断的出现。也就是说,计划机制必须要调节市场机制,使市场机制成为被人们自觉驾驭的经济过程。

二、社会主义经济的属性及现实

(一)计划经济与计划导向

社会主义要实行计划经济。不仅社会主义经济关系的建立和实现都是有计划的自觉行动,而且社会主义经济关系就其本质规定来说,也是以各种经济活动的自觉性和计划联系为特征的。社会主义经济的整个运行在宏观上完全是有计划的。计划经济,体现着以生产资料公有制为基础并同有计划按比例发展规律要求相适应的社会主义经济的内在联系,也体现着社会主义经济运行机制作用的原则和方向。尽管我们要充分地利用市场机制的调节功能,但社会主义国民经济各部门之间的比例协调,生产和需要的相互适应,总供给与总需求的平衡,以及经济发展目标的实现等,总体上都是通过计划调节实现的,而不是通过自发过程或者经济危机的盲目强制达到的。现阶段的计划经济,处于要充分发挥市场机制作用的有计划商品经济阶段,也可以说是借助于商品经济所特有的市场机制而实现计划的初级计划经济阶段,因而计划不可能通过直接地强制下达给企业并由企业全部完成的方式来实现，而只能是借助于充分利用市场机制，把计划导入市场机制的运行过程，通过市场机制的作用而有弹性地实现。这表明，正是因为在现阶段的商品经济条件下，市场机制的充分作用使得计划不可能通过直接的形式而实现，所以才需要通过计划机制调节市场机制而间接地贯彻计划的意图，以保证国民经济的有计划发展。因此，计划机制调节市场机制的必要性，就在于计划机制能够在市场机制充分作用的条件下，将计划目标贯彻到市场机制的运行中，使市场机制为计划经济服务，最终使市场机制运行成为被人们自觉驾驭的经济过程。

（二）计划机制与现代化

社会主义的根本任务和我国的基本国情以及国际环境等方面的因素，决定了我国经济发展在现阶段的核心任务是推进整个国民经济的现代化，把传统工业部门占主导地位的不发达国民经济体系，转变为现代产业占绝对优势的现代化国民经济体系。因而经济发展的目标，就不应只局限于满足当前已形成的市场需求，而应当在重视市场有效需求的引导作用和充分发挥市场需求对经济发展的拉动力的同时，重视计划机制在国民经济现代化中的主导作用，通过计划实现经济发展的长远目标。特别是应该清楚地看到，市场机制是以企业局部利益为出发点的经济联系，它是局部利益的汇合。如前所述，它给企业和国家提供的或反馈的信息在时间上是短期的，在空间上是局部的，因而很难统观全局、瞻前顾后。如果没有体现国家经济社会发展战略目标的计划的调节，是不可能很好地实现国民经济现代化的。

（三）计划机制与有效供给

我国经济发展水平同那些处于世界经济发展前沿的先进工业国相比，还是很落后的，可以说，我国的经济发展现在还处于“追赶阶段”。这就决定了我们的经济发展不可能走那种通过市场机制的随机作用而把一般供给逐渐转化为有效供给的道路，因为仅靠市场机制的作用实现有效供给,需旷日持久。对我们这样一个处于国际竞争日益尖锐、国内提高生活水平的期望日益高涨的压力下的国家来说,是不可能获得那么多的时间的。唯一能够选择的途径,是通过体现发展计划要求的计划机制的作用,使生产直接形成有效的供给或缩短形成有效供给的时间。例如,许多重要产品的型号的发展和工艺技术的创新,应当注重计划的指导,可以通过借鉴和集中研究的方式事先加以确定,不必要都从头经过市场的筛选,耗费很长的时间和付出巨大的代价。

(四)计划机制与结构优化

在现阶段条件下,国民经济的高效益快速发展,只有在现代产业占绝对优势并且各产业、各部门协调增长的条件下才能实现。这就要求社会生产必须在规模和结构两个方面不断适应社会需求的动态演变,以促进国民经济结构的优化。但我们要快速地实现这一点,仅靠纯粹的市场机制调节是不可能的。因为市场机制在左右长期生产规模和结构方面的功能有限,并且,我国的市场关系,要发展到可以积聚巨额资金、建设能够影响国民经济结构优化的重要项目的程度,需要很长时间。如果把经济发展的长期结构交给纯粹的市场机制,那就只会加剧结构性矛盾,造成以加工工业过速发展为标志的暂时繁荣,埋下基础设施、基础工业日益短缺的隐患,发展到一定程度,就会使经济建设遇到巨大的困难。因此,有效的途径是由国家集中统一计划,并通过计划机制把计划要求传导到市场,使体现计划意图的市场机制调节长期资金的配置和基本结构的协调发展。

(五)计划机制与经济效益

经济发展主要以提高经济效益为核心,在供给不断跟上需求的过程中保持适当的发展速度,为此,需要充分发挥市场机制的刺激功能。但市场机制的这种刺激功能的充分发挥,在社会主义条件下是离不开计划的。市场机制在发挥这种刺激功能时,不仅要受计划的调节,而且市场机制的形成和发育本身,也不可能是一个盲目的和自发的过程,而是需要有计划地加以实现。对于我们这样一个商品经济不发达的国家来说,这一点尤为重要。特别是在新的经济体制的建立过程中,我们面临着把产品和生产要素有计划地推入市场的繁重任务,市场机制的建立和完善,是计划的重要内容。因此,对于市场机制的完善和调节,只能通过计划机制而自觉地进行。

上述分析表明,充分利用市场机制,但同时又注重计划机制的导向,是社会主义经济运行机制的重要特点。无论是否认市场机制还是否认计划机制在社会主义经济运行中的作用的观点,都是片面的。

第二节　计划机制的导向模式

既然市场机制在社会主义经济运行中不可缺少和具有重要作用,但又不能自由放任,需要有计划机制的调节,那么这就涉及计划机制如何调节市场机制的问题,也就是人们通常所说的计划机制和市场机制如何相结合的问题。

计划机制表明生产和需要之间的自觉的经济联系,其中包括计划的制定、调节、校正、实现之间的制约关系和作用。它同市场机制是以什么样的形式结合起来的呢?对此人们的认识不尽相同。

一、“板块结合”和相互“渗透”

在近几年的讨论中,有人提出了两者是板块式结合的观点。这种观点认为,国民经济总体分为两个部分(两块):一部分是计划调节(即实行计划经济、由国家的计划调节的生产和流通部分);另一部分是市场调节(即国家不作计划的生产和流通部分,其产品由企业自产自销)。这两部分经济好像板块一样结合在一起。计划机制和市场机制的这种板块式结合,完全是一种外部结合,没有反映它们之间的内在联系,实际上仍未完全突破计划和市场相对立的理论观点。按照这种模式,计划内一块经济完全排斥市场机制调节,难以保证其经济效益的提高;计划外一块经济完全排斥计划机制导向,其盲目性难以克服。特别是两块经济之间会相互发生矛盾,不是计划外一块挤占计划内一块的原材料和市场,就是计划内一块排挤计划外一块。显然,计划和市场的这种“板块式”结合,不是建立计划经济与商品经济相结合、计划机制与市场机制有机统一的新的经济体制模式的方向。但是不可否认,在从旧体制(排斥市场机制的体制)向新体制(利用市场机制的体制)转换的过程中,这种结合方式有它存在的过渡意义。

在计划和市场结合方式上的另一种观点是相互“渗透式”结合,即:计划调节的一块考虑市场机制的要求和作用,注意利用价格、信贷利率等杠杆;市场调节的一块注意加强计划指导,重视克服其盲目性等消极现象。这种相互“渗透式”结合无疑比“板块式”结合前进了一步,计划机制和市场机制开始由外部结合变为内部结合。但是,在这种结合方式下,相互渗透的“相互”两字,意味着两者处于平行地位,这就一方面使市场机制的调节功能不能充分发挥,而另一方面计划机制与市场机制相比的高层次地位也不能显示出来。这表明,计划机制与市场机制的相互渗透式结合,也只能是过渡性形式。两者的结合方式应该向更高的形式过渡,即向符合有计划的商品经济本性的形式过渡。

二、有计划按比例发展规律和价值规律

计划机制和市场机制如何结合,其关键是看有计划按比例发展规律与价值规律是什么关系。因为前两者分别是这两个规律的作用机制。

有计划按比例发展规律的基本要求,就是马克思讲的:“劳动时间的社会的有计划的分配,调节着各种劳动职能同各种需要的适当的比例。”①可见,它同价值规律有着共同的作用方面——按比例分配社会劳

① 《马克思恩格斯全集》第23卷,人民出版社1972年版,第96页。

动。在有计划商品经济条件下,这两个规律均不能孤立地单独作用。有计划按比例发展规律中的比例是什么？显然应是各不同部门的第二含义的社会必要劳动时间的比例。在现阶段,社会必要劳动时间的比例不能直接计算和确定,必须借助价值规律的作用。另外,单纯价值规律作用的自发性,又是同社会主义经济运动的自觉性相悖的。因此,价值规律的作用,需要有计划按比例发展规律作用的配合和制约。由此可见,这两个规律的关系就是孙冶方所讲的:“两者不是相互排斥的,同时也不是两个各行其是的并行规律”,在社会主义阶段,国民经济有计划按比例发展规律必须同价值规律共同作用而实现其综合功能。我们必须以此为基础来寻求计划机制和市场机制的结合形式。

以往长期流行的观点是把这两个规律对立起来。斯大林曾经把这两个规律的作用划分为两个领域:有计划按比例发展规律在生产领域起调节作用,价值规律在流通领域保持其调节作用。这一理论被经济体制改革实践突破以后,又出现了一种新的对立论:有计划按比例发展规律在计划经济内起作用,价值规律只在计划外经济中起调节作用。这种对立论的症结在于,割裂了两个规律之间的内在联系,影响和限制两个规律结合功能的充分发挥。

当然,也不能把这两个规律混淆起来看作一个规律,或是把有计划按比例发展规律看作价值规律的形式,更不能用价值规律取代有计划按比例发展规律。价值规律和有计划按比例发展规律虽然都是按比例分配社会总劳动时间这一切社会形态共有的规律的实现形式,但它们却是性质根本不同的两个规律。其产生的条件、内容、作用和要求等都是不同的。前者是商品经济的共有规律,而后者则是社会主义经济的特有规律。

三、计划机制调节市场机制

以上对价值规律和有计划按比例发展规律关系的分析表明,在现阶段,计划机制虽然还要充分利用市场机制,并且以市场机制的充分作用为前提,但是计划机制与市场机制相比,是高层次的机制,它制约市场机制。

具体调节社会劳动分配的是市场机制，在一定意义上可以说市场机制是商品经济运行的本体机制，即商品生产和商品交换的所有经济活动都离不开市场机制。计划机制作为自觉实现经济平衡并为市场机制运行导向的有计划联系，不是独立于商品经济过程之外，而是渗入商品经济运行机制（市场机制）之中，在其中建立起计划联系。计划机制渗入市场机制的目标，就是使市场机制能被计划机制所充分利用。因此，有计划的商品经济条件下的计划机制表现为：计划机制加入市场机制的运行，并调节市场机制，使市场机制内部各个要素之间形成合乎计划目标的联系，循计划轨道运行，从而使市场机制纳入计划机制发挥功能。这时计划机制与市场机制融为一体，难舍难分，成为有计划商品经济的机制。单纯的计划机制和单纯的市场机制只是在考察时才能分开的。

由此可见，只从计划调节和市场调节之间的横向联系上，考虑计划调节和市场调节相互关系的思路，其根本的弱点在于：只注意到了市场调节与计划调节之间的现象联系，而并没有看到两者之间的内在联系。这种联系表现在：一方面，从市场机制对计划调节的作用来看，计划的制定必须以市场需求状况和对市场发展趋势的估量为依据，并且计划也只有在市场活动中经过检验和校正，才能使其缺陷与错误得到弥补和矫正，保证计划的科学性。特别是计划意图要通过市场和充分利用市场机制来贯彻，计划目标要通过市场调节过程来实现，最终在市场机制作用中达到对国民经济活动的计划调节。另一方面，从计划调节对市场调节的作用来看，计划为市场运行导向，规定市场的发展方向，克服市场在利益关系上的局限性和调节活动中的短期性行为；计划纠正市场运行偏差，使市场机制能够迅速摆脱调节功能紊乱的境地；计划机制担当市场机制功能难以达到或者作用力微弱的经济活动的调节任务；计划完善市场运行条件，为市场机制发挥积极功能提供所需要的基础。

计划调节和市场调节的上述内在联系表明，计划调节和市场调节之间应主要是一种纵向关系，而不应是层次不分的横向关系。计划调节虽然要以市场调节为基础，并且把市场机制作为运行基体，但计划调节与市场调节相比是高层次的调节机制，它从经济运行的总体方向上制约和协调市场调节过程。计划调节和市场调节的现实运行过程表现为:计划调节从纵向上渗入市场,使计划机制加入市场机制的运行并调节市场机制,在市场机制内部各要素之间形成合乎计划目标的联系,让市场机制循着计划规定的轨道运行,从而使市场机制在运行中体现和发挥计划机制的功能,最终使国民经济的运行通过市场机制而实现计划目标。计划调节和市场调节的这种活动过程,可以简要地概括为:计划调节市场,市场调节企业。由此可见,计划调节和市场调节不是同一个层次的调节机制,前者与后者相比是高层次的调节机制;计划调节和市场调节的对象也不相同,前者以市场为调节对象,后者以企业为调节对象;两者作为不同层次的调节机制,在市场运行的现实活动中,以纵向联系而紧密结合在一起,相互制约和相互作用,最终实现国民经济的有计划按比例发展。从计划调节和市场调节的这种纵向联系来看,我们认为,计划调节和市场调节关系的科学概括应该是:以计划调节为主导,以市场调节为基础。起主导作用的计划调节和作为调节基础的市场调节,在现实经济运行中融为一体,从而形成计划调节导向和约束的市场调节机制。在这里需要指出的是,从国民经济运行的总体上看,这种由计划调节引导和约束的市场调节是社会生产的主要调节形式,但也不否认在一定时期还要在一定程度上采取一些特殊的调节形式,如对某些产品和企业进行必要的直接的指令性计划调节,对某些产品和企业实行没有计划调节引导和约束的、基本上是自发的市场调节。这些特殊形式可能会因经济发展的需要而有时扩大,有时缩小,并且会在一定程度上长期存在,但社会生产的最主要调节形式是计划调节引导和约束的市场调节。

既然计划调节和市场调节的关系是计划调节市场运行,通过市场机制的充分作用而实现经济计划目标,那么接着的问题就是计划调节如何调节市场。有三种调节模式可供选择。

四、计划直接规定市场信号及其现实困难

第一,计划直接规定市场信号。在这种调节模式中,计划不是全面地

直接控制企业的市场活动,而是只直接规定市场信号,如直接规定价格、利率等。早在20世纪30年代,波兰经济学家兰格就提出了这种模式。当时,生活在西方的一批经济学家对社会主义经济的运行机制有过一场激烈的辩论。在争论中有一派意见认为,社会主义经济中没有市场,因而不能解决合理分配资源的问题。旅居西方的奥斯卡·兰格对此进行了反驳。他指出,社会主义经济中虽无自由的市场活动,但社会主义国家的中央计划机关可以通过模拟市场机制来解决合理分配资源的问题。其基本思想是,中央计划机关给企业规定两个规则:一是选择平均生产成本最小的生产方法;二是按边际成本等于产品价格的要求决定生产规模,并以此为基础而直接确定价格和利率等变量,在模拟的竞争市场上采取"错了再试"的办法,随时根据市场变化校正价格和利率,最终形成实现市场供求均衡的价格。兰格后来曾设想用电子计算机运算来模拟市场机制。兰格在30年代提出社会主义计划经济中需要市场机制(尽管是模拟的)来调节经济运行,这无疑是一个重大的理论突破。但他这一理论的弱点,正像后来奥塔·希克所批评的那样,企业的商品生产者利益关系靠电子计算机是无法协调的。

在我国经济体制改革过程中,有些同志提出了类似兰格模拟市场机制的主张:微观经济活动放开后,国家不直接规定企业生产什么和生产多少,但国家直接掌握价格和利率杠杆,随时根据需要,通过直接调整价格和利率来调节企业生产活动。现在需要考虑的是,这种模式在我国现阶段的经济条件下是否可行。对此要作具体分析。

首先必须肯定这种模式较传统模式是一个进步,它不仅突破了固定价格的框框,更重要的是试图用价格和利率等市场信号来调节生产。但它若行之有效,需要具备一系列的条件,如国家计划部门对在市场上发生作用的各种经济规律要有足够的认识,并能及时、准确地得到各种信息,等等。如果国家能科学地直接规定市场信号,那么市场关系就不仅可以客观地衡量单个商品的社会必要劳动时间,而且还可以实现从不同部门的整体来看的第二种含义的社会必要劳动时间,这就使市场机制既能起到核算社会劳动的作用,又能发挥调节社会劳动在不同部门之间按比例分配的功能。相比之下,其最主要的优点,在于它可以使市场调节发生作用。但问题是,在我国现有条件下,国家还不可能全面地和科学地直接规定价格、利率等市场信号。我国的现状是:幅员广大,交通不便,信息不灵,经济文化发展不平衡,商品经济不发达,计划管理水平低。这样,国家机关就没有能力随时根据市场变化和经济发展的要求全面地直接调整价格和利率等市场信号,更不用说通过对各种生产能力和社会需求的确切计算来直接规定价格和利率等市场信号了。如果硬要这样去做,国家岂不又要陷入繁重的日常事务,重犯限制经济活力、束缚企业手脚的错误?事实上,市场信号作为市场活动的内在机理,是无法人为地凭主观评价就能直接规定的。市场目前对我们来说,基本上还是个"黑箱"。正因为社会生产和社会需要在商品经济条件下没有直接联系,才需要通过市场信号的自动变化而建立起反馈式的间接联系;正因为社会必要劳动时间还不能确切地计算和直接分配,才需要通过价格、利率等市场信号的作用来实现。如果一切市场信号能够直接地科学规定,那岂不就可以不需要市场而能够简单地解决一切问题了吗?那我们何必还要采取利用市场机制的复杂形式呢?我们现在必须利用市场机制的现实,就说明我们现在还不可能直接地科学地规定市场信号。在这里,我们仅以利率和价格这两个市场信号为例,来对这个问题加以分析。

利率信号反映利息率和信贷资金供求之间的内在联系与相互作用的状况。利率的波动是金融企业以及所有经济主体之间开展竞争的一个重要前提。利率掌握在国家手中,一方面会使中央银行与专业银行之间的行政隶属关系不能完全割断,中央银行不能站在全局的角度,通过货币政策来调节利率的变动,从而调节投资和储蓄的规模,以实现经济的协调发展;另一方面,又使各个专业银行不能真正地建立起自主经营、自负盈亏制度,从而使专业银行之间、专业银行与工商企业之间不能进行正常的竞争。近年来,在工商企业的预算约束随着改革的进行而逐步硬化的同时,银行企业的预算约束却出现逐渐软化的事实,这就从反面印证了上面的论点。科尔奈在总结匈牙利改革的经验教训时指出,国家"对市场过程的行政干预过多过细……市场力量被频繁的行政活动所阉割是一个真正的危险”①。这一经验之谈,的确值得我们深思。

价格是市场的核心信号,其他市场信号都与它紧密相关并在很大程度上受制于它,因而人们往往主张通过直接掌握价格而直接规定整个市场信号。如果一切商品的价格都由国家统一直接规定,就会导致两个不良后果:一是一般企业都把获利的希望寄托在国家的提价上,而不是把着眼点放在改善自身的生产和经营上面,这样,企业与国家之间的“脐带”联系就不能完全割断,企业预算软化的状况就不可能得到根本的改变。二是企业之间会出现人为的苦乐不均。当国家为了刺激某种产品的发展而提高该产品的价格时,那么生产这种产品的企业就可能轻而易举地获得较多的利润;当国家为了限制某种产品的生产而降低该产品的价格时,那么生产这种产品的企业即使付出了较大的努力,也无法获得利润甚至还要亏本。这样,企业的自负盈亏制度就很难建立起来。而且,由于价格的作用具有双向性的特点,它一方面影响生产,另一方面影响消费,因此,当国家对价格进行直接调整时,价格的畸高畸低总要损害一方的利益,这样,国家就必须对受损失的一方负责,给予减免税收,让利或补贴,从而就会形成国家与企业之间的讨价还价关系。另外,价格的变动是商品供求关系的最灵敏反应,在社会经济运行比较正常的情况下,产品价格的涨落,意味着社会对该产品的供给和需求的变化,如果一切产品的价格由国家直接规定,那么国家就应当既能准确地把握各种产品的供给,又能精确地预测对各种产品的需求,但在我国目前的情况下,这一点是根本做不到的。在条件还不具备的情况下勉强去做,不但会使国家把大量的人力、时间和物力都投到对微观经济活动的具体组织和调度之中,无法腾出更多的时间和精力来研究国民经济的发展战略问题,而且还会造成市场信号的失真,给企业传递错误的信息,从而导致市场需求结构和供给结构的失调,造成巨大的损失和浪费。实践充分证明,如果市场机制不充分展开,价格的制定和调整完全由国家直接掌握,价格同生产和需要变动没有横向联系,这种价格就不但缺乏灵活性,而且更主要的是不能反映社会劳动

① 科尔奈:《国有制企业的双重依赖》,《经济研究》1985 年第 10 期。

耗费，成为主观价格和垄断价格，由这种价格信号调节经济运行所带来的破坏性，绝不比价格自由波动来得轻。

实际上，究竟哪些价格国家可以直接规定，哪些价格国家只能规定其波动范围，哪些价格应放给市场确定，从理论上说，这不应取决于人们对产品的主观评价，也不应仅仅取决于该产品在经济生活中的重要性程度，而应同时考虑人们对价值规律的认识和掌握程度。据此，大致可划这么一个杠杠：难以捉摸其所含社会必要劳动时间、掌握其供求关系状况的产品的价格，由市场机制自动决定；能大体上捉摸其所含社会必要劳动时间和可以掌握其供求关系状况的产品的价格，国家可规定其大致变化的范围，允许上下浮动，由市场机制自行校正；确实能够把握其所含社会必要劳动时间及其供求关系或关系国计民生的某些产品的价格，则可由国家直接规定。从人们目前的自觉性程度来看，国家统一定价的范围需逐步缩小。在现实经济生活中，由国家直接定价的范围，限于那些短缺的并对国计民生有重要影响的产品。在相当一部分产品严重短缺的时候，在一定的时期内，由国家规定这类产品的统一价格有它的合理性。否则，放哪种产品的价格，哪种产品的价格就会上涨。但是，我们又必须认识到，由短缺而决定的统一定价不是理想的价格体制。因国家统一规定的价格，不一定是自觉依据价值规律要求的。因此，随着供求状况的好转，这类产品的价格应逐步放开。

五、计划随机干预市场及其难点

计划随机干预市场。这种模式的主要特征是：市场活动在一般情况下全部由市场的内在机理进行自我协调，计划机制平时并不对市场活动施加任何影响，而只有当市场的自我协调难以保证市场本身和国民经济的平衡运行时，计划机制才随机干预市场活动。

这种模式放活了市场，但它却过分强调了市场的自我协调能力，忽视了计划机制对保证市场正常运行所起的重要作用。计划机制不仅为市场运行导向，规定市场的发展方向，克服市场在利益关系上的局限性和调节活动中的短期性行为，而且还可以纠正市场运行的偏差，使市场机制能够迅速地摆脱调节功能紊乱的境地。在市场还不完善的情况下，计划机制还可以完善市场运行条件，为市场机制发挥积极功能提供必需的条件。但是，在上述计划随机干预市场的模式中，计划机制的这些作用却并不能充分发挥。正因如此，这种模式存在着难以解决的问题：首先，市场活动在一般情况下没有计划机制的导向，没有计划机制的渗入和计划控制目标的约束，实际上是一种单纯的自发市场，这种单纯的自发市场本身不可能提出国民经济的发展方向和目标，也不具有克服它本身所固有的盲目性的力量，这样，还如何保证国民经济有计划按比例地平衡发展呢？其次，计划机制只有当市场运行出现失衡后才去调节市场活动，这样的经济调节过程，不是必然要伴随着经济运行的紊乱和社会劳动的巨大浪费吗？这和单纯的市场机制自发调节有什么两样呢？再次，在市场运行出现紊乱的情况下，计划机制为了尽快理顺市场关系，必然要对市场采取见效快的直接行政控制方式；并且从市场的内在机理活动来看，当计划机制平时不对市场进行必要的控制而在市场失衡后才对市场进行临时性控制时，所采取的控制方式只能是行政干预。这种临时性的行政干预，其结果必然会造成经济运行的大起大落。

六、参数调节是目标模式

计划通过参数调节市场。在这样的调节模式下，价格和利率等市场信号都是在市场供求关系变动的制约下形成的，国家并不直接规定它们，而是根据计划要求，通过自己直接掌握的市场参数调节它们，使之在市场活动中发生内部机理变化，最终输出符合计划目标要求的市场信号，对企业经营活动进行调节。在这里，计划调节向市场输入的是，保证计划预期值实现的市场参数；市场调节向各企业输出的是，在这些参数作用下经过市场内部机理变化而形成的符合计划目标要求的市场信号。例如，计划调节为了使市场输出合乎计划目标要求的价格信号，就可以对市场进行这样的参数调节：首先，国家可以通过调节财政收支或增减税收的办法，扩大或减少市场供求，进而调节市场价格；其次，中央银行通过存款准备金制度，规定再贴现率和进行公开市场业务等方式，调节市场货币流通量，通过对市场货币流通量的变动而影响市场的价格；再次，国家通过国营商业在市场上的购销活动，调节市场供求关系，进而抑制和调节市场价格；最后，国家通过直接的投资活动，影响市场供求关系，从而对市场价格施行调节作用。经过上述的参数调节，就能够使市场输出符合计划目标要求的价格信号。计划通过参数调节市场，既可以保障企业对市场的选择权，发挥经营的主动性和积极性，使国民经济充满活力，又可以使计划意图通过市场活动得到贯彻，使国民经济计划目标得以实现。

我们这里所讲的参数，可以说是经济杠杆的数量化语言，但它比经济杠杆的表述更准确、更形象，内容更丰富。总的来说，参数是指国家为了使市场输出一个预期目标值而向市场输入的可控变量，参数调节是指国家通过经济参数调节市场，而使市场输出合乎国民经济发展目标值的过程。具体来说，参数及参数调节具有以下几个特征：第一，参数的运用主体是国家的调节系统，参数是计划调节系统的输出值。第二，参数与市场活动中的其他经济变量及市场信号之间有一种函数关系，参数值的变化会引起其他经济变量和市场信号的相应变化，参数的运用过程本身同时也受到其他经济变量和市场信号变化的影响，从而反映国家所规定的参数值是否符合客观经济运行过程的要求，给国家校正参数提供信息。第三，市场本身是一个复杂的系统，它包含着错综复杂的经济过程，因此，计划对市场活动的参数调节不可能是静态的和一次完成的，而只能是依据客观经济规律进行跟踪调节，这就决定了参数本身也要随机变动。第四，参数不是单一的，而是由一系列参数构成的完整体系，其中包括主要财政性参数，如税率、税种和财政支出等；金融性参数，如中央银行货币发行量、再贴现率、存款准备金率等；物资性参数，如国家用于平抑物价的物资等；资金性参数，如国家用于调节生产结构的直接投资资金等。在这个参数体系中，每个参数都有其特点、功能、作用范围和方向，并且各种参数又相互影响和相互制约，从而会形成一种函数关系。国家运用参数不是仅仅为了实现某一个单项目标，如调节某一种价格的水平及走向，更重要的是要实现总量目标，如实现一定的价格总水平、利率总水平和工资总水平等。因此，我们必须从系统的观点出发，把参数作为一个整体去协调运用。

参数调节的具体过程是：市场介于国家与企业之间，国家利用货币发行量、中央银行利率、税收政策等经济手段调节市场，市场机制如价格、利率等在国家经济手段的调节下，其变动必然要反映国家的计划意图。正因如此，当企业接受市场机制的调节，根据市场机制的变化安排经营活动时，自然会符合国家的计划要求。由此可见，在参数调节市场机制的过程中，市场机制的输入值是诸如货币发行量、税收结构、中央银行利率等，它的输出值是价格（比价和总水平）和利率（差别利率和总水平）。调节过程不可能一次完成，国家必须根据市场机制的输出值与输入值的比较，调整调节参数，最后使市场机制的输出值合乎计划目标要求。这种根据输入值输出值的比较，调整调节参数的过程，便是尊重客观规律，使市场机制充分运行，从而使计划机制和市场机制的结合功能得以充分发挥的过程。

显然，计划对市场的这种参数调节，是计划在保障市场机制独立运行的基础上，参与对市场的调节活动。这种调节，没有割断市场信号同产品、资金和劳动力供求之间的互为因果的联系和运动，因而保证了各种市场信号的合乎规律的形成。而且，计划调节市场的参数是顺应市场规律的方向而起作用的，它们作为国家的可控变量在市场内部同其他有关变量和市场信号形成函数联系。一方面，通过参数的调整，调节市场机制的变量，使之输出合乎计划目标要求的市场信号；另一方面，市场机制的运行又会检验和校正宏观控制参数，给国家反馈修正宏观计划、调整参数的信息，从而使计划调节系统不断完善，提高其自适应和自组织的能力。因此，国家通过参数调节市场，既可以保障企业对市场的选择权，发挥企业经营的主动性和积极性，使国民经济充满活力，又可以使计划通过市场活动得到贯彻，从而使国民经济发展目标得以实现，保证社会主义经济的有计划发展。

上述分析表明，参数调节模式是计划调节市场的目标模式。它发挥作用需要有一系列的经济条件。首先,需要有与之相适应的微观基础。由于国民经济的总体活动是由微观经济单位的个别经济活动构成的,国民经济活动的总量及其变化最终取决于微观经济活动的个量及其变化,所以,参数调节不可能脱离微观经济活动,微观经济活动是它赖以发挥作用的微观基础。或者说,微观基础的状况,是参数调节能否很好发挥作用的重要前提。其次,需要有与之相适应的市场环境。参数调节链表现为:参数→市场→企业,即参数调节市场,市场调节企业。市场在整个调节链中具有双重身份:对参数来说它是被调节者,对企业来说它又是调节者。正因为市场是介于参数与企业之间的中间环节,是参数调节功能的传导体,所以,没有高效能的市场作传导,参数是无法实现自己的调节功能的。市场作为参数调节的中介层次,在调节过程中具有极为重要的作用。再次,需要有与之相适应的计划机制。调节市场运行的参数,是由计划机制形成并输入市场运行过程之中的。因而计划机制在参数调节模式中占有极为重要的地位。参数调节的效应,在很大程度上取决于计划机制形成参数和向市场输入参数的能力。因此,参数调节必须要有与自己相适应的计划机制。从参数发挥作用所需要的上述条件可以看出,参数调节模式是由微观基础、市场中介、计划机制这三者构成的,其作用具体过程表现为:计划机制通过参数调节市场运行,市场机制调节微观经济活动。这表明,微观基础是参数调节模式的最低层次,市场是参数调节模式的中介层次,计划机制是参数调节模式的最高构成层次。

七、以市场为轴心的经济运行机制

市场信号调节企业活动,国家对市场进行参数调节,实际上形成了以市场为轴心的经济运行机制。

第一,企业作为商品生产者和经营者进入市场,通过市场建立同社会的经济联系。无论是生产什么、生产多少和为谁生产的生产经营决策,还是固定资产投资规模的决策,归根到底,都是由企业根据市场价格和利率信号来决定的。企业以利润为经营目标,以市场实现成果为收入分配的依据。这样,企业的生产过程和交换过程的实现,便包含在市场机制之中。

第二,宏观经济活动不是企业个别活动的简单相加,而是各企业间互为条件相互交错运动的总体,即企业总体运动。它表现为市场活动,形成市场机制。或者说市场机制是商品经济条件下企业总体活动的集中表现。总供给与总需求的失衡,最终会表现为市场价格总水平和利率总水平的变动;市场价格总水平和利率总水平的变动,推动市场机制的运动,最终实现总供给与总需求的平衡。

第三,微观开放条件下的计划调节,采取间接控制形式。它必须以市场机制为直接调节对象,通过经济参数对市场机制进行调节,作用于企业活动的环境,促使企业根据市场信号作出的决策适合计划目标。

第四,国家既以市场机制为直接调节对象,计划机制就必须与市场机制相适应:(1)国家的计划机制要同市场有共同的经济联系形式,要有共同的"语言"。在商品经济条件下,只有价格具有这种功能。(2)在商品经济条件下,推动和调节市场机制乃至整个经济机制运行的工具是货币。按马克思的说法,货币是"主动轮",这样,计划机制的构成要素,有些即使不直接是市场机制要素,但也必须采取价值形式。如财政、税收等必须采取货币形式,中央银行本身是市场机制在计划机制中的延伸。显然,离开市场机制,计划机制只能是空中楼阁。

八、现阶段计划机制和市场机制功能的不完全重合

计划机制渗入市场机制,从而使两者的功能相重合需要一个过程。重合的程度取决于计划经济的水平和市场机制的完善程度。

首先,现阶段的计划经济水平不高,并且由于各种限制,人们认识和掌握价值规律的程度也不高。这样,计划机制尚不能嵌满整个经济过程和整个市场机制,必然会有一部分市场机制是没有受到计划控制的(如自由价格),必然会有一部分经济过程由市场机制自发调节。

其次,现阶段的市场还不健全。不仅资金市场、"劳务市场"没有真

正形成，就是物质产品市场的开放也不充分，如生产资料市场还有待于进一步放开。再者市场机制也很不完善，如价格体系不合理，价格信号扭曲，市场利率尚未形成。这种不健全的市场和不完善的市场机制，决定了计划机制和市场机制功能相结合的不完全性。

在计划机制与市场机制功能不相重合的条件下，容易造成整个经济机制的紊乱，干扰经济生活的正常秩序。我们必须积极创造条件，一方面提高计划经济水平，提高人们自觉认识和掌握价值规律的程度；另一方面建立健全市场体系，不断地完善市场机制，从而逐步扩大计划机制与市场机制功能的重合程度。

第三节　计划机制的构成及其完善

上面我们已经指出，计划机制有效调节市场的重要条件是计划机制必须完善。那么如何完善计划机制呢？这需要从计划机制的构成谈起。在我国理论界，人们往往把计划经济、经济计划、计划调节、计划机制等混为一谈，因而对计划机制含义的理解便很不相同，对计划机制的构成的理解也就不同。这就要求我们首先搞清楚这几个概念的区别及各自的内涵，确定计划机制的内在构成。

一、几个相关概念的区别及各自的内涵

（一）计划经济与经济计划

首先应该区分的是计划经济与经济计划的不同。在进行计划体制改革中，我们有必要借鉴一些资本主义国家在实施经济计划过程中的先进经验，这是毫无疑问的。但是绝不能因此而把经济计划和计划经济当作同一概念使用。计划经济的内涵至少包括三个方面的内容：

首先,计划经济反映社会主义经济关系的本质规定。也就是说,社会主义经济关系建立的一个重要标志是实行计划经济。它同社会主义生产关系的其他方面共同构成了社会主义生产关系体系。不仅计划经济的实行要以社会主义生产关系的其他方面首先是公有制的存在为基础,而且社会主义生产关系的实现和发展也离不开计划经济。如果社会主义经济中没有计划经济,无政府状态的破坏作用,会甚于资本主义私有制经济下的状况。可以说,计划经济对于社会主义经济,如同人与布帛菽粟的关系一样不能离开。其他经济制度则不然。例如,资本主义经济在无计划状态下存在了二三百年。即便是经济计划,某些资本主义国家也只是在第二次世界大战以后开始推行。有的资本主义国家现在也并不强调经济计划。并且,资本主义国家的经济计划与社会主义国家的计划经济有本质不同。有些推行经济计划的资本主义国家还在积极推行所谓的新自由主义。资本主义经济同计划经济制度并没有内在的联系。

其次,计划经济的计划性是社会主义经济运行的本质规定。社会主义国民经济各部门之间的比例协调,生产和需要的相互适应,社会总供给与总需求的平衡,国民经济发展目标的实现,等等,从总体上说都是通过自觉的计划调节来完成的,而不是通过市场的自发调节达到的,更不是通过经济危机的破坏强制实现的。这种特征是其他社会的经济运行所不可能有的。在实行市场经济的资本主义国家中,即便是实行了国民经济计划化,也不可能改变其经济运行的自发性特征。在那里,国家干预和国家计划只是市场调节的一种补充。著名的日本池田内阁时期的《国民收入倍增》就是一例。该计划的总论明确指出:“我国的经济计划是在以自由企业和自由市场为基础的体制下实行的。它不一定承载所有经济领域内的详细计划目标,因而也并不强制执行。”战后资本主义国家经济危机和通货膨胀频频发生的现实,足以证明资本主义国家的计划化并不能改变其经济运行的自发性过程。

最后,计划经济的计划管理是社会主义经济管理方法和手段的集中体现。虽然战后有些资本主义国家也在实行计划管理,但只要是从根本上和发展趋势上而不是根据我们计划工作中的失误和主观主义的表现来认识问题，那么，可以说，计划管理在社会主义经济制度中才会更为有效。因为在公有制为基础的社会主义经济中，经济利益的一致性使国民经济各部门形成了有机的统一整体，从而为国民经济的计划管理提供了坚定的基础。特别经过经济体制改革，市场机制的作用会扩大，并为计划调节所充分利用，进一步促进计划管理的科学性。随着微观经济的放开，以及多元利益主体和经营主体的形成，虽然会增加计划管理的复杂性，但是它没有改变经济主体在根本利益上的一致性，国家的宏观计划意图仍然可以通过计划调节得以有效地贯彻。资本主义经济则不然。私有制企业只承认竞争的权威，国家的经济计划对企业没有约束力。“谁也不把国家经济计划看作一个严格的、有约束力的、必须为政府所遵循的计划。当大藏省作出关于年度预算的决定，日本银行作出关于发行货币的决定，通商产业省作出关于工业政策的决定的时候，它们很少注意国民经济计划。”①这种状况下的计划管理不可能是十分有效的。

由此可见，计划经济首先是经济制度的范畴，是社会主义经济制度所特有的内在本质属性。与计划经济不同，经济计划仅仅是属于经济管理方法和手段的一般性范畴，它既可以被社会主义计划经济运用，也可以在资本主义市场经济中存在。即使从这个意义上说，资本主义市场经济中的经济计划，也不能与社会主义计划经济中的经济计划同日而语。因为，在市场经济基础上制订的经济计划，只是市场调节的补充，并且在执行中不仅对企业没有约束力，而且对政府干预行为也没有约束力。由此可见，我们不仅不能把经济计划和计划经济混同，而且也不能把资本主义市场经济中的经济计划同社会主义计划经济中的经济计划完全等同。

（二）计划调节

与计划经济相联系的是计划调节，它是计划经济的实现过程和形式。我们过去对计划调节的理解过于狭窄，似乎只有将国家计划直接以指令

① ［美］莫里斯·博恩斯坦编：《东西方的经济计划》，朱泱译，商务印书馆 1980 年版，第 179 页。

形式下达给企业才是计划调节,其结果是计划调节缺乏科学性和灵活性,又限制了市场的自动调节,使国民经济难以按比例平衡发展。因此,在当前完善计划调节的过程中,有两点应该引起我们的充分注意。

首先,计划调节是过程和结果的统一。作为结果的生产和需要的比例协调,是计划调节的目标。这种调节结果不是人们在制订计划时主观形成的,而是客观经济过程的内在规律的反映。按此要求,人们在进行计划调节时应该既要比较准确地掌握社会各部门的生产能力,又要了解从市场上表现出来的社会需要。但按照目前人们对经济规律的认识水平,事实上还不可能较准确地计算出社会生产能力和复杂多变的社会需要。因此,计划调节不可能也不应该是刚性的,而应该是富有弹性的。计划执行者可及时根据市场反馈的信息修正计划,应根据实际情况校正计划调节过程,还可以将一部分调节职能交给市场,以弥补计划调节的不足。

其次,在商品经济条件下,计划调节的关键是自觉利用价值规律的调节功能。实践表明,在现阶段,自觉利用价值规律调节社会劳动分配过程,是计划调节的极好形式。由于自觉利用价值规律实行计划调节的过程,是通过市场机制表现出来的,因此,不能简单地把是否通过市场作为划分计划调节和市场调节的标准。计划自觉利用市场机制的调节,理应包含在计划调节范围之中。基于这一点,我们强调计划调节,丝毫也不排斥对市场机制的充分利用。随着经济体制改革的深入,市场机制的功能将逐步扩大,但这绝不意味着计划调节功能的缩小。相反,计划调节的作用将更为重要,计划调节过程将更为复杂。问题只是在于过去那种简单化的行政命令式的计划调节方式和机制,已不适应商品经济的发展,需要按照微观放开、利用市场机制的要求进行彻底改革。

根据上述对计划调节的理解,在现阶段的有计划商品经济新体制下,计划调节必然会发生根本的转变。首先是计划调节对象的转变。这个转变主要表现在以下几个方面。

第一,在传统经济体制下,计划调节的直接对象主要是企业。这时,生产资料的所有权与经营权,是直接同一的或基本同一的。国家作为生产资料的所有者,同时也成为国营企业生产活动的经营者。因此,企业就成为国家计划调节的直接对象。而在新的经济体制下,计划调节的直接对象主要是市场。这时,生产资料的所有权与经营权是适当分离的。国家虽然是生产资料所有者,但企业才是生产活动的经营者。在这种情况下,企业不能是国家计划的直接调节对象。企业作为相对独立的商品生产者,其经济利益与相互之间的经济关系,通过社会主义市场反映出来。社会主义市场,是企业作为社会主义商品生产者相互之间经济联系的纽带或领域。因此,计划调节的直接对象主要是市场。

第二,在传统的经济体制下,计划调节的是各单个企业的活动。个别企业的生产方向、产品的品种、规格、数量、质量、企业的产值、利润、劳动工资等,都是国家这个“总婆婆”操心的对象。全国是“一盘棋”,企业只是棋盘上的一个珠子,不拨不动,拨而后动,无丝毫自主性可言。但在新的经济体制下,国家计划调节的主要是企业的总体活动。单个企业的生产活动,一般而言,不再是国家直接关心的对象。国家通过经济杠杆,对企业输入经济参数,使由各单个企业的活动所形成的总体活动,符合社会再生产所要求的总体比例关系,并大体符合社会主义按劳分配原则和社会主义公有制原则的要求。

第三,在传统的经济体制下,计划主要是调节供给。一方面,由于企业以及企业的个别活动,直接是国家计划调节的对象,因而社会生产中计划调节的积极方面,始终是供给的调节。另一方面,由于这种体制窒息了企业的活动,阻碍了经济的繁荣与发展,导致消费萎缩,因而,计划调节对需求的影响,始终是以消极的方式表现出来的。在新的经济体制下,计划同时调节总需求与总供给。随着企业自主权的放开,经济的繁荣,以及市场机制的充分利用,需求成为企业经营的导向雷达和风信鸽。因而,国家主要通过税收政策、价格政策、国民收入分配政策、金融政策等引导需求,并通过需求的变化影响企业的生产,影响供给。

计划调节的转变不仅表现在计划调节对象的转变,而且表现在计划调节途径的转变。在传统经济体制中,计划调节采取指令性计划的单一途径。传统经济体制是高度集中的管理体制。在社会主义各国的实践中,这种经济体制,虽然各自有一定的民族的历史的特点,但在高度集中统一这一点上,则有共同的特征。根据波兰经济学家奥斯卡·兰格的描述,有一个时期,波兰的国民经济计划,甚至规定了社会应当生产的腌黄瓜数量,以及在一个狩猎季节中应当猎取的野兔的数目。另外,计划未能包容而又为社会所急需的日常生活用品,却呈现短缺。在小农经济传统十分浓厚(表现在生产方式、社会心理、产品商品率等多方面)的中国,在相当长的时期内,某一生产队土地上的作物品种和种植面积,也是由县、社计划部门、行政部门强制规定的。新的经济体制正是要把计划调节改变为多途径调节。目前,我国指令性计划调节的范围正在逐步缩小。指导性计划调节和完全由市场调节的范围在扩大。指导性计划调节将是主要形式。计划调节的发展方向,是形成以下三种调节途径的间接调节体系。

第一种计划调节途径:指导性计划调节。指导性计划虽然可分解到企业,但对企业没有法律上的约束力。对企业来说,它只指示出国民经济的整体发展方向。在这里需要强调的是,指导性计划本身虽然没有约束力,但由于它指明了整个国民经济的发展方向及步骤,反映着国家经济政策的意图,提供了宏观的综合性经济信息,因而对企业决策活动有着极为重要的作用,可以对企业起到一种示向和诱导作用。指导性计划为经济发展规划出轮廓,但能否使经济按它来运行,它本身则没有提供相应的保证。指导性计划的贯彻,需依赖于其他计划调节途径的协同作用。

第二种计划调节途径:通过参数调节市场。国家为了保证指导性计划的实施,需要将计划分解为财政政策、金融政策和收入分配政策,对市场输入参数,运用参数调节市场。在参数调节下,市场机制把国家计划意图译成企业所需要的“市场语言”,从而使企业的经营合乎市场的需要,因而也符合国家计划的要求。例如,国家通过参数调节价格差别、利率差别而使生产保持比例。当然,通过参数调节市场,其效应存在时间上的滞后性。这一缺陷,需要第三种途径来弥补。

第三种计划调节途径:通过税收政策直接调节企业收入的分配关系。通过经济体制改革,不同部门、不同企业之间税后留利的绝对水平和相对水平,成为影响企业生产的关键性因素。这一客观事实,揭示了对企业实行间接计划调节的一条有效途径。通过税收调节企业的纯收入的税利比例，其含义是多方面的。例如，其中就体现着社会主义按劳分配原则在全社会范围内的平衡和调节的要求。从调节企业生产的意义上讲，其作用主要是通过调节企业税后留利总额，以影响企业所能用于扩大再生产的部分。

上述三种途径，构成新的经济体制下国家间接计划调节的综合体系。在我国目前具体条件下，除上述间接计划调节体系之外，还保留一部分直接指令性计划调节手段，是必要的和有益的。在特殊情况下，直接指令性计划还有可能成为主要的调节手段，例如在战争条件下或巨大的自然灾害条件下。

（三）计划机制

计划调节的实现机体是计划机制。所谓计划调节，实际上就是计划机制的调节。过去对计划机制的理解太狭窄，认为计划机制就是指令性计划机制，这是不正确的。计划机制，是指计划机制要素通过相互联系和相互作用，而对市场机制形成制约力量并对其发生调节效应的内在关系。计划机制就其实质来说，是指计划机制要素的综合作用对市场机制所形成的内在调节机理；就其表现形式来说，是指相互联系和相互作用的计划机制要素所形成的有机统一体。因此，计划机制是一个体系。具体来说，计划机制的构成应包括：第一，中枢部分，即计划机制调节市场机制所遵循的原则和要达到的目标，它决定着计划机制的运行方向和全部过程。计划机制的作用实质，就是要使市场机制内部各要素之间形成合乎计划目标的联系，以保证国民经济的有计划发展。因而计划机制的中枢就只能是国民经济计划。国民经济计划实际上是形成计划机制本体的关键基因。更确切地说，是计划机制发挥作用的依据和原则。第二，实现方式，即计划机制实现计划目标的调节形式。这些调节形式与市场机制直接相联结，其功能是把国民经济计划形成宏观经济变量输入市场中，对价格、利率等市场机制发生参数调节作用，使市场机制对企业发生体现计划目标要求的导向作用，保证整个国民经济的有计划运行。计划机制的实现方式,包括旨在实现国民经济计划的全部调节手段。

只有使计划机制的上述两个构成部分都能完善,计划机制才能充分发挥调节作用。因此,在实践中不能偏废计划机制的任何构成部分,并且要使它们能够协调发展。下面,我们对计划机制的这两个构成部分分别作分析。

二、计划机制的中枢

计划的改革。

计划机制的中枢是国民经济计划,但并不是说所有的国民经济计划都能成为计划机制的中枢。国民经济计划要能成为计划机制的中枢,必须以计划符合我国国情和宏观经济规律为前提。也就是说,指导计划机制运行的国民经济计划,应该是科学的计划。这就要求我们改进计划决策的观念、体制和方法,使计划决策民主化和科学化,提高计划决策水平。同时,计划应以中长期计划为主,把重点放在科学地预测计划期总产值的水平及其增长率,以及依据产业结构合理分配预期总产值这两个方面。也就是说,计划首先应当根据劳动者素质提高、技术创新等影响国民经济增长的因素,科学地规定出计划期总产值的增长率及可能达到的总水平,然后按照消费结构变化、就业结构变化、技术结构变化等在计划期内对产品结构及产业结构可能发生的影响,判断出计划期内产品结构及产业结构的变化趋势,把预期产值按产品结构及产业结构的发展要求而进行分配。因此,国民经济计划实际上是一种参数计划,即由各种总量数值表现国民经济发展趋势的计划,并且着重于宏观分配活动。考虑到国内外经济活动变化多端,某些经济因素变动难以预料的情况,计划应该富有弹性,实行"滑动式计划",即在计划期内,对于那些与经济发展的实际情况不相符合的计划内容,根据客观形势重新调整,使整个计划随经济的发展向前滑动。

就计划的内容来说,不要不分巨细。主要是应该对积累和消费的比例,投资规模和结构,产业结构和组织,货币发行量等大的方面进行计划。

这是因为:第一,积累和消费的比例最直接地制约着社会产品的总供给和总需求的比例,只要计划安排好这种比例,就可以保持社会产品的总供给和总需求的平衡,保证国民经济的良性循环。第二,投资结构和规模不仅决定着下期的产业结构,而且也影响着现有产业结构,通过对它的计划,可以保证产业结构的合理化,使社会生产能够按比例地发展。第三,产业结构制约着流通过程和消费过程的各种比例,如果它不合理,那么市场供求比例,生活资料和生产资料的比例等都不会合理,因此产业结构计划是组织和协调流通过程及消费过程的条件。第四,货币发行量直接影响着物价和信贷活动,搞好这方面的计划既可以保证物价的稳定,防止通货膨胀,又可以制约信贷活动,保持资金运动和物资运动的平衡,进而协调整个经济的运行过程。总之,积累和消费的比例、投资结构和规模、产业结构及货币发行量,从不同的方面制约和影响着整个经济运行过程,是对国民经济的运行具有全局性作用的经济活动。只要把这些主要方面的计划搞好,就可以控制整个国民经济的运行过程。因此,应该把它们作为计划的主要内容。

既然积累和消费的比例、投资结构和规模、产业结构、货币发行量是计划的主要内容,那就必须正确地掌握它们。怎样才能正确掌握?我们认为,第一,预测国民收入的增长速度和人口的增长速度,计算出人均国民收入水平;再根据人均国民收入确定人均消费量和消费结构的变动趋势;进而计算出整个社会的消费总量和消费结构。第二,根据全社会的消费总量和消费结构,确定第二部类的结构和规模;再根据第二部类的结构和规模,确定第一部类的结构和规模。第一部类与第二部类的结构和规模之和,就是产业结构。第三,按照产业结构的需要,确定投资结构和规模;再根据投资结构和规模,确定积累和消费的比例关系。第四,根据积累和消费比例的需要,确定货币的增发量,并根据货币已发量与增发量的对比关系,最后确定货币的发行量。这样一来,国家就正确地掌握了积累和消费的比例、投资结构和规模、产业结构和货币发行量。在此基础上,就可以确定整个国民经济运行计划。

上述几种主要经济变量,在实际中往往是通过物价指数的变动来反映。例如,当产业结构中的第二部类规模过小,而积累和消费比例中的消费基金过大时,消费品价格就要上涨,生产资料的价格则会下降。又如,当积累和消费的比例、投资结构和规模、产业结构都合理,但货币发行量过大时,整个物价就会上涨。这样,我们就可以根据物价指数变动的信号,分析造成的原因,采取措施,给予纠正。例如,若产业结构不合理,可在投资规模大致不变的条件下,通过改变投资方向和结构,诱导产业结构趋于合理化。若通货量过多,就可以减少货币发行量,使信贷收缩,货币回笼,以稳定物价。总之,只要计划好积累消费的比例、投资结构和规模、产业结构及货币发行量,就可以保证国民经济的有计划发展。

三、计划机制的实现方式

计划机制的实现方式包括实现国民经济计划的全部调节手段。除行政调节手段和法律调节手段外,主要有下述几种经济手段。

(一)金融调节手段

金融调节手段包括国家为了贯彻计划意图而采取的调节货币供应量的全部手段。其中主要有:存款准备金率、再贴现率、公开市场业务以及某些特殊调节手段。

1. 存款准备金率的计划功能

存款准备金率是调节经济活动的强有力手段,其百分率增减一个单位,甚至只增减半个单位,都会使整个经济朝着计划要求的方向发展。特别是在目前我国金融市场尚不发达,再贴现率和公开市场业务还不能完全发挥调节功能的情况下,存款准备金率的调节作用就显得更为重要。通过调整存款准备金率,可以调节各专业银行及其他金融机构的自有准备金额度和同行拆借的利率,使货币供应量与计划目标相适应。我国目前在运用存款准备金率这个调节手段时,应该注意以下三个问题。其一,要研究和掌握货币乘数发生作用的规律,因为货币乘数的大小和存款准备金率成反比,如果对货币乘数的运行规律认识不清,就可能对存款准备金率运用不当。其二，为了强化存款准备金率的调节功能，应该在调整各专业银行及其他金融机构的收益后，逐渐取消准备金付息制度，使存款准备金率具有法律效用。其三，应根据贷款性质、贷款期限和不同金融机构的存款状况，规定不同的存款准备金率，以使存款准备金率具有较大的灵活性，适应错综复杂的经济运行过程，从而消除因"一刀切"而使经济发展受挫的弊端。一般来说，活期存款的准备金率应高于定期存款和长期存款的准备金率，定期存款的准备金率则应视其期限的长短而异。在非常时期，也可以预先对各专业银行及其他金融机构规定存款增长率，凡超过这一增长率的存款，就实行百分之百的准备金率，以保证计划目标的实现。

2. 再贴现率的计划功能

在信用关系比较发达的条件下，各专业银行及其他金融机构主要是通过两种方式向中央银行贷款。一种是通过票据贴现的方式，即将各种合格票据（如国库券、短期公债、短期商业票据等）在中央银行中进行再贴现，通过再贴现而获得贷款；另一种是用自己所拥有的政府证券或其他财产为担保，通过有支付能力的担保而向中央银行贷款。这两种贷款方式现在都称为再贴现，因再贴现而向中央银行支付的利息叫再贴现率。再贴现率是贯彻计划目标，调节货币供应量的重要手段。一是调整再贴现率会直接影响各专业银行及其他金融机构向中央银行贷款的数量，进而会使货币供应量得到调节，使之符合计划的要求。例如，根据计划目标提高再贴现率时，各专业银行及其他金融机构就不仅不再向中央银行贷款，而且还会迅速地偿还原来所借的款项，其结果必然是各专业银行及其他金融机构都收缩信贷规模，从而减少了货币供应量。二是调整再贴现率会起到实行货币政策的作用。这种政策效应也是调节货币供应量从而保证计划意图贯彻的有效方法。例如，当提高再贴现率时，各专业银行及其他金融机构都会感到将要实行紧的货币政策，它们会因预期到未来的利率看涨而缩小放款规模，从而使货币供应量相应减少。三是再贴现率的调整会通过各种途径影响市场利率，从而对货币供应量发生调节作用，引导企业朝着计划要求的方向发展。例如，当中央银行降低再贴现率时，少数长期债务合同的利率及各专业银行对大中型客户的放款利率，都会相应地降低，这些都会对扩张货币供应量有一定的作用。总之，再贴现率对调节货币供应量从而贯彻计划有着较强的效应。目前，我们能否很好地运用再贴现率的关键，是使各专业银行真正企业化，同中央银行的信贷关系硬化。只有这样，才能使各专业银行在利益增减的作用下，随着再贴现率的变动而调整信贷规模，从而使再贴现率的调整起到增减货币供应量的作用。

3. 公开市场业务的计划功能

公开市场业务是指中央银行在证券市场上公开买卖各种有价证券如国库券、公债等以调节货币供应量，保证计划目标实现的活动。当中央银行按照计划要求而放松银根时，就可以在公开市场上买进有价证券，以增加货币供应量；当中央银行根据计划要求而紧缩银根时，则可以在公开市场上卖出有价证券，以减少货币供应量。公开市场业务作为调节货币供应量的重要手段，与存款准备金率和再贴现率相比，具有显著的优越性。其一，由于公开市场业务每天都在进行，并且国家、金融机构和非金融机构乃至个人都参加，因而对货币供应量的调节及时、灵活、有效。其二，公开市场业务可以避免由于调整存款准备金率和再贴现率而引起的金融活动震荡，使各专业银行及其他金融机构能够对中央银行调节货币供应量的措施有主动的快速反应。因为，各专业银行及其他金融机构一般都会拥有一定量的有价证券，当它们由于中央银行提高存款准备金率和再贴现率而发生支付困难时，它们就可以通过在证券市场上卖出有价证券，灵活地调整头寸，其结果是既可以避免由于它们支付能力不足而引起的信用危机，又可以促使它们缩小信贷规模，迅速达到中央银行紧缩货币供应的目标。总之，我们应该充分运用公开市场业务这个调节手段。由于公开市场业务依赖于高度发达的证券市场，而我国目前还没有一个适当规模的证券市场，因而必须尽快开放证券市场。考虑到具体国情，我国的证券市场的开放应分两步走。第一步，开放初级的证券市场，即证券发行市场，并采取相应的措施使证券具有一定的流动性。例如，可以由中央银行向企业发行利率高于存款利率的银行债券，以吸收企业的剩余闲置资金；

在政府债券发行还没有充分开展起来的情况下，可以由中央银行发行一种特殊的可转让证券，在金融市场上代替政府债券而起吞吐货币的作用；财政部发行短期国库券，由银行买进卖出，以调节银根松紧；鼓励国家允许的某些企业发行股票，并使这些股票按一定的要求转让，以克服因有价证券量过小而使中央银行的公开市场业务活动受到限制的困难，等等。第二步，可以开放高级的证券市场即证券流通市场，如建立证券交易所、股票交易所等证券市场机构，完全允许证券自由买卖。当然，中央银行也要相应地加强对证券市场的管理。在证券流通市场逐渐完善的基础上，公开市场业务的调节功能就会得到有效的发挥。

4. 特殊调节手段的计划功能

主要有四种。其一，信息指导。中央银行是全国经济活动的枢纽，能够从全局的角度及时了解到货币供应量与经济发展之间是否相适应的状况，因而可以向各专业银行及其他金融机构提供有关信息，以指导它们的信贷活动，保证计划的实现。其二，择类性调节，即中央银行根据计划要求对个别部门、企业的信贷活动或其他有特殊用途的信贷活动实施的具体调节。消费者信用管制、优惠利率、预缴输入保证金等，都属于这类调节手段。这类调节手段对于货币供应量的调节作用是很强的。例如，中央银行在运用消费者信用管制手段时，既可以通过提高首期付款额、缩短分期付款期限等方式加强对消费信贷的调节，从而收缩货币供应量，又可以通过放宽分期付款的管制而促进消费信贷的扩张，达到增加货币供应量的目的。其三，直接信用调节。这是指中央银行以行政命令的方式，直接对各类专业银行及其他金融机构的信贷活动，进行数量控制，最通用的手段是规定各专业银行及其他金融机构的贷款最高限额和存款利率的最高限额。虽然这种调节手段的作用见效快，但因为这种手段往往引起资源的非合理分配、经济效益低下等不良效果，所以平时一般不能多用，而只能在特殊情况下使用。其四，业务指导。中央银行既然是全国所有金融机构的最高管理者和监督者，那么它就可以通过业务指导而促使各专业银行及其他金融机构根据国家的货币政策，采取相应的增减信贷规模的措施。例如，当通货膨胀发生时，中央银行就可以通过业务关系让各专业银行及其他金融机构约束贷款和提高利率,以减少货币供应量。

(二)财政调节手段

财政调节手段包括国家为了贯彻计划目标而采取的全部财政措施,主要有税收、国债、预算、补贴等。

1. 税收的计划功能

税收主要是按照各经济单位和个人的经济收入额、产品流转额、财产拥有总额和某些特定的经济行为,分别规定不同形式的税种和税目以及累进的、比例的、定额的等各种弹性的与非弹性的税率,利用开征、减免或停征某种税收,提高或降低有关税目的税率与起征点等形式,贯彻计划目标。税收发生作用的形式及过程比较复杂,例如,税种、税目加税率等不仅种类多,而且变化快,因此,税收的不同形式对贯彻计划有不同的作用。首先,按照所得额和纯收入额而规定的税收,如国有企业所得税、工商所得税、个人所得税、农业税等,都属于直接税,纳税人直接就是税收负担者,因此,调整这些税的税率,新设或取消这些税,以及实行优惠政策,会通过影响利益关系而实现计划。其次,按照流转额和增值额规定的税,如产品税、增值税、营业税、关税、盐税等,属于间接税。纳税人可以将税收转嫁出去,不一定就是税收负担者,因此,调整这些税的税率,新设或取消这些税,以及实行优惠政策,会通过影响供求关系而贯彻计划。虽然这也会对社会总供给量发生某种影响,但对社会总需求量的影响则可能更大一些。最后,按照资源差别所形成的级差收益而规定的税收,按照财产及其使用状况而规定的税收,为了达到一些特定目的而规定的税收,也都会以各种形式使计划得以实现。我们目前面临的问题是:税制还是一种软性税制,税收负担极不平等;没有税制观念,减税及免税的权力过度分散;税种及税率设计不合理,各种税收及税率的作用相互矛盾。为了使税收能够起到有效的调节作用,我们必须要硬化税制,完善税种和税率的设置,适当集中税收的管理权,加强税收的监督和检查工作。

2. 国债的计划功能

国债是具有有偿性特征的一种特殊调节手段。与其他财政调节手段相比，它有许多优点。其一，国债是一种有偿性调节，因而虽然国债的发行在作用上相当于增税的效应，国债的偿还和支付债息相当于减税的效应，但是国债却不像税收那样作为无偿性调节易于引起利益分配上的矛盾；其二，国债能达到其他财政调节手段所达不到的目的，例如，增税不可能使国家通过扩大财政支出而单纯地促进供给增加，但发行国债则能达到这样的目的；其三，国债券的流通可以为中央银行开展公开市场业务，灵活地调节货币供应量，进而为调节社会总供给与总需求提供前提条件。但是应该看到，国债的不同具体形式对于计划的实现具有不同的调节效应。首先，国家按照计划要求向个人及各经济单位借债，可以吸收个人及各经济单位所拥有的一部分货币，减少社会购买力，从而削减总需求膨胀的压力。因而当总需求膨胀时，国家一般应采取向个人及各经济单位借债的方式抑制总需求，以保证计划目标的实现。其次，国家根据计划要求，向中央银行借债，虽然可以通过吸收中央银行的资金而减少信贷资金的供应，从而对社会总需求起到一定的抑制作用，但由于国家向中央银行借债获得的是新增的追加货币，财政将这些新增的追加货币支出，会刺激总需求的增加，并且由此会鼓励各企业为适应增加了的需求而扩张投资需求，因而国家向中央银行借债，对于刺激总需求有着显著的效应，当总需求过低时，国家一般以向中央银行借债为挹注。最后，国家根据计划要求向国外借债，虽然对总需求的增减也会有影响，但最主要的还是对供给的增减发生作用。因为，向国外借债，意味着把别国的资源或产品转移到国内，实际上起着增加供给的作用；而向国外偿还债务，意味着把本国的真实资源或产品转移到别国，实际上起着减少供给的作用。因此，当由于供给因素而引起社会总供给与总需求的失衡时，国家为了保证计划的实现，一般应适当采取向国外借债的方式。

3. 预算的计划功能

预算是贯彻计划的直接性财政手段，即按照年度而制定和调整的一种计划性调节手段。预算的调节作用，主要体现在财政收支规模、收支差额和收支结构等方面。预算通过对国家财政集中的国民收入的计划分配，决定了中央及各级地方政府的生产性投资与消费的总量及结构，决定了银行信贷基金的增拨数量和国家物资储备的水平等,因而对整个社会的供求总量及结构有着重要的影响,可以保证计划的有效实现。在现实经济活动中,预算通常是通过预算差额(包括赤字、盈余及大体平衡)和预算结构而实现调节作用的。预算差额主要是对社会供给与需求的总量具有直接的调节作用,例如,在总需求膨胀时,预算盈余可以对它起到有效的抑制作用;在有效需求不足时,预算赤字可以对它起到刺激作用,在供求大体平衡时,预算平衡对维持平衡具有重要作用。预算结构主要对供求结构平衡有直接的调节作用,例如,预算可以通过缩减消费性支出而扩大生产性投资,使消费与生产保持合理的比例;预算也可以通过扩大对短线的投资而压缩对长线的投资,使生产按比例地发展。在这里应该看到,预算是同国家计划直接相联系的,它不仅会对预算内的经济活动规划出一个大致的框架,而且对于整个经济活动也会产生很强的政策效应。例如,当国家扩大某方面的预算支出时,就会使企业在选择投资方向时考虑到预算的这种变化。当然,预算发挥这些调节作用的前提,是预算必须符合国民经济发展的实际状况,具有科学性。这就要求必须改革和完善预算体制,引进先进的科学的预算手段和技术,提高预算人员的素质。

4. 财政补贴的计划功能

财政补贴是实现计划的重要调节手段。财政补贴包括两大类:一类是生产性补贴;另一类是消费性补贴。这两类补贴在现实中的调节效应是不同的。首先,消费补贴,如消费品价格补贴、副食补贴、水电费补贴等,实际上等于提高消费者的收入,因而对于刺激总需求的增加有着直接的作用。当然,某些定向性消费补贴,对需求结构也有一定的调节作用。正由于消费性补贴主要是起着增加需求和调节需求结构的作用,因而消费性补贴通常是在需求不足(或不补贴消费水平会下降)和需求结构不合理时采用。其次,生产性补贴,如生产资料价格补贴、投资补贴、利息补贴等,实际上像对生产者实行减税一样,可以直接增加生产者的收入,从而增加其投资能力和供给能力,因而对促进供给总量的增加和供给结构的合理化,有着重要的作用。不过,财政补贴发挥上述作用需要有一系列的条件,其中主要是财政补贴的数量不宜太大,并且使用的方向要得当。

我国目前的财政补贴数量过大,而且补贴的渠道和方法也比较混乱,因而不仅没能很好地起到调节作用,反而成了国家的财政包袱。因此,目前这种财政补贴方式必须尽快改变。首先,财政补贴应该主要转作财政支出,摆在明处,对个人的补贴作为个人收入,对企业的补贴作为财政拨款,不能再采取减收抵支的办法,而要真正实行全收全支的办法。这样就可以真实地反映国民收入的分配过程,并提高必要的财政补贴的效应。其次,在消费性补贴和生产性补贴上,应根据我国目前需求过猛而供给不足的特点,着重于生产性补贴,以改变"短缺"的格局,为经济的正常运行创造条件。

(三)经营性调节手段

所谓经营性调节手段,就是国家根据计划经济的要求,直接经营一定数量的服从于计划调节目标的非营利生产企业和流通企业,并且开展一定限度的国家订货活动,以调节社会再生产过程中的产品流量,从而影响和调整宏观经济变量,使它们按照计划的要求发生变动,对市场机制起到有效的调节作用,保证国民经济的有计划发展。经营性调节手段是很重要的。它实质上就是国家利用自己所直接掌握的物质力量对市场机制进行调节,因而可以弥补财政、金融等价值形式的调节手段的不足。它同调节价值流量的财政、金融等调节手段相配合,形成实物流量调节和价值流量调节的双重有机统一调节体系。西方的一些国家现在也特别注重这种调节手段。具体来说,经营性调节手段主要包括直接经营性生产企业调节、直接经营性商业企业调节、国家订货调节。

1. 直接经营性生产企业调节

在新体制下,国有企业一般都要通过两权分离的形式让渡出经营权,不再由国家直接经营,但为了保证计划的有效性,国家直接经营一定数量的社会化程度高、对国计民生影响很大的重要企业,是非常必要的。由于在各种产品之间及各个产业之间存在内在的有机联系,因而国家可以通过调节这些由自己直接经营的重要企业的生产规模及生产方向,而有效地影响其他企业的生产规模及方向,从而对整个经济运行进行有计划调节。当社会供给结构与需求结构失衡时,这些企业的生产方向的调整,能够有效地促进生产比例的协调。国家通过直接经营某些重要企业而调节经济运行的方式,不仅比其他调节方式来得快,而且也是其他调节方式有效发挥作用的保证。因此,就连以私有制为基础的西方资本主义国家,也特别注重直接经营一定数量的服从于调节目标的重要企业。我们是以公有制为基础并且国有制占主导地位的社会主义国家,运用这种调节手段,不但有其必然性,而且有着西方国家所不能比拟的优越性,更应该注重运用这种调节手段。国家直接经营的服从于调节目标的企业,同其他一般性国有企业在经营上有着很大的区别,这些企业不可能像其他一般性国有企业那样,成为独立的商品生产者和经营者。为了使这些企业能够充分发挥调节作用,必须使它们遵守这样一些原则:其一,不是依靠市场调节从事经营活动,而是基本上在国家指令性计划范围内组织生产和经营活动,基本上要执行国家统一制定的产品价格,因而只能享有有限的自主权,负有有限的经营责任。其二,不是以经营利润为目标,而是以调节生产和流通为目标,因而只能实行一定程度的自负盈亏,不仅因服从于调节目标而形成的亏损必须要由国家补贴,而且重大技术改造项目和基建项目所需要的资金,也要通过指令性计划贷款加以保证。其三,不能成为完全独立的分配单位,分配活动要受国家直接控制。由于这些企业在稳定经济中负有特殊责任,经营活动完全服从于调节目标,把社会利益和效益放在首位,因而这些企业的职工劳动报酬显然不能由本企业的经济效益来决定,而是要取决于社会的一般水平。也就是说,其工资增长水平至少不能低于社会一般水平。当然,上述原则是仅就这些企业的整体来说的,至于企业内部,也还应该实行有奖有惩的分配制度和严格的责任制,把不断提高劳动生产率放在重要的地位,并不断增强活力。特别应该指出的是,国家直接经营的服从于计划调节目标的企业,虽然不是依靠市场调节从事经营活动,但它们并不是不参与市场调节,而是作为计划的载体被国家自觉地用于调节市场机制的运行。因此,国家必须为这些企业参与市场调节创造良好条件,以保证调节作用的充分发挥。从有利于计划调节目标出发,使这些企业在一定时期或一定范围内,具有某种程度的左右市场的能力是必要的。这样做,不仅不会破坏有效的竞争,而且还会使竞争具有更高层次的效应。因此,国家应该根据计划调节目标的要求,使这些企业具有一定的特殊性。

2. 直接经营性商业企业调节

国有商业企业同国有生产企业一样,虽然绝大部分一般不再由国家直接经营,但同样也要由国家直接经营一小部分,以利于计划调节目标的有效实现。国家直接经营的商业企业,根据市场供求状况和价格变化而主动地在市场上进行物资吞吐,可以对社会总供给与总需求起到有效的协调作用,从而保证市场机制的有序进行。国家直接经营的商业企业主要是通过变动市场商品流量的形式参与市场调节的。也就是说,当市场上的商品流通量严重超过社会总需求时,国家直接经营的商业企业可以扩大商品收购,或同时执行最低保护价,或是同时执行高于市场自发价的价格,以防止价格暴跌,从而使市场机制朝着计划要求的方向运行;相反,当市场上的商品流通量过分地落后于社会总需求时,国家直接经营的商业企业可以增加商品供应,或同时执行最高限制价,或是同时执行低于市场自发价的价格,以防止价格暴涨,引起市场机制运行紊乱,影响国家计划的实施。如果具体来划分,国家直接经营的商业企业调节经济运行的形式有三种。第一种是以丰补欠,即借助于储备,在商品严重供过于求时扩大收购,在商品严重供不应求时则扩大出售。第二种是商品互补,即以甲种商品的过剩弥补乙种商品的不足,通过售价差别促进商品替代。第三种是一种比较极端的形式,即在特定情况下,以国家财政为后盾,高价收购,然后由国家财政补贴,低价或平价出售。不过,国家直接经营的商业企业,虽然主要是通过变动市场商品流量的形式,参与市场调节,但并不排斥它们同时也采取其他一些调节形式。例如,它们可以通过对生产企业准确反馈市场信息、对消费者进行消费引导等形式,对市场发生调节作用。特别是由于国家直接经营的商业企业有国家财力做后盾,市场调节力比较强,对于其他商业企业具有灵敏的示范和指导效应,因而它们的行为本身就是一种示向调节。总之,国家直接经营的商业企业是国家调节经济运行的重要物质力量,应充分发挥它们的作用。当然,由国家直接经营的服从于计划调节目标的商业企业，只能是国有商业企业中的很少部分，最多不能超过全部国有商业企业的百分之五。有人在讲国营商业企业参与市场调节时，不区分国家直接经营的商业企业同国有商业企业的不同，把所有国有商业企业都当成了参与市场调节并服从于调节目标的商业企业，这是不对的，这样做的后果只能是又回到原有的体制上去。同时，由于国家直接经营的服从于计划调节目标的商业企业，同国家直接经营的服从于计划调节目标的生产企业一样，也不可能以营利为目标，因而国家对它们因参与调节活动而形成的亏损要给予补贴，并且也要把它们因参与调节活动而获得的非正常高额利润收为国有。因为服从于调节目标的商业企业，主要是靠物资吞吐来实现调节作用的，所以，它们需要有现代化的设备及雄厚的财力支持，这就要求国家应当从财政、金融等方面给以有力的支持。当然，这些商业企业自身也需要有较强的经营素质和活力，必须坚决克服包括官商作风、吃“大锅饭”等在内的种种弊端，提高参与市场调节的经营能力，并同各类企业开展纵向和横向的合作与联合，建成产供销四通八达的业务网络及信息流转途径，以保证调节作用的有效实现，使国民经济有计划发展。

3. 国家订货调节

之所以把国家订货作为经营性调节手段，是因为国家订货在发挥调节作用时，不是凭借国家权力，直接命令企业必须生产什么和生产多少（虽然国家是企业生产资料的所有者，但在所有权和经营权分离的条件下，不能直接干涉企业的经营活动），而是以顾客的身份出现在市场上，通过合同订货关系，影响企业的生产方向和生产规模，从而实现计划调节目标。在我们这样的社会主义大国中，国家订货的总量及结构的变动，对社会供给与需求的总量及结构可以产生很大的影响，因此国家可以根据计划调节目标的要求，通过订货总量及品种的变更，有效地协调经济运行。例如，国家通过有选择地订货，可以鼓励某些重点部门的发展，从而促进国民经济按比例发展。特别是由于国家订货具有规模大、价格优惠以及货物支付保证性强等其他任何购买活动都无法比拟的优点，所以国家订货对企业具有极大的吸引力，可以使计划目标通过订货规模及结构的变化而有效地实现。为了很好地发挥国家订货的调节作用,国家在向企业购买商品时,必须充分保证企业能够得到相应的物质利益,如果企业需要,还应由国家在原材料供应及产品运输等方面提供优惠服务。在订货合同生效的条件下,国家按照合同规定,有要求企业完成合同任务的权利,也有保证企业外部生产条件得到充分满足的义务;当然,企业按照订货合同规定,也有完成合同的义务和要求国家提供原材料、运输等外部生产条件的权利。这种权利和义务,应当依据法律来建立,并且受法律保护,双方都要承担法律责任。只有这样,才能使国家订货通过与企业的经营性活动相配合而有效地发挥调节作用。

(四)所有权约束性调节手段

所谓所有权约束性调节手段,就是指国家通过所有权约束关系而有计划地调节经济运行。在社会主义生产资料公有制条件下,所有权约束能够对经济运行起到积极的调节作用。这是社会主义经济调节活动与资本主义经济调节活动的一个很重要的区别。资本主义实行的是以生产资料私有制为基础的市场经济,不存在全社会范围内的公有制性质的生产资料所有权。国家不可能通过所有权约束对经济运行发生积极的调节作用。资本主义生产资料私有权,只具有从追求最大限度的剩余价值上约束企业自身经营活动的功能,即人们通常所说的资本主义企业的硬预算约束。资本主义生产资料私有权,不可能从社会利益上约束由各个企业相互作用而形成的企业整体经营活动。因此,资本主义企业往往都只是从各自的私利上对待国家的宏观调节,使得国家的宏观调节效应弱化甚至根本不发生作用。与资本主义不同,在社会主义经济制度下,国有制占主导地位,普遍存在着公有制性质的生产资料所有权,因而国家能够通过所有权约束对经济实行有效的调节作用。从国有制企业来说,所有权约束可以通过以下四条途径而有计划地调节经济运行。

(1)经营权让渡条件。在新体制下,国有制企业一般都不再由国家直接经营,而是通过两权分离的形式,使企业具有独立自主的经营权,成为相对独立的商品生产者和经营者。但是,国家无论是通过承包制和资产经营责任制的形式，还是通过租赁制或其他的形式让渡经营权，都是以经营者承担一定的经济责任为前提的。经营者承担的经济责任，实际上就是国家让渡经营权的条件。在国家主动掌握经营权的让渡条件的情况下，就可以根据计划目标的要求，通过变动经营权的让渡条件调节经济运行。

（2）国家所有权实现形式。国有制企业在国家让渡了经营权之后，其所有权的实现主要通过利润上缴来完成。根据计划目标的要求，国家可以依据自己的所有权调整上缴利润量，通过上缴利润的变动，影响和引导企业的经营活动。在这里需要指出的是，资本主义国家虽然也可以通过税收调节企业经营活动，但它的调节效应远远比不上社会主义国家，因为资本主义税收并不是一种所有权的实现形式，仅仅是由于国家政治职能而引起的，调节力会受到极大的限制。因此，从经济实质上说，资本主义税收和社会主义的上缴利润并不是完全具有相同内容的经济范畴，社会主义国家通过上缴利润的变动调节经济运行，是所有权约束关系制约经济活动的具体体现，是计划实现的保证。

（3）最终主动调节权。在国有制企业的经营权让渡之后，国家一般不再直接管理企业的经营活动，但这绝不是说，国家对企业的任何经营活动，都无权再进行必要的干预。由于国家在让渡了企业的经营权之后，还对企业具有所有权，因而国家事实上对企业的经营活动还保留着最终的主动调节权。如果企业的经营活动有损于国家预期目标的实现，国家可以依据所有权对企业实行最终的主动调节。例如，国家可以按照有关法律规定，通过收回经营权，重新委派、任免或批准聘选企业的主要领导人员，决定企业的关、停、并、转、迁等形式，调节企业的经营活动，以使其符合计划的要求。

（4）普遍监督权。国有制企业归全民所有，因此，即使国家让渡了经营权，国家和劳动群众也还能够依据所有关系而享有充分的监督权，从而可以通过经济监督对企业的经营活动实行有效的调节。例如，通过对企业内部分配过程的监督，可以防止弄虚作假、乱发奖金等弊端的发生，避免造成消费基金失控，引起社会总需求的盲目增长。实践已充分表明，普遍的经济监督是国家制约和矫正企业越轨行为，保证国民经济有计划发展的重要调节手段。

(五)示向性调节手段

所谓示向性调节手段，就是指国家以某些指导性方式，把国家的计划意图传导给企业，使企业的经营活动能够朝着有利于计划目标实现的方向发展。这种调节手段主要包括：指导性计划示向、国家行为示向、部门和企业的规划示向、信息示向。

1. 指导性计划示向

在新体制下，国家计划虽然不再以指令性计划形式直接下达给企业，但计划还要向全社会公布，并且还要分解为具体的指导性计划下达给企业。指导性计划虽然对企业无约束力，并且可以在经济运行中校正，但是它毕竟可以给企业的活动大致指出一个方向和运行轨道。具体来说，指导性计划的协调功能大致包括三个方面：其一，指导性计划可以供企业在决策时参考，使企业能够在国民经济计划的大框架下安排经营活动，从而起到促进生产和需要大体平衡的作用。其二，指导性计划具有从宏观角度对生产方向及产销行情进行预测的性质，对企业来说，实际上具有汇集各方面经济技术状况，传递权威性信息的作用，因而可以使企业减少经营活动的盲目性。其三，指导性计划还可以协调企业间的产供销经济联系，促进专业化协作和经济联合。例如，通过实行合同制把国民经济各部门、各企业有机地联系起来，使社会主义商品当事者之间建立起稳定的产供销关系，从而使供求矛盾得到协调。

2. 国家行为示向

国家行为示向，是指国家的经济行为对企业会产生一定程度的导向作用。国家作为计划控制的主体，其活动对企业的经营活动有着巨大影响，因而任何企业在安排经营活动时，都不能不注重国家的经济行为，这就使得国家的经济行为会对企业产生示向作用。例如，国家投资行为就是这样。国家根据国民经济计划目标的要求，把对社会生产各部门的投资按轻重缓急加以排序的行为，实际上就是反映整个社会投资发展趋势的信息载体，当然会对各部门及各企业的投资决策起到重要的调节作用。

3. 部门和行业的规划示向

随着新体制的逐步完善，各个部门及行业对企业的直接纵向行政管理将被取消，各个部门及行业的主要职能是制定部门和行业规划。部门和行业规划是各部门及行业的具体发展规划，包括部门及行业的产品结构规划、技术结构规划、企业结构规划等。部门和行业规划，可以为企业提供各部门及行业的中远期发展前景，使企业把市场信号所反映的近期需求规模与中远期发展目标结合起来，作出符合社会需求发展的科学决策，从而可以保证国民经济的有计划发展。

4. 信息示向

在生产者主要依据市场状况进行生产决策的条件下，信息对于需求与供给的协调起着极为重要的作用。但是生产者由于人力、物力和地位等方面的局限，所搜集的信息总是有限的，对社会需求的发展变化缺乏准确的把握，不能较全面地获得市场供求动态的信息，从而往往会使生产和实际需求发生偏离。因此，国家通过各种途径，向生产者发布经济信息，提供咨询服务，使生产者了解客观经济动向，了解重要产业、重要产品的生产、库存和需求情况，这对于促进生产者作出正确经济决策，从而对促进生产和需求的协调发展，具有重要的作用。为了充分发挥信息在协调社会生产方面的重要作用，目前需要做好以下几个方面的工作：首先，建立多层次的信息中心和信息交流网络，以克服目前各部门独自所建立的信息机构不能产生综合信息和信息输出太弱的缺陷。其次，注意向生产者宣传国家的经济政策，公布中长期国民经济计划的详细内容，定期发布有关生产和社会需要的各种统计数字，搜集、筛选各种信息，并及时地和比较准确地向生产者传递。最后，经常组织力量对一些重要产品的生产、需求动向作出分析和预测，将结果告知生产者，并根据对市场预测的分析，提出哪些部门应该扩大、哪些部门应该缩小的预测性意见。

第六章

社会生产比例的调节机制

上述几章我们从经济机制的纵向构成层次上，分析了企业经营机制、市场机制及计划机制的各自内容和相互关系。从本章开始，我们则要从经济机制的具体作用功能上，分析宏观调节机制及发展机制。宏观调节的内容极为丰富，大体上可分为两个层次：一是调节社会生产各部门之间的平衡；二是调节总供给与总需求的平衡。本章着重考察前一层次的宏观调节机制即社会生产比例的调节机制。

第一节　社会生产的有计划按比例发展

一、社会生产的合比例

社会生产总是有比例的。社会生产的比例是通过社会生产各部门向社会提供的产品的比例表现出来的。如一定时期内社会生产各部门向社会提供的总产品中包含了多少钢材、多少水泥、多少木材、多少粮食、多少棉布、多少收音机，等等，就反映了这一时期社会生产的比例。社会生产的比例是否恰当，要由社会生产是否符合客观应有的比例来反映。社会生产的合比例是指同社会需要比例相适应的生产比例，其中也包括社会再生产过程中各部门之间在技术经济上的相互制约的比例关系。如生产一吨钢需要多少煤，生产一匹棉布需要多少棉花等。相对于社会需要量，如果有的生产过多，形成过剩，有的生产过少，严重供不应求，这就叫社会生产比例失调。调节社会生产各部门之间平衡的实际内容，就是要使社会生产比例与社会需要比例相适应，或者说供给结构与需求结构相适应。

社会生产比例怎么形成？一般来说，它是由社会在各个生产部门投入的资金、生产资料和劳动力的数量决定的。资金、生产资料和劳动力可以用社会劳动来概括。这样，社会生产比例，从根本上说是由社会劳动（活劳动和物化在生产资料中的劳动）按照社会需要在社会生产各部门间的分配比例形成的。这就是马克思讲的："要想得到和各种不同的需要量相适应的产品量，就要付出各种不同的和一定数量的社会总劳动量。这种按一定比例分配社会劳动的必要性，决不可能被社会生产的一定形式所取消，而可能改变的只是它的表现形式，这是不言而喻的。"①

社会按什么样的比例在各部门间分配社会劳动？应该是按第二种含义的社会必要劳动的比例。按社会必要劳动比例分配社会劳动的必要性，在于：第一，最合理地满足社会的不同需要；第二，最合理地使用劳动时间。在一定时间内，社会所拥有的现实的可以利用的社会总劳动时间总是既定的。这就产生了有限的社会总劳动时间的充分利用和配置得当的问题。按社会必要劳动时间调节生产比例，就可以达到节约社会劳动时间，使有限的社会劳动能发挥较大的效用，从而实现最合理地满足社会需要的目的。这是调节社会劳动按比例分配的目标和归宿。

关于社会必要劳动时间问题，这里有必要进一步从两个方面加以说明。

首先，从生产过程看，由于生产条件不同、劳动的熟练程度和强度不同，不同的生产者（企业）生产同种产品的个别劳动时间各不相同。例

① 《马克思恩格斯选集》第4卷，人民出版社1995年版，第580页。

如,皮鞋生产部门有甲、乙、丙三类生产者,生产每双皮鞋的个别劳动时间分别为5小时、4小时、3小时。这时社会必要劳动时间只能是指在现有的社会正常的生产条件下,在社会平均的劳动熟练程度和劳动强度下,制造某种使用价值所需要的劳动时间。如果乙生产者的生产条件属社会正常条件,其劳动熟练程度和强度达到社会平均水平,那么乙生产者的个别劳动时间4小时便是生产每双皮鞋的社会必要劳动时间。

其次,从生产和需要的联系看,社会生产有许多部门,如生产鞋、生产帽子、生产机器等的部门。在一定时期中,社会总劳动时间是一个有限的量,社会总劳动时间用在各个特定生产领域的份额有数量界限。这时只有满足社会需要的劳动量才是社会必要的。因此,社会对各种产品的需要量决定社会总劳动时间分配给各部门的必要比例。例如,在某一时期中,社会对皮鞋的需要量是800双,那么,按每双皮鞋要耗费社会必要劳动时间4小时计算,社会应分配给皮鞋生产部门的社会必要劳动量为3200小时。

以上两方面分析表明,社会必要劳动时间包含两方面含义:第一,是指单位产品上投入的是社会必要劳动时间,它是在生产同种产品的生产者之间的比较和竞争中形成的;第二,它是指在社会总劳动时间中,把必要的比例量投在不同部门即不同类产品的生产上,这就是马克思主义政治经济学所说的第二种含义的社会必要劳动时间。它是在生产和消费的联系中,在生产不同种类产品的部门结构比例关系中形成。这种从抽象意义上分析的社会必要劳动时间的含义,对我们研究调节社会劳动分配,从而调节社会生产比例的机制有重大的理论意义。

二、价值规律的调节功能

在商品经济条件下,社会按照社会必要劳动时间比例在各部门分配社会劳动,要通过价值规律的作用而实现。这就是马克思讲的:“价值规律所影响的不是个别商品或物品,而总是各个特殊的因分工而互相独立的社会生产领域的总产品;因此,不仅在每个商品上只使用必要的劳动时间，而且在社会总劳动时间中，也只把必要的比例量使用在不同类的商品上。”①

价值规律是社会必要劳动时间的规律，其基本要求是商品的价值量由社会必要劳动时间决定，商品交换以价值为基础。价值规律的作用即价值规律贯彻自己要求的过程，包括价值决定和价值实现两个过程。依靠这两个过程，社会按社会必要劳动的比例在各部门间分配社会劳动。

价值决定过程是将个别劳动时间还原为社会必要劳动时间，个别价值还原为社会价值的过程。不同生产者的同种商品进入市场时，其个别劳动时间（个别价值）各不相同。价值规律通过市场的供求和竞争机制，特别是卖者之间的竞争，将各不相同的个别劳动时间均衡为统一的社会必要劳动时间（社会价值）。这里的关键是，市场供求关系会决定哪一种生产条件下的个别价值决定该商品的社会价值（社会必要劳动时间）。在市场关系中，会按社会必要劳动时间补偿个别劳动消耗。这样一来，劳动生产率高的生产者的个别价值，还原为较高的社会价值，获得较高的利润，而劳动生产率低的生产者的个别价值，则还原为较低的社会价值，获得较低的利润，甚至亏本。所以，价值规律作用不仅具有核算社会必要劳动时间的功能，还有刺激生产者节约劳动消耗、改进技术、提高劳动生产率的功能。

价值实现过程，就是价格还原为价值的过程。产品进入市场后能否从价格形式上实现其价值，要看产品的总量是否适合社会对该产品的需要量。社会对各种产品的需要量决定社会总劳动时间分配给各部门的必要比例量，从而形成各种产品之间的价值比例和价格比例。如果各种产品的供求关系是平衡的，那么，各种产品之间的价值比例和价格比例便是一致的，从而产品各自的价格与价值也是一致的。如果产品供求不平衡，价格与价值就不会一致。这样，在价值规律贯彻自己要求的过程中，社会劳动从价格低于价值的部门流向价格高于价值的部门，亦即缩减供过于求的产品的生产，扩大供不应求的产品的生产，最终实现全社会生产比例

① 《马克思恩格斯全集》第25卷，人民出版社1974年版，第716页。

与需要比例的平衡。我们继续用上述皮鞋生产部门的例子来说明。假定皮鞋生产部门的不同企业一共生产了100000双皮鞋，按每双耗费4小时劳动(合货币4元)计算，共投入社会必要劳动量400000小时。假定该时期社会对皮鞋的需要量为80000双，那么投入该部门的社会必要劳动总量应为320000小时。这样，该部门就实际上多投入了本应投入其他部门的80000小时劳动量。于是，市场上会以低于价值(每双4元)的价格(每双3.2元)出售皮鞋。在价值规律作用下，皮鞋生产部门会缩减皮鞋的生产。如果缩减20000双，就要流出80000小时劳动量。这时该产品的供求就趋于平衡，价格回升与价值趋于一致。与此同时，别的由于投入社会劳动量不足因而供不应求的部门，由于80000小时社会劳动量的流入，供求也就会趋于平衡。事实上，现实经济生活中的情况，要比上面为便于说明问题而举的简单例子复杂得多。比如，上个时期皮鞋多生产了20000双，而下个时期对皮鞋的需要量却增加了30000双，如果简单根据上个时期供过于求的状况缩减生产皮鞋20000双，下个时期就会出现供不应求，短缺30000双。其次，根据价格涨落所反映的供求状况而增减生产量，可能增减得过多，发生方向相反的不平衡。不过，在价值规律的作用下，根据社会需要的变化，社会劳动在各生产部门间的不断重新分配，增多或减少，最终会实现在社会生产各部门间的按比例分配。

三、社会劳动的有计划分配

在计划经济条件下，由于有计划按比例发展规律的作用，社会劳动在各部门的分配应该是有计划地进行的，实现马克思所讲的：“劳动时间的社会的有计划的分配，调节着各种劳动职能同各种需要的适当的比例。”①

长期以来，人们往往把有计划分配社会劳动同直接分配社会劳动(直接调节)等同起来，以为公有制一建立，人们便可直接规定生产比例

① 《马克思恩格斯全集》第23卷，人民出版社1972年版，第96页。

和需要比例,因而国家可以直接规定企业生产什么和生产多少。社会主义实践证明,这是不符合实际的。在商品生产条件下,耗费在一种社会产品上的社会劳动总量(形成该产品总量),同社会要求用这种产品来满足的社会需要的规模之间,难以事先建立直接的必然的联系,就是因为:即使在社会主义商品经济中,作为生产商品的劳动,也不是一开始就完全成为直接的社会劳动;对于商品中包含的社会必要劳动时间,以及在每种商品生产上应投入多少社会劳动时间(即第二含义的社会必要劳动时间),人们并不很清楚;谁也不能事先对复杂的社会需求和成千上万的企业生产能力作出准确计算。即使是公有制生产,但只要还采取商品生产形式,这种状况便不会改变。在这样一种基础上进行的直接计划调节必然带来僵化而缺乏效率的弊病。苏联主张改革的经济学家利比西金以苏联经济为例说明了这种调节方式的三大缺陷:(1)工厂生产没有销路的产品。例如,苏联一家家具厂,生产一种桌子,该桌子因卖不出去,堆满了工厂,整个车间被当作了仓库,但该厂照旧每天生产500台,因为计划没有变。(2)一边是原材料奇缺,另一边是原材料过剩,从而大大降低对现有生产能力的利用。例如由于原料的限制,48%的食品工业自动线三天工作17小时。(3)商品低质量、高成本。例如,新种类机器的工作性能指标均严重低于设计标准。我国的经济实践也充分表明,产需脱节、资源浪费、质量低劣、技术进步缓慢,可说是直接计划调节方式的通病。

因此,只要对计划调节概念的理解不陷入片面性,那么社会劳动的计划分配形式,或生产和需要的计划联系形式,就不应是单一的,除了直接的计划调节机制以外,还有另一种选择,即通过市场的间接的计划调节机制。

选择间接的计划调节机制的必要性在于,生产商品的劳动具有非直接或不完全直接的社会性。社会主义国家必须借助价值规律的作用,实现按社会必要劳动比例分配社会劳动的要求。具体地说,出于以下三方面的考虑。

第一,前面对价值规律功能的分析已指出,当产品中的社会必要劳动时间不能直接计算时,价值规律是客观的估算社会必要劳动量的自动计算器。

第二，当生产单位是利益主体时，价值关系或价值规律是局部利益同社会利益的调节器。价值关系不仅确认企业局部利益，同时又是联结企业利益同社会利益的纽带。在价值关系上，企业的局部利益“本身已经是社会所决定的利益，而且只有在社会所创造的条件下并使用社会所提供的手段，才能达到”①。正是在价值关系中，企业才从自身利益上关心社会利益。

第三，在社会生产和社会需要的关系不透明时，价值关系或价值规律是生产和需要的自动平衡器。在价值关系上，各个企业与市场建立了横向经济联系，市场自动反馈供求、价格变动的信息。只要企业对反馈的信息有自动反应的机能，社会的生产和需要之间就可能建立起动态平衡。

根据以上分析，在社会主义商品经济条件下，为保障价值规律调节功能的发挥和社会主义经济的有效运行，社会主义国家对社会生产比例的计划调节，主要包括以下几种形式：

第一，国家对社会生产各部门的比例要有一个大致的粗线条的计划目标，以形成对社会生产各部门的劳动分配比例的宏观约束，从总体上对社会生产比例进行调节。

第二，服从于计划目标，国家下达指导性计划给企业（当然也可以给某些企业下达必要的指令性计划，或是在对某些企业实行指导性计划的同时，也下达某项指令性计划指标），从而通过计划手段对企业进行有弹性的计划控制。

第三，计划调节的主要方式是运用经济杠杆，对企业进行间接控制。也就是自觉利用价值规律及其作用机制——市场机制，来调节社会生产比例。具体来说，这样的调节杠杆有属于市场机制的价格比例和利息率差别杠杆、国家直接掌握的税率差别和国家投资杠杆。

整个计划调节过程是一个系统。指导性计划和经济杠杆服从于预定的国民经济发展总体目标，指导性计划和经济杠杆相互配套，前者借助于

① 《马克思恩格斯全集》第46卷（上），人民出版社1979年版，第102—103页。

后者来实现,从而转向间接控制。其中各种经济杠杆又相互补充和相互制约而发挥作用。

第二节　有计划市场机制的调节功能

一、市场机制调节的传递过程

在社会主义商品经济条件下,企业作为商品生产者进行生产经营决策时,直接感受的是来自市场的价值规律作用。因此,对企业经济活动的按比例调节,也必须要通过市场机制来进行。现在的市场机制调节(这里可简称为市场调节)有两类:一类是指导性计划经济中的有计划的市场机制调节。这是计划机制和市场机制渗透性结合的计划调节形式,体现人们对价值规律的自觉利用。另一类是单纯的市场调节。这里的市场机制尚未渗入计划机制,价值规律自发地起调节作用。在整个国民经济运行中,前者是主体。我们重点考察前者的运行过程。

在市场机制调节过程中,市场价格和利率变动是市场调节的信息系统,供求双方是市场调节的对象,竞争(包括资金的转移)是市场调节的效应系统。在典型的和完全的市场调节下,其现实传送过程是:供不应求→价格上升→竞争(资金流入)→供过于求→价格下跌→竞争(资金流出)→供不应求……如此循环往复不止。这里讲的流进流出的资金包括两部分:一部分是原有的再生产资金;另一部分是经过积累的新增投资(下同)。随着价格的变动,各生产部门的比例逐渐接近第二含义的社会必要劳动时间比例。这就是马克思所讲的:“竞争,同供求关系的变动相适应的市场价格的波动,总是力图把耗费在每一商品上的劳动的总量化为这个标准。”①在市场机制被计划控制,渗入了计划机制以后,市

① 《马克思恩格斯全集》第25卷,人民出版社1974年版,第215页。

场机制的自发性和盲目性会被限制。限制程度的大小，取决于计划机制作用的大小和对价值规律利用的自觉程度的高低。

二、价格体系和价格信号

价格在调节经济活动时主要发出两种信号：一种是价格总水平信号；另一种是价格比例信号。对调节社会生产比例有意义的是价格比例信号。

价格比例属于价格体系范畴。在商品经济条件下，有多少种商品就有多少种价格。但每一种商品的价格都不是孤立的，它们在整个国民经济中有机地联系在一起，形成价格体系。价格体系内容主要包括：不同产品之间的比价关系，同种产品之间的质量差价关系，同种产品的购销价格关系，等等。

在企业与市场实现成果有了直接经济利害关系之后，“产品交换者实际关心的问题，首先是他用自己的产品能换取多少别人的产品，也就是说，产品按什么样的比例交换”①。于是，价格比例就成为信号，直接调节生产者和消费者的活动。对生产者来说，价格比例是决定生产什么、生产多少和为谁生产的客观依据。也就是说，价格比例是生产者制定生产决策的客观依据，价格比例的变动会驱使生产者通过资金流动来改变自己的生产方向和调整自己的生产规模。对于消费者（包括生产消费和生活消费）来说，价格比例是他确定购买什么、购买多少的客观依据。也就是说，价格比例的变化，会驱使消费者考虑商品替代关系。例如：当石油价格大大高于煤的价格时，原先用石油做燃料的生产企业可能会转向以煤做燃料。当毛料价格过高时，消费者会转向购买仿毛的化纤织物。当消费者考虑商品比价，并在购买中寻求替代商品后，就会使生产者在实践中相应地改变生产比例，从而可协调生产比例与需求比例的平衡关系。

价格信号的调节作用表明，社会生产的合比例，集中反映在价格比例的合理性上。只要价格比例既反映价值比例，又反映现实的供求关系变

---

① 《马克思恩格斯全集》第 23 卷，人民出版社 1972 年版，第 91 页。

化,那就表明社会生产是按比例发展的。如果相反,价格信号处于扭曲状态,那么价格信号就不但不能解决社会生产的合比例问题,而且还会造成经济的混乱。这时,即使是指令性计划指标,哪怕它是符合社会需要的,也仍然会受到干扰和冲击。很显然,经济体制改革的关键,或者说调节社会生产比例的关键,是改革价格体系,使之趋向合理。

价格比例如何趋向合理?按照目前人们的自觉性程度,人们是不可能完全自觉确定同价值相一致的价格的。即使假定一开始人们的确定是符合价值的,但也会随着生产条件和社会需求的变化而发生偏离。在这种情况下,许多产品的价格确定原则上应该放给市场机制,允许价格在一定范围内波动。"如果禁止竞争通过价格的起落把世界市场情况告诉单个生产者,那他们就完全被蒙住了眼睛。"①

在计划经济条件下,价格比例可成为对企业活动进行间接控制的重要工具(杠杆)。但是,人们自觉地运用价格杠杆,并不是要用人们对价格的自觉确定来取代价格的波动过程,而是要尽自己所能,通过各种方法预测价值变动和供求变动方向及程度,指导价格比例的变动,尽可能缩短或加快价格接近价值的过程,努力减弱价格波动的振幅,减少和避免价格波动的盲目性。

由于我国长期实行僵化的、由国家统一定价的制度,目前的价格体系还很混乱,价格信号严重扭曲,既不能反映价值,又不能反映供求。这种价格体系和信号显然不能调节好生产比例。因此价格体系的改革迫在眉睫。但是如何改,现在面临着两难的选择:一是国家调价;二是放给市场调价。如果由国家调,且不说国家的主观定价难以准确反映社会劳动消耗和供求关系变化,它还可成为企业软性预算约束的根源。这是因为价格的畸高畸低总要损害一方的利益,从而国家调整价格就必须对受损失一方负责,于是就给予减免税负、让利和补贴的优惠。这样,一方面国家仍背着沉重的财政包袱,同时也形成国家与企业的讨价还价关系,从而使企业的预算约束进一步软化。相反,如将价格放给市场调节,价格结构性

① 《马克思恩格斯全集》第21卷,人民出版社1965年版,第216页。

改革会引起价格总水平上升。现在的经济环境是普遍短缺，加上市场上货币流通量过多的影响，几乎是哪一种商品的价格放开，哪一种商品便涨价，而且涨上去后降不下来，从而使市场物价水平失去控制。这两难选择表明，为保证价格体系合理化，价格的放开可以说是个方向，但是价格的全面放开需要相对宽松的经济环境，即需要有供给的增加，企业经济效益的提高，需求膨胀状况的缓解。因而不可能一蹴而就，应是渐进的过程。而且，即使价格放开后，国家也应对价格的波动加强宏观控制和指导。

三、利率差别信号

利息率在调节经济活动时，也有两种信号：一种是利率总水平信号；另一种是差别利率信号。对调节社会生产比例有意义的是差别利率信号。

所谓差别利率，就是不同项目、不同部门的贷款利率之间存在差别。若贷款利率高，贷款额就会减少；若贷款利率低，贷款额就会增多。利率的这种变化，会引起资金（代表物化社会劳动）在各生产部门间自由流动，从而调节了社会生产比例。因此，贷款利率差别变动，是调节社会生产比例的重要经济机制。

利息率差别信号的调节功能，主要表现在以下两个方面：

一方面，利息率差别信号能加强价格差别信号的调节作用。在银行企业化以后，银行作为信贷资金的供给者总是依据利息率差别信号而发放信贷资金。一般来说，利息率差别是同价格差别挂钩的。在价格完全放开的条件下，某种产品价高利大，意味着该部门商品供不应求，对信贷资金需求大，于是利息率较高，诱使银行企业将更多的信贷资金流入该部门。相反，某种产品价低利微，甚至亏损，意味着该部门产品供过于求，对信贷资金的需求量小，于是利息率较低。据此，银行企业会减少对该部门的贷款，阻止信贷资金流入该部门，甚至还会将原有资金抽走。显然，利息率差别信号在这里能够补充价格比例信号的作用，加快社会劳动在各生产部门间的转移，促进价格接近于价值。

另一方面，利率差别信号也能够起到减弱价格比例信号的调节作用。

这种作用主要发生在价格信号扭曲时。价格信号扭曲表现在两个方面：一是价格比例不能反映价值比例,如农产品价格低于价值,某些工业品价格高于价值;二是价格比例不能反映供求变化,如煤炭供不应求,但其价格偏低。扭曲的价格不但不能有效地调节社会劳动从供过于求的部门抽走,转向供不应求的产品生产部门,还会起逆向调节作用。这时,国家通过产业政策及货币政策影响信贷活动,从而影响差别利率,使差别利率能减弱这种信号扭曲,降低供不应求部门的贷款项目利率,提高供过于求部门贷款项目利率,则能有效地调节社会劳动从供过于求部门抽出,流向供不应求的部门。

上述差别利息率信号的功能表明,差别利息率可以成为国家对社会生产比例进行间接控制的工具(杠杆)。因此,有必要在开放资金市场的同时,放开市场利率,一方面使之同价格变动紧密联系,保障价值规律充分发挥作用;另一方面使之同信贷资金供求紧密联系,保障利息率对信贷资金的调节作用。

银行逐渐企业化后,国家对利率差别杠杆的运用同样碰到两难选择：一是国家直接规定利率差别;二是将利率差别的确定交给市场。国家直接规定利率差别能较好地反映国家的意图,但不能保证利率的变动客观地反映资金供求,而且也会成为预算约束软化的一个根源。例如,国家为刺激生产,通过贷款将资金投向某一部门或某一项目,就要降低该项贷款的利率。但是,利率高低是银行企业投放贷款的信号。国家降低利率的项目对银行企业投放贷款无利可图,银行便不会有这种贷款的积极性。如要实现这项贷款,国家对银行企业须采取相应的补贴措施。或者反过来,国家为鼓励银行向某项目贷款,便调高利率。但高利率对生产企业来说又是不愿承受的,这会降低他们借款投资的积极性。任何企业,一旦在软性预算约束下行事,便不会为市场信号所动,国家通过市场的间接计划调节仍会落空。如果做另一种选择,将利率差别的确定交给市场,上述问题便自然而然得到解决。但它在宏观上很难避免一哄而上,重复投资,与国家计划目标相左,也有可能出现信贷膨胀。这时的关键是加强中央银行的调节机制,加强对市场利息率差别变动的计划指导,使它的变动同国家调节社会生产比例的计划目标相吻合。

四、优胜劣汰

以上各方面的调节，都是以进入市场的商品生产者（企业）为对象的。在这种情况下，企业如何活动？最关键的是要明确自己所面临的竞争战场。

企业的竞争来自何方？一般来说，企业利润=销售收入（销售量×价格）-成本。据此，竞争从以下几方面展开：

第一，产品销售量的竞争。这里包含两个层次。一是该种产品市场需要量的确定。这里会遇到来自别种产品的竞争。消费者将根据自己的收入和消费欲望，确定自己购买这种产品，还是购买那种产品，比较不同产品的效用和价格，最终形成该种产品的市场需要量。二是在该种产品的市场需要量形成以后，还要确定本企业产品在其中的比重，每个企业都力图在其中占有较大的地盘，于是在同种产品生产者之间展开竞争。这里的评判者也是消费者。

第二，价格的竞争。一般来说，价格较高意味着有较高的利润，因而价格涨落是企业改变生产方向，调整生产规模的信号。同时，企业在市场上为自己的产品争夺较大地盘时，价格又会成为竞争的工具。这种竞争从两个方面进行：一是在产品比价方面进行竞争，通过降低产品价格的办法，引起消费者的购买替代关系变化，扩大该种产品的市场需要量；二是同生产同种产品的其他企业进行竞争，将本企业的产品卖得比别的企业的产品便宜，使本企业的产品占领较大的市场。这种价格竞争的物质技术基础，是通过改进技术和提高劳动生产率的途径而降低成本。

以上竞争，归结起来就是各企业在市场上比较产品的质量和比较产品对市场需要的适应性。也就是说，是比较经营水平、比较劳动生产率水平。在竞争中，有的企业胜利了，有的企业被淘汰了，由此形成强大的经济压力，迫使生产者主动地关心社会需要，关心劳动生产率的提高。来自竞争的繁荣的根源，就在这里。

五、企业对策

面对优胜劣汰的市场,企业应采取什么对策?

第一,搞好市场预测。这是企业了解和分析自己所处的市场环境的过程。市场预测的范围一般包括四个方面。一是预测经济形势。主要是预测未来一个时期的国民收入增长水平,就业水平,人均国民收入或人均国民生产总值水平,积累水平,预期的国民经济增长速度和发展方向,从而掌握整个国民经济的需求水平和需求结构。二是预测产品的市场容量(即市场潜力)。主要是预测市场在一定时期内吸收某种产品的能力,预测该行业在一定时期内可达到的市场销售量。三是预测市场需求的地区分布,包括国内市场和国际市场。四是预测市场对本企业产品的吸收能力(即销售潜力)。这就需要对同行业产品进行比较,并且了解消费者对该产品的样式、质量的要求,等等。

第二,按需定产。这是企业在了解市场环境的基础上,使自己的生产去适应市场环境。在商品生产条件下,任何企业都必须根据市场需要来安排自己的生产计划,根据价格、利率及税率信号来决定自己的资金投向和生产规模。同时,在使用价值方面,任何企业都要努力在质量上、品种上、规格上、数量上适合消费者的需要。不这样做,企业随时都有被激烈的市场竞争淘汰的危险。

第三,展开竞争。企业要在适应市场环境的基础上,努力去影响环境。在同一部门内,企业为了争夺市场,必须要做各方面的努力:争先采用新技术,降低消耗,从而争取以较廉的价格取胜;讲究产品质量,争取以优质的产品取胜;努力改进产品样式,不断推出新产品,争取以新产品取胜,等等。一个企业是这样,别的企业也会这样,从而带动全社会劳动生产率提高,同时使社会需要满足程度提高。竞争如果是在不同生产部门之间展开,企业根据市场价格、利率及税率信号,随时调整社会劳动的投向和投量,就会使自己的生产方向和规模适合社会需要的变化。各个企业都这样做,就会实现利润平均化,从而实现社会劳动的合比例分配。在竞争中，企业的产品结构分为三个层次：正在成批生产的产品、试制中的产品、设计研究中的产品。市场一有变化，就会有新产品被推入市场。这样，不但增强了企业对市场的适应性，还会推动消费水平的提高和消费结构的变化。

上述竞争中的繁荣，是有计划的商品经济机制带来的。它既克服或削弱了市场调节的盲目性，保证了社会劳动的有计划按比例分配；又发挥了市场调节的积极功能，并在实现宏观计划性的同时，保证了微观经济效益的提高。

第三节　社会生产比例的宏观调节

产业结构的合理化和市场机制的功能性缺陷。

在调节社会生产比例方面，国家实行间接的计划调节，从而将直接调节供给结构的功能交给了市场，这样做，有利于供给结构与需求结构之间的平衡。但是国家不能就此完全放弃对供给的宏观的计划调节和指导。其必要性在于，市场机制受自身功能的局限，不能解决好社会生产合比例即产业结构的合理化问题。

产业结构相对于生产鞋、帽、衣服、汽车、电视机等微观生产结构具有宏观意义。从抽象意义上说，它是生产资料生产和消费资料生产两大部类之间的比例关系。具体来说，它涉及国民经济内部各产业部门之间的比例，如农轻重比例，农业内部比例，工业内部各行业之间的比例，加工工业和基础工业之间的比例，等等。市场机制不能解决产业结构的协调发展，主要有以下几方面功能性缺陷。

第一，市场机制主要依靠价格比例的波动调节生产比例。虽然价格比例的波动最终会与价值比例趋向一致，但不等于说价格的每一波动都反映价值规律要求，从而形成合理的供给结构。人们一般说的市场机制的调节能实现资源的最优配置，是就波动的价格与价值趋向一致的意义上讲的,它绝不排斥企业为每一暂时市场行情所动而在调整生产比例过程中出现的资源浪费。

第二,产业结构是在一定的供给结构基础上形成的。产业结构的形成、调整和发展,在时间跨度上具有长期性,在空间范围上具有全面性。而市场信号只具有局部的和短期的性质。因此,如依靠市场机制来协调和调整产业结构,则需要通过市场机制长期的多次波动过程。

第三,产业结构的形成和发展,与一国的经济发展目标相联系,在社会主义经济中应成为自觉的过程。而市场机制作为客观的过程,自身不能解决计划目标的实现问题,特别是在分权决策条件下,企业相对独立决策不会自动同产业结构发展目标相吻合,市场机制不可能自动地把资源吸引到国民经济需要优先或重点发展的部门。

以上三方面表明,为了弥补市场机制的缺陷,保证产业结构的协调和发展,国家必须对社会生产比例,对供给结构加强计划指导和调节,这点连生活在资本主义市场经济条件下的现代西方经济学家也有所认识。他们意识到,国家对经济的干预,不能限于对总供给和总需求的调节,还必须规划和干预产业结构的形成和发展,原因是单靠市场机制这只“看不见的手”不能完全解决资源在产业部门之间的有效分配问题。日本之所以在战后短期内实现经济起飞,一个重要的奥秘就在于国家对产业的强有力的干预。西方市场经济国家尚且如此,何况社会主义国家呢!

微观放开以后,国家对供给结构的计划调节,一般不采取过去直接干预的办法,具体地说,第一,不能侵犯企业应有的相对独立的经营自主权;第二,必须保障市场机制调节功能的充分发挥。这样,国家调节供给的主要形式,应是以根据一定的经济目标制定的政策规范诱导企业行为和市场行为。这主要体现为产业结构政策。

一、产业结构政策的内容及其选择

产业结构政策是根据经济发展的内在联系和在揭示一定时期内产业结构的变化趋势及过程的基础上,按照产业结构的发展规律,规定各产业部门在社会经济发展中的地位和作用,同时提出协调产业结构内部的比例关系及保证产业结构顺利发展的政策措施。这就是说,产业结构政策是指将已有产业结构推向具有更高经济效益的产业结构的国家经济政策。也就是在政策上保证产业部门之间在更高经济效益基础上实现均衡。例如,我国目前的产业结构很不合理,表现在:基础设施欠账过多,加工工业增长过快,"第三产业"发展缓慢。针对这种状况,"七五"计划提出了调整产业结构的方向,主要包括:加快能源、原材料工业的发展,适当控制一般加工工业生产的增长;把交通运输和通信的发展放到优先地位;加快"第三产业"的发展;等等。产业结构政策则是服从于产业结构调整的需要,采取相应的税收、价格、投资、信贷、外汇、原材料等方面的政策,规范生产和投资行为,从而扶持战略产业的起飞,拉长短线部门,压缩长线部门,推动新兴产业的发展,诱导整个经济按预定目标发展。

产业结构政策可以提高市场机制调节产业结构的效应,也可以加速和缩短市场机制调节产业结构的作用过程,从而使产业结构适应需求结构的要求而迅速及时地转化,保证供给结构与需求结构的平衡,但这必须以产业结构政策的正确为前提。如果产业结构政策选择失误,那就不仅不会对产业结构起到好的调节作用,协调供给结构与需求结构的矛盾,反而还会打乱经济运行,给经济发展带来不良的后果。因此,制定产业结构政策是一种风险性行为,要求我们必须审慎行事。

(一)主导产业的选择

制定产业结构政策,绝不是非常详细地规划所有产业的具体发展规模,而是根据本国的实际情况(资源、需求、资金、技术力量等)和经济发展的要求,把握产业结构的中、长期演变趋势和方向,选择和确定一定时期的战略产业,即主导产业、支柱产业和"瓶颈"产业,通过这些战略产业的发展来带动国民经济各产业部门按比例发展。因此,制定产业结构政策的关键,是首先选择一定时期的主导产业部门。根据一些发达国家和新兴工业化国家的发展历程,我们在选择主导产业部门时应该以收入弹性(即商品需求的收入弹性,指的是收入变动所引起的需求变动的程度)

和产业的前后连锁度为基准，同时可以参照其他国家在人均国民生产总值从200多美元向1000多美元发展时的产业结构变化规律和它们选择主导产业部门的经验。具体来说，我们选择的主导产业应具有这样的特点：第一，反映当代技术进步的新兴产业，效益高，并且具有规模产出的可能性和较高的增长率；第二，具有较强的前向联系和后向联系，从而它的发展能带动许多产业部门的发展和整个产业的繁荣；第三，产品有巨大的需求。也就是说，该产业通常是具有最大需求弹性的社会最终产品的生产部门，在一个较长时期内，社会对它有着不断增加的需求，而又难以充分满足；第四，产值在国民生产总值中占有较大的比重。根据上述的要求，我国的主导产业应该是以重化工业、机械工业和电子工业为主。

（二）支柱产业与瓶颈产业的选择

在主导产业确定之后，紧接着就需要对支柱产业和"瓶颈"产业加以确定。对于"瓶颈"产业，人们的认识基本上是统一的。在我国，严重制约经济发展的"瓶颈"产业和"瓶颈"行业，有交通运输业、邮电通讯业、电力工业、钢铁工业、有色金属工业、家用电器的元件工业等。这些产业和行业的企业规模一般比较大，需要的投资大而且周期长，需要有计划地分期分批地上，在短期内还不可能完全改变供求不相适应的状况。对于支柱产业的认识不像对"瓶颈"产业那样统一，有着很大的分歧。有的同志赞成把加工制造业作为我国的支柱产业，还有的赞成把汽车工业作为我国的支柱产业，也有的同志认为建筑业应该成为我国的支柱产业。这些看法都有一定的道理，但我们认为，从我国的实际情况来看，在今后一个时期内，对我国国民经济影响面较大的支柱产业，应该是各工业部门中的出口行业和机械工业中的工业设备行业以及交通设备行业。从行业的规范研究来说，把出口行业单独列出，打乱了行业的基本分类法，但从我国的实际情况来看，是必要和可行的。我国的结构矛盾比较突出，但从国内的经济状况来看，又难以自我平衡，这就要求通过扩大国际交往来促进国内的结构平衡。从世界各国的经验来看，任何一个国家，随着经济的发展和人均生活水平的提高，都会出现需求结构的变化，由需求结构变化快和供给结构变化慢所引起的结构矛盾,都是不可避免的,但是那些出口能力强的国家,往往能够利用世界市场来弥补国内市场的不足,把世界市场作为本国经济的“蓄水池”,用国际资源来弥补国内资源的短缺,用国际的需求来缓解国内某些行业的生产能力过剩的矛盾,从而对本国出现的结构偏差进行有效的协调。因此,对于我们这样一个大国来说,虽然外贸的比重在国内生产总值中所占的比重并不大,但在进出口会成为解决我国国内结构矛盾的必不可少的途径的条件下,出口行业还应作为稳定国内经济发展的支柱行业来重点扶持。特别是应该看到,把出口行业作为支柱行业,不仅是缓和我国国内结构矛盾的关键性措施之一,而且还可以促使企业学会市场活动的行为和规范,加快工业技术进步和增强竞争活力,从而提高整个社会经济效益。

在上述战略产业确定之后,我们就可以对整个产业结构有一个总体的调整方针,确定哪些产业需要保证投资以超前发展,哪些产业需要加快进行,哪些产业需要尽快进行技术改造,从而确定投资政策、技术改造政策及乡镇企业的发展政策等有关产业结构的调节政策。例如,我们在选择战略产业部门的基础上,就可以确定究竟应对哪些产业部门进行重点投资和采用最先进的科学技术,对哪些产业部门进行适当的投资和采用比较先进的技术,而对哪些产业部门则不再进行投资和仅采用一般性的适用技术。总之,产业结构政策的规划和设计,关键在于选择战略性产业部门,从而规划产业发展的基本格局。我国已经制定了一些产业结构政策,但要实现我国产业结构的现代化改造,保证用以协调结构平衡的产业结构政策的目标实现,这些产业结构政策还应进一步修改和完善。

在这里需要特别指出的是,我们制定产业结构政策,是为了指导和补充市场机制在调节供给结构与需求结构矛盾时的不足,以保证市场机制的调节作用的有效发挥。因此,我们应该把产业结构看作是由市场需求结构(短期的需求结构和长期的需求结构)决定的,它的变化是市场需求变化的客观要求,从而根据市场需求的发展趋势来协调产业结构,使产业结构在市场机理的变换中向前发展,而不应该强制地用产品分配的方法来加快产业结构的变化。否则,就会扼杀市场机制的作用,造成供给结构与需求结构的更大失衡。同时,产业结构的转换,实际上是作为市场活动主体的企业,在市场机制的作用下,使生产要素重新组合和进行更新的过程,因此,产业结构的转换,要通过企业来实现,而不应该也不可能都由国家直接担当,国家只是通过各种政策手段,促使资源从应该缩减的产业朝着需要大力发展的产业流动,这就要求我们必须调动企业的转产积极性。无论是对某些应大力发展的产业实行优惠的税收和给予必要的补贴,还是对一些应限制发展的产业实行高税收和强制折旧,都要把提高企业的转产能力作为出发点。总之,产业结构政策应该建立在市场机制充分作用的基础上。

二、产生结构政策的实施

在计划调节供给的过程中,产业结构政策不是孤立地起作用的,它是包括指导性计划、经济立法、税收、投资等各项经济政策和经济杠杆在内的经济调节机制。

(一)指导性计划

国家计划部门按照确定的产业结构政策,根据各部门之间的投入产出关系,制订各产业部门的生产计划,然后以指导性计划的形式下达给企业,这是贯彻产业结构政策,指导供给的重要途径。

指导性计划,顾名思义,是国家下达给企业的有弹性的计划,执行单位有权根据经济状况的变化修正计划。指导性计划对企业虽无约束力,但仍可以给企业活动大致规定一个方向和运行轨道。具体包括以下三个方面功能。

第一,把分解了的国民经济计划目标下达给企业,供企业在决策时参考,使企业在国民经济计划的大框架下进行自主经营。

第二,从宏观角度对生产方向及产供销行情进行预测,汇集各方面经济技术信息,对企业进行信息指导,避免企业收集信息的局限性,减少其活动的盲目性。

第三,指导和协调企业间的产供销经济联系,促进专业化协作和经济联合。

社会主义国家的指导性计划的意义,不仅在于保障企业的经营自主权,更重要的是为了保证国家计划的科学性和切合实际。指导性计划的弹性,不仅是对企业而言,同时也是对计划部门而言的。生产企业修正计划的信息反馈到计划部门,计划部门必须迅速反应,比照产业结构政策目标,修正国家计划,再以指导性计划形式下达给企业,直至国家计划符合实际,成为现实的行动。从这一意义上说,社会主义国家的指导性计划绝不是可有可无,可实行可不实行的。

考虑到产业结构的形成和发展是一个较长时期的过程,因此国家按产业结构政策目标制定各部门的经济发展计划的重点,是中长期计划,国家下达给企业的计划也应主要是中长期计划。

社会主义国家的指导性计划的显著特征是,国家不是孤立地下达指导性计划,与之相配套的还有一系列的经济杠杆和政策手段。这些经济杠杆和政策手段的主要功能,是作用于企业活动的环境和条件,因此,指导性计划对企业虽无行政上的约束力,但是有经济上的约束力。

(二)税率差别和税收政策

税金是企业上缴给国家的一部分纯收入。税收不仅是国家依法集中收入的手段,而且也是处理国家与企业经济利益关系的调节器,因而可以成为国家调节经济活动,贯彻产业结构政策的重要杠杆。

税收用作调节社会生产比例的手段,主要有两个方面:一是税率差别,即对不同产品的流转税(或增值税)规定不同的税率,如按我国现行税制,甲、乙级卷烟税率为66%,农机产品税率为3%,不同产品采取差别税率,对产品的生产和需求起着限制或鼓励的作用。二是增、减、免税收,这是国家根据宏观调节需要对不同产品的生产和投资采取的区别对待政策。税种税率需通过立法程序确定,它的实施具有法律的强制性,对调节社会生产比例起着预先控制的作用。

在调节社会劳动分配时,税率差别起着与利率差别相似的功能,能加大或减弱价格、利率信号。当某种产品严重供不应求,靠价格、利率信号无力调动更多的社会劳动流入该部门时,降低该产品的产品税率则能起到补充调节作用。当价格信号和利率信号盲目地自发地起调节作用,比如在扭曲的价格信号下出现某种产品的生产一哄而上时,提高该产品的税率,则可减弱或抵销价格信号的盲目作用,促进供求趋于平衡。

税种税率既然需通过法律程序确定,它就不可能随机地变动。为了充分发挥税收在贯彻产业结构政策方面的作用,税率差别调整的周期应与国家调整产业结构的周期相一致。例如,我国在20世纪50年代,为了贯彻优先发展重工业的方针,在税率的设计上体现了重工业轻于轻工业的政策,从而使重工业产品的价格偏低。现在我国采取农轻重协调发展的方针,税率的设计必须作相应的调整,从而保证现阶段产业结构政策的贯彻。此外,国家可以采取减、免税的政策,鼓励企业开发新产品,采用新技术,保证新兴工业在税负较轻的条件下发展,同时采取增税的政策,限制和淘汰陈旧落后的技术和产品,从而增强现有产业结构向具有更高经济效益的产业结构发展的转换能力。

(三)投资结构和投资政策

产业结构的调整和发展,同一定的投资结构(投资在各产业部门的分配比例)相联系。国家的投资政策服从于产业结构政策,旨在保证产业结构的合理化。国家的投资政策可规范和诱导两方面的行为:一是国家财政集中的投资分配;二是银行信贷资金的投向。

国家投资分配直接是国家的行为,它可以在调节社会生产比例方面发挥市场机制所达不到的功能。它按照产业结构政策要求,调整和协调产业结构,其具体功能包括以下三方面:

第一,弥补市场调节的缺陷。失调的社会生产比例单靠市场调节难以平衡时,国家将适当的资金投入短线部门,就能通过填平补齐的方法,有效地恢复生产比例的平衡。

第二,给市场调节导向。国家根据国民经济宏观计划目标的要求,把对社会生产各部门的投资按轻重缓急加以排序,从而就会对整个社会投资方向起到示范作用。在这里,国家投资实际上是投资方向的信息的载体,对各部门各企业的投资决策起着信息调节的作用。

第三,承担市场调节不能解决的投资多、收效慢但对国民经济发展十分需要的关键部门的投资,如负责对能源、交通等基础设施的建设,为社会生产按比例发展创造必需的物质条件。

在企业具有向银行借款搞投资的自主权后,国家的投资政策便有了第二方面的内容:规范银行信贷行为,使其以优惠或限制、便利与阻难的信贷条件,诱导投资方向,保证信贷资金的投向符合产业结构政策所规定的产业结构调整和发展的方向。

(四)投资政策的依据与原则

投资政策在长期内主要是利用投资结构的调整而调节生产结构,通过生产结构的变更而使供给结构适合于社会需求结构的要求,因而调节的重点,或者说发挥调节作用的关键环节,是调节生产结构。这就要求国家在运用投资政策调节投资结构时,要充分反映生产结构的发展规律。其中主要包括:

首先,反映生产结构的协调性发展规律。所谓生产结构的协调性发展规律,就是指生产结构各组成部分之间存在着协调发展的内在必然性。生产结构是一个有机的统一综合体,它的各个组成部分以特有的方式相互联结起来,形成了相互提供生产条件和相互进行实物补偿的投入产出链,在这个链条中,无论哪一个环节出了问题,都会影响生产结构的协调发展。因此,我们在运用投资政策调节生产结构时,必须要充分注意生产结构的这个特点。在过去一个较长的时期内,却忽视了这个特点,往往把投资重点凝固化和绝对化,其结果是在整个生产结构中把重工业摆在至高无上的地位,不重视或口头上重视但实际上忽视农业、轻工业、交通运输业和基础设施的相应发展,致使整个生产结构比例严重失调;在重工业中又“以钢为纲”,使能源、原材料等部门的投资没有得到应有的协调发展,造成了能源与生产之间、原材料工业与加工工业之间的严重脱节;在农业中片面搞“以粮为纲”,损害了经济作物种植业、畜牧业和渔业的发展,破坏了生态平衡;在第一产业、第二产业和服务性行业的投资关系中,把第一、第二产业无限抬高,忽视了服务性行业,使生产性建设与非生产性建设的比例严重失调。因此,在这种情况下,投资政策是不可能通过对生产结构的调节而影响供给结构,从而使供给结构与社会需求结构的要求相适应的。这个教训应当很好地记取,切不可使投资政策损害生产结构的内在联系。

其次,反映生产结构的技术结构发展规律。所谓生产结构的技术结构发展规律,就是指生产结构总是同一定的技术结构联系在一起的,它们之间有着共同发展的内在必然性。生产结构的技术结构发展规律,决定了生产结构必须要同技术结构的发展相适应。生产结构如果违背了技术结构的发展要求,其结果必然是生产结构难以协调地发展。我们长期以来忽视生产结构的技术结构发展规律,在投资政策上片面强调土法上马,重视新建和扩建而轻视老部门的技术改造,重视外延型扩大再生产而轻视内涵型扩大再生产,结果是使生产结构的各个组成部分之间的技术水平相差悬殊。这种过于悬殊的技术差距,使生产结构的各个组成部分之间的产出效率相差太大,难以达到协调供给结构的目的。特别是应该看到,在生产结构的各个组成部分之间,如果技术水平相差过大,那么,要使这些不同组成部分提供的产品相协调,就只能使一些组成部分的生产能力闲置(因为这部分技术水平高,单位时间内提供的产品多),而使另一些组成部分超负荷运转(因为这部分技术水平比较低,单位时间内提供的产品少)。因此,我们在运用投资政策调节生产结构时,一定要注意与生产结构相联系的技术结构发展规律,使生产结构的调整同技术结构的发展要求相适应。

再次,反映生产结构的整体性发展规律。所谓生产结构的整体性发展规律,就是指生产结构的任何一个组成部分的发展规模,都要取决于生产结构的整体状况,生产结构的所有组成部分的发展状况,都与生产结构的整体状况有着内在的必然联系。因此,在运用投资政策调节生产结构时,应该首先科学地规定出整个生产结构的发展状况,然后再据此设置各部门和各行业的规模,并在此基础上制定出投资结构的总体规划及其对各部门和各行业的具体投资量。但是我们过去在运用投资政策调节生产结构时,却往往是先微观(生产结构的某个组成部分)而后宏观(整个生产结构)，采取“逆向布局”和“单棋布局”的方式。特别是在不少时期，撇开全国的整体生产结构配置，而片面强调建立独立的地方工业体系。这实际上是一种手工业时代的自然经济观，其结果是重复建设和重复生产的状况日益严重，打乱了整个生产结构的内在联系，不能使供给结构同社会需求结构协调地发展。这就要求我们的投资政策必须符合生产结构的整体性发展规律。

又次，反映生产结构在时间组合上的有序化发展规律。所谓生产结构在时间组合上的有序化发展规律，就是指生产结构的各个组成部分在时间上存在着一种按先后顺序发展的内在必然性。这个规律，是由生产结构各组成部分在形成上的周期差异与在相互结合上的时间统一性的矛盾所决定的。也就是说，生产结构各组成部分的形成周期，存在着很大的差异，但生产结构各组成部分的相互结合，却又要求在时间上必须是统一的，这个矛盾的有效解决办法，是按一定时序去配置生产结构的各个组成部分。然而，我国过去在投资政策上却恰恰违背了这一点，往往是强调一齐上马、全面铺开，没有轻重缓急之分，结果是有一些部门，如交通运输、能源和基础设施等，应超前投资建设，却反而滞后投资建设。因此，它们难以同以自己为基础的其他部门在统一的时间上结合，造成了生产能力和资源的极大浪费，供给结构根本无法同社会需求结构相协调。例如，许多工厂由于缺少原材料和动力而开工不足，许多建设项目因难以为继或无法投产而不得不忍痛下马。因此，在投资政策的运用上，我们必须要坚持生产结构有序化发展的规律，按照轻重缓急的要求，使投资结构在时间顺序上形成合理的比例关系。

最后，反映生产结构的企业规模结构合理化发展规律。生产结构往往通过企业规模结构表现出来，因而投资政策必须要反映企业规模结构合理化规律的要求。企业规模结构合理化规律的要求是:企业规模随着对规模经济的追求而逐渐扩大，并形成以大中型企业为主而辅之以小型企业的规模结构。但是我们过去的投资政策却违背了这一点，往往片面强调大办五小重工企业(小钢铁、小煤炭、小化肥、小水泥、小机械)和五小轻工企业(小烟厂、小酒厂、小棉纺厂、小糖厂、小针织厂)，结果是使这些规模经济效益极差的小企业，同大中企业争投资、争原料，形成了落后挤先进的不正常局面，打乱了整个生产结构的协调发展，从而引起了供给结构与社会需求结构的失衡。因此，我们应该根据企业规模结构合理化规律的要求，在投资政策中，把投资重点切实地转移到现有企业技术改造和现有企业的改建和扩建上来，选择最能发挥规模经济效益的企业规模结构，通过企业规模结构的合理化而促进生产结构的合理化，并进而使供给结构有效地适应于社会需求结构的要求，保证社会供给结构与需求结构的协调发展。

产业政策调节的手段除了以上介绍的几方面外，还有价格政策、物资供应政策和经济立法等，这里不再一一列举。上述所有这些政策手段，实际上都是通过影响市场来调节企业的生产决策。企业正是在市场活动中发现，不同产品因税率的差别会有不同的价格水平和不同的收益，不同的贷款项目因投资政策的规范会有不同的利率，企业便会据此调整自己的生产政策。这是前面分析的计划机制渗入市场机制，使市场机制统一于计划机制发挥功能的具体化。

综上所述，有计划商品经济中调节社会生产比例的机制，既含有市场机制的微观调节功能，又含有以产业政策为中心的宏观调节功能，整个调节机制可用图 6-1 来表示。

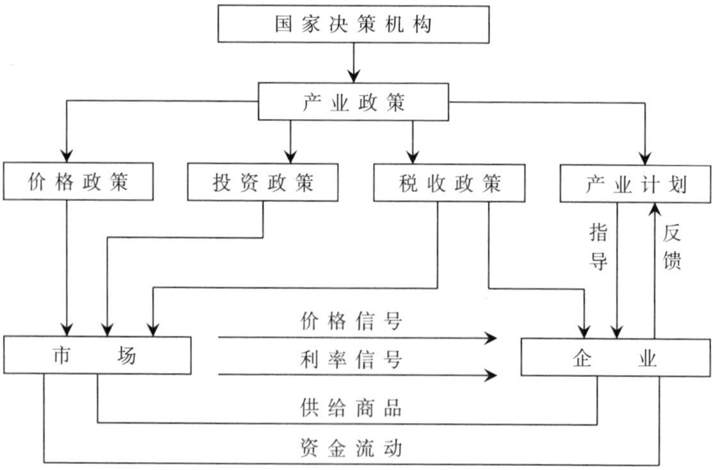

图 6-1　有计划商品经济中调节社会生产比例的机制

第四节　社会生产比例的特殊调节形式

一、充分利用市场机制调节生产比例所需条件

以上我们考察的是在市场机制充分作用条件下的计划调节机制。这种经济机制的运行需要有一系列的经济条件。

第一,要有完善的市场机制,市场信号的形成要反映价值规律的作用,从而使市场信号灵敏地反映各种商品的价值比例变动及供求关系变动。扭曲的、不能反映商品稀缺程度的市场信号调节社会生产,必然会造成社会生产比例的失调。

第二,要保证企业对市场信号有较强的应变能力,这是市场机制充分作用的必要条件。如果企业对市场信号无动于衷,市场信号再灵敏再准确也无济于事。企业的应变能力包括两个方面:一是企业与市场实现成果有直接的经济利害关系;二是企业具有作为商品生产者而应有的权利和财力。这些条件不具备,市场机制作用便不可能充分发挥。

第三,要有充分竞争的市场。这里除了要消除垄断外,还必须将资源约束型经济变为需求约束型经济,形成买方市场。我们长期以来,企业主要受资源约束而不是受需求约束。对企业来说,生产哪种产品能得到投资,就去生产哪种产品。企业在决定生产方向和生产规模,规划自己的目标时,首先考虑的是资金来源。在这种资源约束型经济中,国家调节社会生产比例的手段,只能是投资分配和物资分配。市场机制对企业的生产经营决策没有多大效力。因此,为了充分发挥市场机制的调节功能,必须把形成买方市场作为完善市场的重要内容,从而实现由资源约束型经济向需求约束型经济的转化。

我国过去的市场,长期是卖方市场。质量再次的商品也有人买,可谓是皇帝的女儿不愁嫁。致使生产者不注重改进技术,不重视开发新产品,

更不设法提高产品质量。结果是生产不能快速发展,人民消费长期处于低水平。如果从调节经济过程的角度来看,随着企业的期待联系转向市场,市场价格信号将调节企业活动,但是在卖方市场不能转为买方市场的情况下,市场就会普遍紧张,价格信号调节必然失败,宏观调节更难以实现。例如,从国民经济发展的整体要求看,某一部门急需发展,需要将社会劳动的一部分从其他部门抽出投入该部门。但是被抽出部门的产品还是卖方市场,社会劳动转移就会发生呆滞。现在人们大多承认中国经济体制改革的出路,是自觉地发挥市场机制的调节作用,但是市场机制却总是放不开。限制在哪里?就在于短缺,在于买方市场没有形成。

马克思曾经谈到过生产过剩对资本主义是无政府状态的一个因素,但对消灭资本主义后的社会来说则是另一种情况。在后一种社会中,“一方面要生产出超过直接需要的一定量固定资本;另一方面,特别是原料等的储备也要超过每年的直接需要(这一点特别适用于生活资料)。这种生产过剩等于社会对它本身的再生产所必需的各种物质资料的控制”①。为此,我们必须努力使生产资料和生活资料的供应,在一定程度上超过直接需要。在存在商品经济的条件下,就是要造就买方市场,形成对生产者的强大经济压力,使其主动地关心市场需要,自觉地服从有计划市场的调节。

第四,国家要有较强的宏观调节市场机制的能力。这就要求有健全的调节市场机制的机构,包括调节机构、信息机构、监督机构等。同时,还要求每个调节机构的人员具有市场运行规律的知识,熟悉市场。当然,也要求在各个调节杠杆使用上能相互配合,发挥好经济杠杆的综合作用。

上述条件不具备,市场机制的作用就不可能得到充分发挥。

我国的现状是市场机制不完善,企业对市场机制的应变能力不强,整个经济的普遍短缺现象尚未消除,国家宏观控制机构对市场机制的调节很不熟悉,很不习惯。这就决定了现阶段的社会生产比例,除由前述计划

① 《马克思恩格斯全集》第24卷,人民出版社1972年版,第527页。

机制导向的市场机制调节外，还必须采取下述两种特定的调节形式。

一是在一定的范围内必须保留采取指令性计划调节形式，虽然这种形式已在适当缩小，不再占主要地位。

二是有一部分产品的生产和流通，计划机制还不可能完全渗入，只能让市场机制自发调节。

二、指令性计划

指令性计划对企业来说是一种非价格信号，它与指导性计划的区别在于，指导性计划是弹性的，而指令性计划是刚性的，对企业有行政约束力。只要是国家集中决策并下达的计划，执行单位就必须坚决执行，别无其他选择。国家在下达指令性生产计划任务的同时，必须保证计划执行单位在完成计划时所必需的人力和物力，并且产品也由国家统一收购，其价格一般都是由国家统一规定的。显然，指令性计划本身是，第一排斥企业相对独立的决策，第二排斥市场机制的调节功能。这样，指令性计划行之有效需要有两个条件：一是计划部门信息灵，对复杂的社会需求和各企业生产能力能准确地计算；二是国家的决策不受到企业在经济利益上的抵触。目前的状况是这两个条件不完全具备。因此，现阶段的改革应根据实际情况相应地适当缩小指令性计划范围，扩大指导性计划和市场调节的范围。

从理论上说，指令性计划应是在国家对市场有了充分的把握，对价值规律的作用及市场机制的功能有充分认识的基础上实施。但我们也不能排斥指令性计划在非上述意义上使用。第一，在国民经济严重失衡，供求比例严重失调，靠指导性计划和市场机制难以在较短时期内恢复平衡和实现计划目标时，对严重供不应求并影响国计民生的短缺商品，下达指令性计划是必要的。原因是，辅以行政压力的指令性计划，在有效地控制使用价值生产任务及分配稀缺物资方面，有独到之处。第二，在市场机制不完善、价格体系不合理、价格信号扭曲的条件下，不能忽视指令性计划的作用，它作为一种数量指标调节企业活动，对防止市场机制的自发性有积极的意义。即便如此,我们也不能忽视指令性计划的弊病。特别是在人们没有自觉认识和掌握价值规律的情况下实行指令性计划,难免会存在以下几方面的问题:第一,计划往往带有主观性,往往与客观实际相矛盾,特别是跟不上瞬息万变的经济形势变化。第二,计划对执行者来说是刚性的,因而不灵活,难以随时根据供求变化校正其中的失误部分。第三,它捆住了企业的手脚,不利于企业主动性积极性的充分发挥,其结果必然是微观经济效益差。因此,我们在实行指令性计划时,必须注意以下几方面的问题:

第一,指令性计划的范围应限于短缺的有关国计民生的产品。随着短缺情况的改变,指令性计划应逐步缩小。

第二,在实行指令性计划的范围内,指令性计划也不能囊括企业的全部生产计划。企业可以在完成指令性计划以外,自主地根据市场需要进行生产,即自产自销,以弥补指令性计划的不足。

第三,指令性计划的制定要依据价值规律,它的实施也要利用价值规律,注意与市场机制结合作用。国家在下达指令性计划的同时,要以极大的注意力调节按指令性计划生产的产品的市场流通、市场价格及信贷,以保证指令性计划有效地实现。

三、单纯的市场调节

前面已经说过,自觉经济过程的机制,目前不能嵌满全部经济过程。计划机制不能全部嵌满市场机制。因此,必然有一部分经济过程,要由单纯的市场机制自发调节,实现价值规律的自发调节作用。在这里,国家对价格不作计划调节,也不规定计划生产任务。价格随供求自发波动,生产者自发地随价格变动而进行生产决策。当然,国家可以有计划地对之引导和指导,必要时制定保护价格,以保护生产者和消费者的利益,但它毕竟是计划外经济。这一块经济在整个国民经济中所占的比重不大,对计划经济起辅助作用。

从长期的发展趋势看,随着生产力的发展和计划经济的发展,随着人们对经济规律认识程度的提高,自觉经济过程机制将逐步嵌满客观经济过程,这种单纯由市场调节的经济范围将会逐步缩小。但是,这需要较长的过程,是未来的事情,现在需要强调的是这块经济的稳定性及其发展。

第七章

总供给与总需求平衡的调节机制

上一章我们主要研究了宏观调节机制的第一个层次,即社会生产比例的调节机制。在此基础上,本章开始研究宏观调节机制的更高层次的内容,即总供给与总需求平衡的调节机制。

第一节　总供给与总需求的平衡内容

一、研究总供给与总需求的意义

总供给与总需求范畴,是现代西方经济学中普遍使用的概念。现在将这两个范畴引入社会主义经济理论,主要是出于以下三方面的考虑:

第一,过去的国民经济综合平衡,虽然也包括社会总产品的供求平衡,但平衡的重点是实物量的平衡。在有计划的商品经济运行中,由于货币流通的加入,社会产品的平衡就不仅仅是实物量的平衡,更为重要的是价值量的平衡。特别是在宏观层次中,如,单就实物量来看,国民收入的生产和使用是相同的量,不存在国民收入的超分配问题,但从价值量来看,从货币形式上看,国民收入的超分配不是不可能的。我国 1984 年下半年宏观失控的主要原因就在于国民收入超分配。随着经济体制改革的深入，按指令性的实物量计划生产的商品，将相应地适当减少，国家将主要从价值形式上对国民经济活动实行间接控制，这就使社会总产值的收入与支出的平衡及其分配结构的平衡，对国民经济平衡具有了全局性影响。因此，在有计划的商品经济条件下，社会总需求和总供给之间在总量和构成上的平衡，是国民经济综合平衡的主要问题。

第二，在新的经济体制下，微观活动逐步放开，社会主义经济运行实际上已分为微观和宏观两个层次，各自有相对独立的运行内容和过程。与此相应，对国民经济活动的分析也包括微观和宏观两个层次，国民经济管理也分为微观和宏观两个层次。在宏观分析和宏观管理中不可缺少的总量指标是总供给和总需求。我国 1984 年下半年出现的固定资产投资膨胀、消费基金膨胀、信贷膨胀等宏观失控现象，实际上都属于总需求膨胀，都反映了总供给与总需求关系的失衡。这表明：在新的经济体制下，客观经济过程需要用总需求与总供给范畴来概括和反映自己的运行规律。

第三，在马克思主义经典著作中，虽然没有使用宏观经济、总需求、总供给等术语，但实际上他们已在社会再生产理论中论述过有关总供给与总需求的内容和形式。例如，马克思曾论述了社会经济过程中相互联系但又有区别的两种比例：一种是社会生产部门之间的比例；另一种是生产与有支付能力的需求之间的比例。在马克思看来，后一种比例不仅受到不同生产部门之间比例的限制，而且还受到社会消费力的限制，而社会消费力又取决于一定的分配关系。马克思在这里谈到的生产与有支付能力的需求的比例，虽然并不完全等同于总供给与总需求平衡关系，但它实际上就是总供给与总需求平衡关系的一种形式。列宁对马克思的这方面的思想做了进一步的阐发："根据马克思的理论，可以得出以下的结论：甚至在社会总资本的再生产和流通是理想般匀称的情况下，生产的增长和消费的有限范围之间的矛盾也是不可避免的。"①列宁在这里所讲的生产

① 《列宁全集》第 4 卷，人民出版社 1958 年版，第 71 页。

增长与"有限范围"的需求的矛盾,从一定意义上说,就是总供给与总需求失衡的一个表现。这表明,即使社会劳动在各部门的分配是合比例的,但也不能保证总供给与总需求的平衡。因此,社会主义经济中的宏观调节,不仅要注意社会生产的合比例,也要注意总供给与总需求的平衡。从一定意义上说,后者的平衡更为重要,它是关系宏观大局的比例,它的失调会酿成全局性危机。

总之,在有计划的商品经济条件下,随着国家宏观管理模式的转换,社会主义经济理论必须开展对总供给与总需求平衡问题的研究。当然,我们在研究总供给与总需求平衡问题时,绝不是完全照搬西方经济学的总供给与总需求范畴,而是根据我国社会主义经济本质的要求,对这两个范畴的内涵做了改造,赋予了新的内容。

第一,西方宏观经济学对总供给与总需求平衡关系的分析,抹杀了资本主义经济危机的实质,以有效需求(其中包括投资需求)不足,来替换生产无限扩张趋势和人民群众支付能力相对缩小的矛盾,从而掩盖资本主义经济的本质矛盾。我们在使用总供给与总需求范畴时,剔除了这种反映资产阶级利益的观点,仅仅从分析和概括宏观经济的运行过程来考虑。

第二,西方经济学中的总供给与总需求范畴的依据,是庸俗资产阶级经济学的鼻祖萨伊的"三位一体"公式,即资本、土地、劳动力这三种生产要素创造利润、地租、工资这三种收入,认为资本在生产中提供利润,土地在生产中提供地租,劳动力在生产中带来工资,这三种生产的结果,成为总供给的构成。我们在使用总供给与总需求概念时摒弃了这一理论。我们明确规定,国民收入是由物质生产部门和直接为物质生产部门服务的劳动者创造的新价值(V+M)。我们在进行宏观经济分析时虽然有时也说国民收入是利润、租金、工资和利息的总和,但我们明确指出这几种收入不是资金、土地等生产要素创造的或生产的,而只是参与生产过程的各种要素在国民收入分配过程中取得收入的形式。也就是说,我们是从国民收入分配结构方面使用利润、租金、工资等范畴的,而不是把这些范畴作为各种生产要素的创造物。

第三,西方宏观经济学对总供给与总需求平衡的分析,是从效用价值论出发的,而我们对它们的分析则完全是依据马克思的劳动价值理论和再生产理论而展开的。

第四,从研究的侧重点来看,西方宏观经济学对总供给与总需求平衡的分析,重在刺激需求以解决生产过剩的危机,而我们则是注重控制需求,以防止需求膨胀。

第五,西方宏观经济学对总供给与总需求的研究是以资本主义私有制为基础的,其总需求中的投资需求主要指私人(企业)投资,总供给中的储蓄主要指私人(企业)储蓄,因而调节供求平衡的重点在于保证储蓄等于投资。而我们这里所研究的是公有制商品经济条件下的宏观总量平衡,投资不是或者主要不是私人投资。因此,我们尽管承认储蓄在调节总供给与总需求平衡中的功能,但我们更多考虑的是国民收入分为积累基金和消费基金的比例。

二、总供给与总需求平衡的内容

按照上述对总供给与总需求关系的理解,下面我们具体分析总供给与总需求平衡的内容。社会总供给与总需求即社会总产品的供给与需求。对总供给和总需求均衡关系的研究,要从社会总产品及国民收入的运动开始。

社会总产品是一个国家的物质生产部门的劳动者,在一定时期(通常为一年)内生产出来的物质资料的总和。其价值形态为社会总产值,其中包括转移的生产资料价值(C)和新创造价值(V+M)。在商品经济条件下,统一的社会总产品运动,分裂为实物运动和价值运动两个相对独立的运动。实物运动是指社会总产品经过流通,一部分作为生产资料进入生产消费,另一部分作为消费资料进入生活消费。社会总产品的价值运动是货币形式的运动。生产部门通过出售产品取得货币收入;这部分货币收入,先在生产部门进行初次分配,然后通过财政、信贷、劳务等途径,最终形成补偿基金、消费基金和积累基金。各经济主体根据补偿基金、消费基金和积累基金的供给，形成补偿需求、消费需求和投资需求，用于购买生产资料和消费资料。于是，社会总产品的实物运动和价值运动达到统一。为了使问题的讨论更为简便，可把社会总产品运动简化为国民收入运动。简化过程是：社会总产品扣除物质消耗部分，社会总产值减去转移的生产资料价值，社会总产值分配和再分配的最终结果扣除补偿基金部分，投资需求中扣除折旧部分。

从上述的分析可以看出，在现实经济的运行过程中，国民收入从生产出来到最终使用或实现包含着下列等式：

第一，就物质产品供给来说，国民收入是社会总产品减去用于补偿消耗的生产资料的余额，其物质形态可用于消费和净投资。国民收入＝消费品+净投资品。

第二，就价值量供给来说，国民收入是社会总产值（C+V+M）减去生产资料的转移价值（C）的余额；因此国民收入是当年的净产值：国民收入＝V+M。

第三，就国民收入的分配来说，国民收入是参与生产过程的各生产要素获得的收入的总和；国民收入＝工资+利息+租金+利润。

第四，就国民收入经过分配和再分配的结果来说，国民收入是积累基金和消费基金的总和：国民收入＝积累基金+消费基金。

第五，就国民收入的支出来说，国民收入是投资需求和消费需求的总和：国民收入＝消费需求+投资需求。

第六，就国民收入的最终使用或实现来说，国民收入是实现的投资和实现的消费的总和：国民收入＝实现的投资+实现的消费。

在以上六个等式中，第一至第四式可归结为国民收入的总供给，第五式至第六式可归结为国民收入的总需求。这样，总供给和总需求的平衡可表示为：

公式Ⅰ：消费品价值+净投资品价值＝实现的消费+实现的投资。这意味着国民收入的最终使用不论在实物量上还是在价值量上，都同国民收入在实物量上和价值量上的供给相适应。这是最终意义的平衡。

公式Ⅱ：V+M＝投资需求+消费需求。这意味着总供给与总需求在价值量上的平衡,即货币形式的支出总量与收入总量相适应。

公式Ⅲ:消费品+净投资品=消费需求+投资需求。这意味着总供给与总需求在实物量上的平衡,即投资需求和消费需求的比例,必须同两大部类产品的供给结构相适应。

公式Ⅳ:消费基金+积累基金=消费需求+投资需求。这意味着国民收入在价值量上的支出总量和构成,必须同其所得(或来源)总量和构成相适应。这里的消费基金是指居民的可支配收入、企业留利中的消费部分和政府可用于消费性财政支出的收入。积累基金是指国民收入中用于扩大再生产投资的基金。消费需求是指最终用于消费支出的国民收入,投资需求是指最终用于投资支出的国民收入。在公式Ⅳ的各项关系中,消费基金同消费需求的缺口,或者积累基金和投资需求的缺口,可借助储蓄机制调整国民收入在消费基金和积累基金间的比例来平衡。但是,这种调整必须符合公式Ⅳ的要求,即投资需求和消费需求的比例必须符合物质产品的供给结构。

在进行宏观经济分析时,我们可以把公式Ⅳ看作宏观经济总量均衡的基本表达式。引入其他可变因素,公式Ⅳ会变形,但不会改变其基本规定性。

首先,引入政府的财政收支行为,总供给与总需求的平衡公式可调整为:积累基金+消费基金+财政收入=投资支出+消费支出+财政支出。公式中的财政收入,实际上是原有积累基金和消费基金的扣除。财政支出不是用于消费就是用于投资。因此,这与公式Ⅳ的基本含义是一致的。

其次,引入对外贸易中的进出口的行为,总供给与总需求的平衡公式可调整为:积累基金+消费基金+财政收入+进口=投资支出+消费支出+财政支出+出口。引入对外贸易的进出口因素后,上述平衡关系会发生变化:(1)在实物量上,国内产业结构同投资和消费比例的不相适应,可以通过进出口来调整。例如,国内投资品供应不适应投资需求,可以通过进口来协调。(2)在价值量上,投资和积累基金的缺口,可以通过进出口的外汇收支顺差来填补。它使国民收入的使用额超过生产额成为可能。但是这仍然没有违背公式Ⅳ的基本要求,依然要求总供给与总需求相平衡。

第二节　总供给与总需求的失衡原因

一、总供给与总需求失衡的不同形式

在经济运行中,总供给与总需求的绝对平衡只是偶然的例外,平衡总是相对的。失衡的可能性和现实性也是存在的。一般来说,总供给与总需求的失衡,主要有两种状态:一种是总供给过大于总需求,表现为总供给过剩;另一种是总需求过大于总供给,表现为总需求膨胀。这两种失衡状态虽然在任何性质的商品经济条件下都难以避免,但在不同性质的商品经济条件下,其侧重方面则有所不同。在资本主义商品经济条件下,总供给与总需求失衡的主要倾向,是总供给过剩而总需求不足,具体表现为生产无限扩大的趋势与劳动人民有支付能力的需求相对缩小的矛盾。在资本主义商品经济条件下,资本主义企业受资本主义基本经济规律即剩余价值规律的驱使,必然要拼命地追求利润,尽力增加积累和扩大再生产规模,再加之尖锐激烈的竞争也迫使资本主义企业不断改进技术和采用先进设备,千方百计地提高生产能力,所以资本主义的生产供给是高速增加的;但是,生产资料和生产成果的资本主义私人占有形式,却限制了劳动人民有支付能力需求的相应扩大,从而使得资本主义的有效需求严重不足。因此,总供给与总需求的失衡,在资本主义商品经济条件下表现为总供给过剩而有效需求不足。失衡的这种状况发展到一定程度,就会爆发经济危机,通过强制的形式使得失衡的状况有所缓和。与资本主义不同,在社会主义商品经济条件下,总供给与总需求的失衡往往以总需求膨胀的形式表现出来。这已为所有实行商品经济的社会主义国家的经济实践所充分证明,现在的问题已不是承认不承认它,而是如何去认识它和如何采取有效措施克服它。

二、总需求膨胀的可能性

在社会主义商品经济条件下，总供给与总需求的失衡之所以容易以总需求膨胀的形式出现，首先是因为在社会主义商品经济条件下存在总需求膨胀的可能性，造成这种可能性的主要原因有两个：第一，社会主义经济的公有制关系有可能使总需求膨胀产生。在社会主义公有制条件下，社会的生产目的是满足人们不断增长的物质文化生活需要，国民收入总是要通过各种渠道最终转化为社会需求，因此，有效需求总是很强烈的，特别是在进行经济体制改革的过程中，原有的高度集中的计划经济放松了，企业的权利扩大了，宏观控制又跟不上来，这时，社会总需求往往会以“超前”的形式出现。在这种情况下，如果对投资基金和消费基金失去应有的控制或控制不力，社会总需求膨胀的形势就会出现。第二，社会主义的经济形式也有可能使总需求膨胀产生。这里所说的社会主义的经济形式，就是指有计划的商品经济形式。社会主义所实行的商品经济虽然是有计划的，能够保证整个商品经济的有计划发展，但是绝不可能消除商品经济的固有矛盾即价值和使用价值的矛盾。只要这个矛盾存在，只要货币作为商品交换的中介环节，整个社会主义经济的运行过程就必然要分为价值运行过程和实物运行过程。在商品经济条件下，由于社会已不再并且也不可能再去进行实物分配，即不能再从使用价值形态上去直接分配社会产品，所以社会的分配和再分配过程是以价值为分配对象的，价值的运行过程，主要表现为国民收入的分配和再分配过程。其结果，最终形成社会总需求。与此相应，实物运行过程是在生产和流通领域中最终形成总供给。按理说，只要其他条件不变，价值和实物的运行在分开后是不会出现不平衡的。现在的问题是，在商品经济条件下，其他条件不变是不可能的。例如价格、货币流通量、劳动生产率等，都在不断地发生变化。因此，即使在有计划的商品经济条件下，社会也无法使价值运行和实物运行时时都保持平衡，从而使以货币形式出现的总需求和以实物形式出现的总供给始终保持平衡。要知道，价值是无法自己表现自己和人为地准确计量的,它只有通过价格这个本身不能稳定的第三者来表现和大致地计量自己。正由于社会不可能准确地计量价值运行过程,被计量的实际上是作为价值表现形式的价格的运行过程,而价格是可以高于价值而膨胀的,因此也就不可能准确地计量和保持价值运行和实物运行的完全平衡。所以,国民收入分配和再分配过程稍有控制不当,就会出现国民收入超分配,产生社会总需求膨胀。特别应该看到,正如货币加入商品交换,会使统一的商品交换过程分为买和卖两个阶段,从而使买卖有可能脱节一样,货币加入社会总产品运动,也会造成价值运动和实物运动的分离,从而使总供给和总需求的失衡有了可能。其原因在于货币运动的相对独立性。社会产品生产出来以后,从其价值转化为货币收入形式,到最后形成货币支出(需求)形式,需要经过一系列分配和再分配过程。其间参与的主体有国家(中央和各级政府)和各个自主经营的企业,经过的环节有财政、银行信贷和市场。货币在这样复杂的环节中运行,有可能出现运行偏离现象,如货币发行量过大。因而最终形成的以货币形式表现的需求总量,有可能同社会产品的总供给不相适应。由此可见,商品经济本身存在着使社会总需求以膨胀的形成出现的可能。

三、总需求膨胀的现实性

社会主义经济的公有制关系和商品经济形式,虽然为总供给与总需求的失衡以总需求膨胀的形式出现提供了可能性,但是这种可能性要成为现实性,则还需要其他因素。这些因素是多种多样的,例如财政虚收实支,发展速度过快、国民收入超分配、货币发行量过多、贷款规模过大、企业消费欲望过强而无积累积极性,等等。这些因素会直接导致社会总需求膨胀,或者说,它们是总需求膨胀形成的直接因素。这些因素在实践中是很容易出现的。因为,它们本身都是社会难以完全和很好控制的。例如,国民经济发展速度到底规定为多高,才不会引起社会总需求膨胀,目前还难以准确把握其界限。下面我们做些具体分析。

四、国民收入分配与再分配的环节

国民收入分配和再分配的环节,同时也是可能出现国民收入超分配的环节。

国民收入生产出来以后,首先在物质生产部门进行初次分配。个人、企业和国家分别以工资、企业留利和税利的形式取得自己的原始收入。这里涉及三方面的分配关系:第一是V(工资基金)的确定,包括V的增长幅度的规定;第二是M(利润)的分配,包括确定国家税利同企业留利分割的比例;第三是企业留利的分配,包括确定生产发展基金、福利基金和奖励基金的分割比例。这三方面分配过程难免会遇到国家、企业和个人三者利益的矛盾和摩擦。

在社会主义商品经济中,国民收入初次分配过程的一个重要特征,就是企业利润同职工工资不像资本主义经济那样反映资本家同工人的阶级对立。但不等于说企业可以随意地为满足企业职工的消费欲望而将企业留利分光用光。社会主义经济中需要形成一定的经济机制,在微观上防止企业将企业留利过多地转化为个人消费基金,以保证企业具有长期行为,在宏观上控制消费基金的膨胀。

国民收入经过初次分配而形成的原始收入,要在全社会范围内使用,还需要进入再分配过程。再分配环节除了给文教卫生及服务部门的劳动者因其提供服务而支付劳务费用外,影响总供给与总需求平衡的环节主要有以下三个方面:

1. 国家预算。国家财政对国民收入的再分配主要通过国家预算进行。国家预算是指国家制定的年度财政收支计划,它由中央预算和地方预算组成。国家预算包括预算收入和预算支出两个方面。通过预算收入,国家把各部门以税金和利润形式上缴的财政收入集中起来,再经过预算支出的形式,有计划地分配于经济建设、文化科学教育、社会服务设施、行政管理、国防建设等方面。国家预算收支有三种情况:(1)盈余(收大于支);(2)赤字(支大于收);(3)平衡(收支平衡)。这三种情况对宏观总量平衡有不同的效应。随着经济体制的改革,微观逐步放开,国家预算集中和支配的收入在国民收入中所占比重将逐步下降,预算外收支有上升趋势。

2. 银行信贷。银行信贷对国民收入再分配主要通过存款和贷款活动进行,它对国民收入进行再分配的手段包括两个方面:一方面是利率差别,其中包括存款利率和贷款利率的差别,以及不同项目、不同企业的贷款利率差别。另一方面是存贷款活动本身。银行信贷在不改变所有权的条件下,把社会暂时闲置的资金和收入集中起来,一是可以改变资金使用的主体,将甲企业的资金贷给乙企业使用;二是可以改变资金使用的方向,将用于消费的收入改变为用于积累的资金,或者相反;三是可以改变资金或收入使用的时间,将一部分收入或资金在银行沉淀下来,暂时不使用。一般来说,银行信贷资金的运动应与社会总产品运动相适应,从而使贷款有物质保证。但在现实中银行信贷有一种通过贷款创造存款的神奇力量。财政赤字引起的信用发行,银行自身的信贷膨胀,都可能造成货币形式的国民收入超分配。

3. 价格。价格是在流通领域再分配国民收入的。这里有两个途径:一个途径是通过价格体系(比价)再分配国民收入。有的商品价格高于价值,有的商品价格低于价值,彼此间的不等价交换就会引起国民收入的再分配,工农业产品价格的剪刀差就是这样。另一个途径是通过价格水平波动。如果消费品价格水平普遍上涨,则会抵销一部分消费需求,降低人民消费水平;生产资料价格水平普遍上涨,则会抵销一部分投资需求。

国民收入经过初次分配和再分配,按最终用途可分为积累基金和消费基金两大部分。综上所述,国民收入在分配和再分配过程中所发生的价值运动和实物运动的分裂和统一,可用图 7-1 表示。

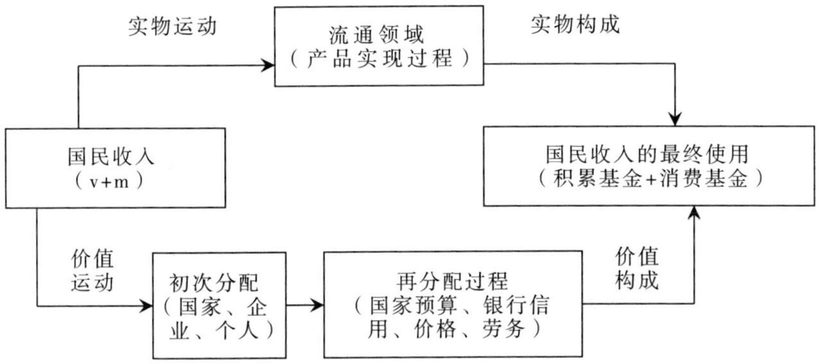

图 7-1　国民收入在分配和再分配过程中发生的价值运动和实物运动的分裂和统一

五、宏观总量失衡与积累率

在考虑经济增长的条件下，应该看到积累率的状况对宏观总量失衡的影响。从我国的情况来看，积累率脱离实际可能，是宏观总量失衡的重要原因。

经济增长与积累率密切相关。马克思指出："生产逐年扩大是由于两个原因：第一，由于投入生产的资本不断增长；第二，由于资本使用的效率不断提高"①。用公式表示，则为：国民收入年平均增长速度 = 积累效果×积累率。积累效果是指每百元积累增加的国民收入。经济增长速度、积累效果和积累率这三者的关系可以通过表 7-1 清楚地看出来：

表 7-1　我国从第一个五年计划到 1981 年的经济增长和积累状况表

（单位：%）

时　期	国民收入年平均增长速度	积累效果	积累率
第一个五年计划	8.9	35	24.2
第二个五年计划	-3.1	1	30.0

① 《马克思恩格斯全集》第 26 卷（第二册），人民出版社 1973 年版，第 598 页。

续表

时　期	国民收入年平均增长速度	积累效果	积累率
1963—1965 年	14.5	57	22.7
第三个五年计划	8.4	26	33.0
第四个五年计划	5.6	16	33.0
1976—1978 年	6.0	17	33.3
1981 年	3.0%	11	28.3

由表 7-1 可以看出,如果积累效果既定,为达到预期的高速度就必须提高积累率。但是,积累率的确定不能随心所欲,它依赖于一系列客观制约因素。

第一,它受国力制约。安排积累和消费比例的物质基础是现有国民收入。在社会主义社会,无论是积累基金还是消费基金,都有首先需要满足的部分。在正常情况下,积累基金的最低限是社会就业人口(包括原有就业人口和新增就业人口)的平均技术装备程度不能降低。消费基金的最低限是社会成员(包括原有人口和新增人口)的平均消费水平不能降低。积累基金的最低限制约消费基金的最高限,消费基金的最低限制约积累基金的最高限。在安排国民收入时,首先要满足两者的最低需要,然后再根据各个时期的具体情况,在积累的最低限和消费的最低限之间确定适度积累率,以保证实现最优的经济增长速度和最大限度的人民消费水平。

第二,它受社会产品的物质构成的制约。积累基金主要用于扩大再生产,用于基本建设投资,因此必须和社会所提供的追加的生产资料产品相适应。此外,积累基金中相当一部分要用于建筑工人和其他追加劳动力的工资,从而会对消费资料提出追加需求。如果积累率过高,便会使生产资料市场和消费资料市场的供应极度紧张,出现总供给与总需求在实物量和实物构成上的失衡。

第三,它受市场承受能力的限制。马克思在《资本论》中明确指出了固定资产投资过猛的危害性:"一方面,货币市场受到压力,……是因为在这里不断需要大规模地长期预付货币资本。……另一方面，社会的可供支配的生产资本受到压力。因为生产资本的要素不断地从市场上取走，而投入市场来代替它们的只是货币等价物，所以，有支付能力的需求将会增加，而这种需求本身不会提供任何供给要素。因此，生活资料和生产材料的价格都会上涨。”针对这种情况，马克思告诫未来的社会主义社会“必须预先计算好，能把多少劳动、生产资料和生活资料用在这样一些产业部门而不致受任何损害，这些部门，如铁路建设，在一年或一年以上的较长时间内不提供任何生产资料和生活资料，不提供任何有用效果，但会从全年总生产中取走劳动、生产资料和生活资料”①。

在考虑积累率的制约因素时，还必须考虑投资的乘数效应。乘数是西方经济学概念。它指投资变动对总收入的倍增作用。如每增加一笔投资都会增加提供投资品部门的收入，投资品部门又用得到的收入去购买某种消费品，于是又会增加该种消费品部门的收入，该消费品部门又用得到的收入去购买另一种消费品，从而又会增加另一消费品部门的收入……由于人们不会将新获得的收入全部花掉，往往会将一部分收入投入储蓄，因而投资不会无限倍增。乘数的最终作用或数值可用边际储蓄倾向（即每增加一单位收入中用于储蓄的比例）的倒数计算出来。假定边际储蓄倾向为1/4，那么投资乘数为4。如果某一时期新增投资为1000元，那么最终将会使总收入增加到：1000×4＝4000元。这种投资乘数效应是西方经济学中考察经济波动的一个重要概念。这个概念并不完全科学，计算数据也不完全准确，但它反映了在一定条件下投资变动对总收入增长的影响作用，对于我们分析宏观经济活动有一定的帮助，因而我们在研究宏观经济运行时也需要考虑投资乘数效应对国民收入起分配的放大作用。但是，我们必须注意到，这种由投资引起的国民收入成倍增加的效应，是在生产资源（设备和劳动力）没有得到完全利用的条件下实现的，而我国的现状是生产资源特别是原材料和设备基本上已完全运用，在组织、管理和技术等方面存在“瓶颈”。这样，增加的投资若超过生产资源

① 《马克思恩格斯全集》第24卷，人民出版社1972年版，第350—351页。

供应的可能，那就不一定伴有社会生产能力的倍增，因而它的效应不一定引起国民收入的倍增，其效应往往是国民收入支出的倍增，从而会加大总需求膨胀。

我国历史上出现的几次宏观总量失控，大多起因于积累率过高。例如：1958—1960 年，投资每年增长 40.2%，积累率由 1957 年的 24.9%陡增到 1960 年的 39.6%，导致生产和建设出现大的起伏。1978 年的“洋跃进”中，投资总额增长了 22%，积累率上升到 36.5%，导致国民经济不得不来一次大调整。1984 年的宏观失控也与积累率过高有关联。该年的积累率由 1983 年的 29.7%上升到 31.2%。经济实践反复证明，什么时候的积累率控制得合理，什么时候的总需求与总供给便基本处于平衡状态；什么时候积累率控制得不好，什么时候的总需求便膨胀，宏观总量失去控制。因此，社会主义国家需求管理的重点是控制和调节积累率。

六、短缺经济和软预算约束

从更深的经济层次来看，短缺经济和软预算约束下的经济行为提供了总需求膨胀的现实条件。

由于历史的、社会的原因，社会主义革命一般是在经济落后的国家取得胜利。因此，社会主义国家在经济建设和经济生活中，面临的是经济普遍短缺（供不应求）。为了迅速恢复经济，摆脱落后状况，社会主义国家一般采取高度集中的经济体制。但这种体制不能最终消除短缺。原因是这种体制是在资源约束型经济而不是在需求约束型经济基础上建立的。它与追求数量增长的经济发展模式相适应。从中央到地方直至企业都有一种追求产值增长、追求高速度的扩张冲动。中央对地方、国家对企业的考核指标是产值增长指标，企业与企业、地方与地方相互攀比的是产值增长速度。扩张冲动由高积累高投入来实现，于是产生“投资饥饿症”，形成高积累、低消费、高速度、低效益的经济发展格局。

如果说短缺经济条件下的扩张冲动、数量增长是一种愿望和要求的话，那么软性预算约束则使这种欲望和要求得以实现。预算约束是指企业的支出受它销售产品收入的制约。由于长期以来国有制企业由国家集中管理,国家不会视企业困难而不顾,企业不冒投资风险,吃国家的"大锅饭",因而企业的预算约束很软。于是,企业对国家资金有持续的吸纳机制,如增加投资、追求数量和囤积、对投资品的过度需求,等等。所有这些都可以通过国家的减免税、财政补贴、软性信贷及价格照顾等途径得到满足,这就留下了总需求膨胀的根苗。

高度集中的传统体制下的扩张冲动主要是国家行为。财政搞赤字,银行发票子,这时的宏观总量失控主要是预算内投资膨胀。经济体制改革以后,国民收入分配和再分配过程出现了多元经济主体,各级政府、部门、银行、企业都有了支配和筹措资金的权力。生活在短缺经济条件下的各个经济主体都有扩张冲动,热衷于在自己的权限内搞扩大再生产和其他非生产性基本建设。这时的扩张冲动就不仅有国家的行为,还有各个经济主体的行为。宏观总量失控不仅有预算内投资膨胀,还有预算外投资膨胀。我国 1984 年下半年以来多次出现的宏观失控就是这种情况。这时预算内投资在投资总额中的比重已不到 1/4。当年的预算内基本建设投资比上年增长 16. 6%,而预算外投资比上年增长 33. 8%。

在传统体制中,国家实行高积累低消费,消费基金膨胀不突出。随着经济体制改革,微观放开了,利益刚性问题也突出了:一方面,在过去的体制下对人民生活欠账过多,人们普遍希望通过改革得到实惠;另一方面,企业扩权后,工资与利润之间没有形成一种制约机制,企业领导人往往为满足职工增加消费的欲望,尽可能给职工多分一点。最终使职工收入增长速度超过劳动生产率的增长速度。与此同时,企业领导人为对付上级追求数量增长的要求,尽量借款搞积累。于是在新旧体制转轨过程中并发"投资饥饿症"和"消费饥渴症",在固定资产投资膨胀的同时出现消费基金膨胀。

以上分析表明,社会主义条件下的宏观总量失控的现实性,不是社会主义经济制度本身造成的。它源于一定的经济体制和经济发展战略。它可以通过经济体制的改革和经济发展战略的调整得到防止和克服。

七、国民收入超分配和通货膨胀

在货币加入社会总产品运动的条件下,国民收入超分配的传导机制是:财政挤银行、企业争贷款、银行发钞票。过量供应的货币没有物质保证,必然导致通货膨胀。

什么是通货膨胀?回答这个问题,先要研究货币流通量规律。在一定时期中,究竟有多少货币不断地被流通领域所吸收?马克思在《资本论》中以下述公式进行了说明:

$$\frac{\text{商品价格总额}}{\text{同名货币的流通次数}}=\text{执行流通手段职能的货币量}$$

如果以 P 表示价格水平、Q 表示商品数量、V 表示流通次数(即流通速度)、M 表示货币必要量,公式可表示为:

$$\frac{PQ}{V}=M$$

马克思在这里揭示的是金属货币流通条件下的货币流通公式。它表明商品价格总额(包括价格水平和投入流通的商品量)和货币流通速度决定市场货币流通量。需要说明的是,这里的价格是用金属货币数量表示的,如某种商品值 X 两黄金或 Y 两白银。这种价格并非取决于流通过程,而取决于货币本身的价值和它所衡量的商品的价值。正因如此,上述公式只能是左方决定右方,不能逆转。至于流通中的货币如果过多或过少,由于货币本身有价值,可由货币执行贮藏手段职能的机制来调节。这样,“货币永远不会溢出它的流通的渠道”①。

一旦经济生活中完全排除金属货币流通并由纸币流通取而代之,“实际货币流通的一切规律都反着表现出来了”②。纸币本身没有价值,它是价值符号。它的生命在流通过程中,或者说只因为在流通过程中执行购买手段和支付手段职能才代表价值。因此,在纸币流通条件下,如果

① 《马克思恩格斯全集》第 23 卷,人民出版社 1972 年版,第 154 页。

② 《马克思恩格斯全集》第 13 卷,人民出版社 1962 年版,第 111 页。

纸币流通量过多,不会有自动调节机制令超过必要量的纸币退出流通领域。所以,不管是国家强制发行的纸币,还是不兑现的信用货币,都要服从纸币流通规律:“纸币的发行限于它象征地代表的金(或银)的实际流通的数量。”①如果纸币发行过多,纸币票面单位所代表的金量就会相应下降,出现纸币贬值,如现在的两元钱只能顶过去的一元钱用。其直接后果是以纸币票面单位表示的商品价格相应上涨。这样一来,就出现了与金属货币流通规律相反的状况。流通的纸币的数量决定纸币所代表的价值,并决定市场上的商品价格的涨跌。在纸币流通条件下,上述货币流通量公式可以表示为:

$$\frac{PQ}{V}=M$$

恒等式两边互为因果。其中的某一个或几个因素发生变化,所有的关系都发生了变化。这里有几种情况:

第一种情况是,假定 Q 和 M 不变,则 P 与 V 呈正比例变化,即流通次数增加,价格就上升;流通次数减少,价格便下降。

第二种情况是,假定 Q 和 V 不变,则 P 的变动决定 M 的变动,M 的变动决定 P 的变动。

第三种情况是,假定 Q 不变而 P、V、M 都变,则 P、V、M 三者之间互为函数关系变动。若 M 增大,P 相应呈正比变动,V 从公式上看理应呈反比变动,但在一定情况下也会呈正比变动。

我们这里所分析的第二、第三种情况,都是以纸币发行量在一定程度上超过流通所需要的金属货币量为前提的。如果这个前提不存在,那就应另当别论了。

综上所述,通货膨胀的概念可定义为由纸币流通量过多所造成的纸币贬值和物价上涨的现象。根据这个定义,不能把所有物价上涨都视为通货膨胀。首先,通货膨胀是指价格总水平的上涨,在价格体系调整中部分价格水平提高不是通货膨胀。其次,通货膨胀所反映出的价格上涨,是

① 《马克思恩格斯全集》第 23 卷,人民出版社 1972 年版,第 147 页。

由货币流通量过多而引起的，凡不是因货币流通量过多而出现的物价上涨，则不是通货膨胀。

关于通货，在这里需要作两点说明：

第一，流通中的货币不仅包括现金，而且还包括随时准备提取购买商品的那部分存款。这部分存款成为流通中的货币的原因，在于它能现实地作为购买手段和支付手段而发挥作用。企业在银行账户上的存款，也可以通过银行结算而实现商品购买。在现实经济生活中，通过银行账户存款实现的购买是大量的。宏观控制如不注意这一部分通货，就很难保证总供给与总需求的平衡。

第二，这里讲的通货是指现实流通的货币。经济过程中还有潜在货币和潜在的货币必要量。潜在货币是指暂不流通的货币，它不形成现实的购买力，如消费者持币待购在一定时期内留存在手中的货币，银行暂不动用的存款等。潜在货币必要量是指由于储存等原因，商品暂不进入市场，因而不形成现实的货币必要量。我们必须注意到随着市场供求状况的变化，现实的货币量同潜在货币量会相互转化，从而影响市场供求平衡和价格总水平变化的情况。

八、通货膨胀的形成机制

通货膨胀总的来说是由纸币发行量过多引起的。其形成机制一般有三种类型。

1. 需求推动的通货膨胀。这是由总需求过度增长所引起的通货膨胀。商品经济条件下的需求总是指货币形式的购买力，包括政府、企业和个人用于投资与消费的开支。需求可以被财政预算支出和银行信贷放大到某种程度，产生太多的货币追逐较少的商品和劳务的状况，从而推动物价总水平上涨。

2. 成本推进的通货膨胀。这是由于成本（包括工资、借款利息等）上升，特别是工资增长速度超过了劳动生产率和国民收入的增长速度，引起过多地增发货币，提高了产品的销售价格。物价上涨后，为不影响工人收入，又要提高工人工资，于是，出现工资与物价的“螺旋上升”。

3. 需求移动的通货膨胀。按照价格与需求的关系，应该说当需求从一个部门快速转向另一个部门时，需求增加部门的价格趋于上升，而需求减少部门的价格下降。但现代工业经济的两个特征，即资源流动呆滞和价格受阻不能下降，往往共同作用，使通货膨胀出现。例如，当需求从甲部门向乙部门转移时，乙部门价格上涨，但工资刚性和垄断等原因却使甲部门价格不能下降；同时，由于资源流动呆滞，使乙部门的价格因资源缺乏而上升更快。

上述引起通货膨胀的三个机制，存在于社会主义经济发展阶段的一定经济环境中。

首先，国民收入经过多元的分配主体，其中包括中央政府各部门和地方政府各部门、各个企业，以及企业化的各级专业银行。每个主体都有扩张自己所主持的事业的投资冲动。在各个主体都支配一部分收入的条件下，这种冲动也有了可能实现的条件。即使自身条件不具备，也可通过向银行借贷、向财政争投资等途径创造条件。如果不加控制，难免会出现总需求膨胀。例如，我国 1984 年国民收入增长 13.9%，社会商品零售总额增长 17.4%，但是，这一年，由于一方面固定资产投资过猛，全民所有制单位投资增长 24.5%，另一方面消费基金增长过快，单全民所有制职工工资总额增长 21.3%，财政赤字和信用膨胀影响货币发行高达 100 亿元，从而拉上了价格水平：当年钢材、水泥、木材价格上涨 9.6%，机电设备价格上涨 20%，并使 1985 年零售物价上涨了 9%。

其次，现在的企业一般都有最大限度提高本单位职工收入水平的消费饥渴，在企业具有财权的条件下，企业会千方百计地增加职工收入，甚至不惜将企业留利分光用光。企业间也会在工资奖金方面相互攀比，甚至将工资成本的提高转移到产品价格上去，从而推动工资和物价的轮番上涨。这点必须引起我们的注意。

最后，在生产要素市场未充分开放和完善的条件下，缺乏社会劳动（生产资源）迅速地从一个部门流向另一个部门的机制。本来，供不应求部门的产品价格较高的信号，能调动社会劳动大量流入，从而将产品的高价降下来，但是现在的问题是生产要素迅速流动的机制未形成，因而供不应求部门的产品供应不能增加，致使其产品的价格居高不下；与此同时，其他部门的产品价格也降不下来。

在社会主义经济发展中，不能把通货膨胀作为推动器，在理论上和实践中不应鼓励搞通货膨胀政策。相反，社会主义经济应避免和克服通货膨胀，必须通过经济体制改革，消除形成通货膨胀机制的经济条件。如果这种条件一时不能消除，那就必须加强宏观控制，努力防止和减缓通货膨胀，将通货膨胀造成的危害性限制在最低限度。

防止和克服通货膨胀，不等于只能对价格水平进行行政管制，形成通货膨胀的客观过程的机制是难以人为地管制的。价格管制下的抑止性通货膨胀会以另一种形式表现出来。例如产品普遍短缺、质量普遍低劣、购买商品排长队、黑市价格昂贵等，都是其表现形式。

当条件允许国家放弃对价格的行政管制后，主要是运用各种经济杠杆来调节价格水平，使之趋于稳定。各种杠杆的配套使用，便可形成防止和克服通货膨胀的机制。

第三节　总供给与总需求平衡的方式

我国经济学界近几年在讨论宏观经济控制问题时，大多把单纯抑制总需求当作调节总供给与总需求平衡的唯一途径。其实，无论是从理论上还是从实践中看，单纯抑制总需求并不是调节供求矛盾的有效方法。

第一，总供给与总需求作为相互联系和相互作用的有机统一体，可以对无论是来自对总供给还是来自对总需求的调节力都有反应效应，因而宏观控制可以从供给和需求两个方面调节总供给与总需求的平衡。在总供给大于总需求的条件下，固然可以采取松的调节措施来扩大社会总需求，但也未尝不可以采取紧的调节措施来限制社会总供给；在总需求过分大于总供给的条件下，固然可以采取紧的调节措施抑制社会总需求，但也未尝不可以采取宽松的措施来保证供给的有效增加。如果把着眼点从仅仅调节总需求一个方面扩大到调节总供给与总需求两个方面，那么宏观控制就会具有更为良好的效应。因此，需要在实践中把这两个方面的调节作用结合起来。特别是考虑到已经形成的总需求的惯性和物质利益能上不能下的刚性，应该在调节总需求的同时，有效地调节总供给。

第二，调节总供给与总需求的最终目的并不在于只使它们平衡，而是为了保证国民经济的正常运行，促进社会生产力的发展，达到一定的经济和社会发展目标，但调节总需求却仅仅是使需求适应于已达到的生产力水平，并不会从正面对社会生产力起更大的推动作用，因而只是一种治表的保守性方法。而调节总供给则不同，它会对社会生产力的发展起到保护和促进作用。特别是增加供给的调节，不仅意味着充分利用已经具有的生产能力，而且还意味着生产力发展水平的进一步提高。即使是减少供给的调节，也会起到保护生产力的作用。因此，调节供给的方法虽然要在较长时期内才能收效，但它对于调节总供给与总需求平衡和防止国民经济运行失衡，却有着治本的积极作用，属于主动性的有效调节方法。

第三，抑制需求是有一定限度的，需求压缩太多，会对经济运行产生副作用。首先，紧缩需求的货币政策和财政政策，会导致信用链条的中断，造成企业拖欠严重，资金周转不灵，抑制市场机制作用的正常发挥，其结果必然是整个经济活动发生紊乱。其次，对投资需求的紧缩会影响中长期供给的有效增进。投资需求虽然从短期来看是构成总需求的重要部分，但从长期来看它又是增加供给的重要因素，因而对它过于压缩虽然会使目前的需求减少，但也会使今后生产能力的增加受到影响，使供给不可能有效地增加，结果是在中长期内进一步加剧供求矛盾。特别是应该看到，对投资需求压得过分，会导致投资规模陡升陡降，最终酿成整个经济大起大落，激化供求矛盾。最后，消费需求过度收缩会影响劳动者的生产积极性，使供给的增加失去能动因素。实践表明，只有劳动者的消费水平不断提高，才能激发起劳动者的生产积极性，进一步增强供给能力，才能用更多的需求去刺激经济的发展，通过需求拉动供给的增加，从而形成供求的主动平衡格局。因此，如果消费需求收缩过紧，必然会在需求收缩的同时更加限制供给的增加，这对于我们这样一个有效供给不足的短缺经济国家，是非常不利的。

第四，单纯的需求抑制不适合我国的总需求膨胀的性质。一般来说，总需求膨胀主要有两种情况：一种是需求推进型总需求膨胀，它是由于需求增长过快而引起的，产生的原因主要在需求一方；另一种是供给不足型总需求膨胀，它是由于有效供给不足而形成，主要原因在供给一方。我国的总需求膨胀既有需求过快方面的原因，又有有效供给不足的原因。从短期看，主要原因是需求增长过快，以致需求量超过了既定的供给量。但从长期和总体上看，我国的消费需求水平还是比较低的。之所以显得需求膨胀，是由于有效供给不足。因此，我国的总需求超过总供给的失衡，是属于有效供给不足型总需求膨胀。从长远看，根治办法应该是以增加供给为主。从短期看，由于总供给是既定的，必须对总需求加以抑制。总的对策应该是把抑制需求与增加供给有效地结合起来，并以增加供给为主。

第五，我国经济现阶段的发展状况也不允许我们采取单纯的抑制总需求的政策。首先，我国经济自 1981 年国民经济调整以来，已改变了以重工业为中心的发展格局，进入了轻重工业均衡发展的阶段，机械工业在短短数年间下跌了 8.2%，其现实生产能力大大小于潜在的生产能力，局部性需求不足非常严重。为了解决这种局部性需求不足，其根本出路在于机械工业前向后向的连锁发展，形成产业的连锁增长。这就要求有足够的投资。由此可见，在这个发展阶段上，单纯抑制需求是不行的。其次，我国现阶段的经济是典型的二元结构，劳动生产率的提高在动态上实际表现为劳动力向非农业部门的转移，这就要求社会能够提供更多的资金和自然资源，其结果必然是总需求具有较大的增长态势。因此，如果单纯地采取压缩总需求的对策，就无疑会加剧工业中的在职失业现象，使农业劳动力向工业的转移过程被打乱，最终带来经济效益下降的后果。

总之，调节社会总供给与总需求平衡的有效方法应该是，既要注意调节总需求，同时又要调节总供给。在抑制需求盲目增长的同时，要采取更大的努力来增加供给。我们下面的阐述正是以这样的思路展开的。

第四节　供给的增进过程及机制

供给的增加取决于生产的高效益发展,而生产的高效益发展,则主要取决于生产者的积极性及资源的合理分配。因此,有利于调动生产者的积极性及资源合理分配的机制,都应该是推进供给增加的机制。从社会主义经济运行过程来看,这种机制应该包括生产、流通、分配、消费这些环节中的经营机制、财政机制、金融机制、分配机制等。在这里,我们仅以分配机制及产业政策为例,说明供给的增加机制。

一、国民收入分配政策与供给增加

国民收入分配政策主要是通过调动生产者的积极性和为生产提供较多的资金而促进供给增加的。

(一)国民收入分配政策与劳动者的生产积极性

1. 收入分配同供给有内在联系

在假定需求和资源等生产的外部条件不变的情况下,影响供给增减的最重要因素是生产的内部能动因素,即劳动者的生产经营积极性。而劳动者积极性的高低,则与国民收入分配政策有着最为密切的内在联系。如果国民收入分配政策有利于调动劳动者的积极性,其结果必然是:一方面,劳动者会充分地发挥自己的主观能动性,通过提高生产技术水平、节约原材料等各种途径而极大地提高经济效益,使供给在较少增加物质资源甚至不增加物质资源的情况下,能够有效地增加;另一方面,劳动者会自觉发扬艰苦奋斗的精神,不是将个人收入全部用于当前的消费,而是形成个人资产,用于积累,以促进生产能力和生产规模的提高与扩大,最终有效地增加供给。但是,如果国民收入分配政策不利于调动劳动者的生产经营积极性,那么供给就不仅很难有效地增加,而且还会缩减。因此,国民收入分配政策是决定供给状况的一个重要因素。

国民收入分配政策对于供给的作用,主要是通过个人收入分配政策而实现的。在现阶段社会主义商品经济条件下,劳动者在国民收入分配中主要通过这样三条途径获得个人收入。一是通过自己的劳动获得个人劳动收入,这种收入包括工资、奖金等;二是凭借自己所拥有的资金或资产获得个人资产收入,这种收入包括劳动者个人通过自有资金而获得的利息、股息收入和通过自己所占有的物质资料而获得的租赁、经营收入;三是通过社会福利制度和措施而获得的个人福利收入,这种收入包括个人补贴费、救济金及其他各种福利收入。上述三种个人收入中的劳动收入及福利收入能够通过调动劳动者的积极性而促进供给的增加。

2. 劳动收入与供给增加

由于个人的劳动收入是同个人所支付的劳动联系在一起的,因而国家在国民收入分配中对个人劳动收入分配政策的调整,会直接影响供给状况。如果个人劳动收入分配政策不反映劳动者的生产经营能力的实际状况及其相互之间的差别,不体现按劳分配原则,而是贯彻平均主义的分配原则,那么其结果必然是不利于调动而是压抑劳动者的生产经营积极性,从而会导致生产资料使用的浪费,劳动时间利用率的降低和整个生产效率的下降,劳动生产率无法达到应有的水平,最终会出现供给增长缓慢以致萎缩的状况。个人劳动收入分配政策只有在有利于调动劳动者生产经营积极性的情况下,才会对增加供给起到积极的促进作用。因此,在我们这样一个供给长期不足的国家,国民收入分配政策应该以充分调动劳动者的生产经营积极性为原则。

3. 福利收入与供给增加

个人福利收入虽然与劳动者在生产中所提供的劳动和资产没有直接联系,但它同样也对供给产生一定的效应。因为个人福利收入涉及劳动者的个人经济利益,最终会通过影响劳动者的生产积极性而对供给产生作用。一般来说,国家在国民收入分配中,实行有一定限度的并且形式合理和分配公平的个人福利政策,会有效地调动劳动者的生产积极性,从而促进供给的增加。但是，如果个人福利收入太高，超过了一定的限度，那么就会使一些人在生活上对国家或集体产生依赖思想，劳动积极性下降，反而会不利于供给的增加。特别是当个人福利的分配原则不平等和分配形式不合理时，还会对供给产生严重的消极作用。我国目前的个人福利收入，几乎高达职工平均工资收入的70%—80%，并且同个人总收入及职位高低呈正比，再加之采取实物化和单位化的不合理形式，所以带来了价格信号、劳动成本及产业结构的扭曲，资源和产品的浪费，阻碍劳动力流动和不利于搞活企业等弊端，其结果不是促进了供给的增加，而是抑制了供给的增加。这种个人福利收入政策必须改革。应该实行有利于调动劳动者积极性，从而能有效增加供给的个人福利收入政策。

（二）国民收入分配政策与资金积累

1. 资金积累是供给增加的必要条件

供给状况主要是由供给水平（具体表现为生产技术水平与经营管理水平）、供给规模（具体表现为生产规模）决定的；而供给水平和供给规模则又同资金积累状况相联系，取决于国民收入分配中积累所占的比例。这表明，国民收入分配中的积累量是决定供给状况的重要因素。因此，国家通过国民收入分配政策对积累量的调节，最终会对供给发生效应。一般来说，在其他条件不变的情况下，国民收入中用于积累的部分越少，技术更新和生产规模的扩大就会越受到限制，其结果必然是供给增加缓慢甚至不可能增加。反之，如果用于积累的部分增加，那么供给也就会相应地增加。我国供给能力长期不足，并且又处于工业化发展阶段，因此，要增加供给，就必须提高积累效率，增加积累量。在一个较长的时期内，我国的高积累是不可避免的。认为我国已完全从外延式增长阶段转入内涵式增长阶段，可以大幅度地降低国民收入中积累比例的观点，是不现实的。至于那种主张实行高消费、缩减积累的说法，更是没有道理的。为了增加供给，在一个较长时期内把较多的国民收入用于积累是必要的和正确的。因此，在国民收入分配中应该坚持重视积累的原则。当然，在国民收入总量不变的条件下，如果用于积累的部分越多，那么用于消费的部分就越少,过高的积累率往往会导致过低的消费水平,易于影响劳动者的眼前利益,从而不利于调动劳动者的积极性。因此,通过增加积累而增加供给不是无限度的。我国过去的实践已表明,片面强调积累而忽视消费,势必会因挫伤劳动者的生产积极性而使积累起不到增加供给的作用。所以,为了增加供给而把较多的国民收入用于积累时,一定要首先保证社会成员(包括原有人口和新增人口)的平均消费水平不降低,并且有一定程度的提高。只有这样,才能使国家掌握足够的积累资金,能够进行技术更新、扩大再生产规模,又能使劳动者的生活水平得到一定的提高,从而在生产中发挥积极的作用。

2. 资产收入与供给增加

在这里需要说明个人资金或资产收入同资金积累,从而同供给增加的关系。因为个人资金或资产收入是劳动者通过将自己的资金或资产用于生产、储蓄及社会集资等而获得的,所以国家对于个人资金或资产收入分配政策的调整,必然会对个人储蓄活动以及投资活动发生一定的效应,从而会给生产活动带来某种程度的影响,最终会波及供给。尤其是在我们这样一个建设资金比较短缺的发展中国家,资金是影响供给状况的重要因素,个人资金收入分配政策对供给的作用会更加强烈。实践表明,在供给不足的情况下,劳动者不是将自己的劳动所得全部用于消费,而是将其中的一部分作为资金积累下来,通过储蓄或入股等形式用于生产活动。这对于增加供给有着极为有效的促进作用。因此,在国民收入分配政策上,我们不仅应该使个人收入中用于储蓄的部分和用于购买国债、股票的部分以及直接投资的部分能够获得应有的收入,而且还应该在税收上对这种收入给予照顾,以鼓励把个人消费基金的一部分转化为生产基金,从而有效地增加供给。按照传统的观点,个人劳动所得通过储蓄或直接投资等形式用于生产而取得的收入,既然是非劳动收入,在实践中就应加以限制。这种观点和做法是很不利于资金积累的,从而也是不利于增加供给的,应该摒弃。当然,劳动者之间在个人资金或资产收入上的差距也不能太大,太大会引起社会矛盾,最终反而会延缓供给的增加。

二、产业政策与供给增加

产业政策是国家根据国民经济发展的内在要求调整产业组织形式和产业结构，从而提高供给总量的增长速度，并使供给结构能够有效地适应需求结构要求的所有政策措施以及手段的总和。产业政策包括产业组织政策和产业结构政策，对于增加供给总量来说，有意义的是产业组织政策。产业组织政策，是通过选择高效益的产业组织形式，使资源能够有效地使用和合理地分配而不被浪费，以保证供给的有效增加，使供给与需求的总量矛盾得以协调。具体来说，产业组织政策包括三方面的内容：选择能使资源有效使用的产业组织形式，即组织起高效使用资源的大批量生产体系；选择能使资源合理分配的产业组织形式，即组织起合理分配资源的产业关系；选择资源不被浪费的产业组织形式，即组织起资源不被浪费的产业竞争秩序。

1. 资源有效使用的产业组织形式

所谓选择能使资源有效使用的产业组织形式，就是按规模经济的要求，促使产业内部各企业采取合理的组织形式而使生产的规模达到能最有效地使用资源的程度。这里所说的生产规模，是指产品的生产批量的状况，因此，选择能使资源有效使用的产业组织形式，实际上就是要组织起合适的产品生产批量体系。从产品生产批量的状况来看，生产规模一般来说主要有两种：一种是分散经营的小批量生产体系；另一种是集中经营的大批量生产体系。根据规模经济的原理，产业内部各企业，只有通过合理的组织形式而形成大批量生产体系，才会使资源得到最有效的使用。就生产过程来看，大批量生产体系会使单位成本有下降的趋势。就技术进步和开发过程来看，技术进步和开发都有待于大批量生产体系的形成与发展。就其流通过程来看，大批量生产体系必然同大批量销售相联系，而大批量销售则可以节约推销费用和流通费用，这不仅会使商品的成本下降，而且也会使整个社会减少不必要的虚费，最终对社会经济效益的提高起到积极的促进作用。既然大批量生产体系能够充分利用规模经济，那么产业内部的各企业就应该采取最适合于形成大批量生产体系的组织形式,使生产能力不断接近最佳规模,从而有效地为社会增加供给。一般来说,各产业形成大批量生产体系的途径主要是联合。我们应该把通过联合而促进大批量生产体系形成的产业组织政策作为指导方针,促使银行、财政、海关等有关部门,协调地应用税率、利率、折旧率、补贴、汇率等各种经济手段,使企业扩大横向联合,形成大批量生产体系,获得较好的规模效益。当然,规模扩大而使效益增加,即平均费用下降的趋势不是无限的,规模达到一定的程度,如再扩大,规模经济就不会再出现。因此,在制定促使大批量生产体系形成的产业组织政策时,一定要把握最能有效发挥规模经济优越性的最佳规模限度,使大批量生产体系的规模接近于最佳规模。而且,应该看到,大批量生产体系的形成,如果不是伴随着技术、工艺上的进步,不是伴随着分工协作和标准化、专业化、简单化的进展,而是单有批量的增大,规模经济是不可能达到的。因此,在制定产业组织政策时,必须要考虑到这些因素,根据生产的工艺和技术上的要求,来扩大生产规模,而不能单纯地追求生产规模的扩大。特别值得指出的是,在通过产业组织政策促进大批量生产体系形成的过程中,应该注意产业的市场规模和规模经济的关系。因为,任何产业中的企业,在竞争的压力下,都会追求规模经济,希望把自己的企业规模扩大到能使单位产品的生产成本和流通费用达到最低水平的程度,即追求最佳规模,因而都会扩张自己的生产体系,试图通过各种方式,形成大批量生产体系。但是每个产业的市场规模又都不是无限的,这样,有限的市场规模和各产业追求规模经济的动向就会碰在一起,必然使生产集中到少数已形成大批量生产体系的经营实体或企业系列中,从而会引起垄断因素的增长,使企业的竞争活力受到限制。因此,在制定产业组织政策中,应该在促进产业形成大批量生产体系,充分利用规模经济的同时,还要注意各个大批量生产体系在产业市场规模中的地位,不能使某个或某几个大批量生产体系所生产的产品垄断市场,从而产生垄断的一系列弊病。应该使产业组织政策既能促进规模经济的充分利用,又能保证竞争活力的充分发挥。

2. 资源合理分配的产业组织形式

这里所说的产业组织形式，是指产业之间及产业内部各企业之间的相互关系的状况。因此，所谓选择能使资源合理分配的产业组织形式，就是选择一种能使资源在各产业之间及产业内部各企业之间进行合理分配的产业关系。或者说，是组织起合理分配资源的产业关系，使各产业之间及产业内部各企业之间，能够保持使资源合理分配的关系。一般来说，各产业之间及产业内部各企业之间主要有两种关系：一种是它们之间表现为相互平等的经营关系，任何一方都不能通过自己在市场结构（各企业的市场占有率之比）中的优势而支配或排斥另一方，并且它们之间的进入壁垒（阻止一个产业或新企业进入另一个产业或经营范围的障碍）较小；另一种是各产业之间及产业内部各企业之间表现为非平等的经营关系，某一方可以通过自己在市场结构中的优势，而支配或排斥另一方，并且它们之间存在着很大的进入壁垒。前一种关系是竞争型关系，后一种关系是垄断型关系。在前一种关系的条件下，价格机制能够有效地发生作用，资源可以在各产业之间及产业内部各企业之间进行合理的分配，即资源能及时地向需求高的产业和效率高的企业流动。但是在后一种关系的条件下，价格机制的作用受阻，使得资源不可能合理地分配。可见，我们所要选择的能够使资源合理分配的产业之间及产业内部各企业之间的关系，应该是进入壁垒较小的平等的经营关系。因此，应该制定以阻止垄断为基本要求的产业组织政策。在商品经济条件下，应该从市场结构和市场行为上采取反垄断措施，这就决定了产业组织政策必须具有这样两个方面的特征：其一，控制市场结构，使任何产业或企业都不能在市场结构中具有过高的市场占有率。首先，当某一企业在某产业中占有过大的市场，并使垄断价格和垄断利润已经比较明显地形成时，应该采取分割其企业的措施，例如，可以强制该企业放出一些股票和让出一部分工厂，以使该企业的市场占有率保持在适当的程度；其次，当某产业出现不适当的高度集中苗头时，要采取阻止企业通过合并或联合的形式提高集中度的措施，不能使生产的集中度太高，以防止垄断价格和垄断利润的形成；最后，如果某产业已有形成垄断性市场的潜在可能，但还未在现实的市场结构中占有过大的市场占有率时，应该采取完善市场结构的形式，例如，规定各产业的市场占有率界限，减少进入壁垒等。其二，控制市场行为，以消除产业的垄断行为。例如，禁止一切垄断的和企图垄断的不正当交易行为，反对为限制正常交易而设置的各种障碍；禁止采取不公正的竞争方法、不公平的以及欺骗性行为而垄断市场；禁止签订一切排他性交易协定和分割市场的契约、结合与合谋；禁止哄抬物价和为垄断市场而采取的非法价格战，以防止一些企业利用自己的某种优势，排斥其他企业而形成垄断；等等。

3. 资源不被浪费的产业组织形式

这里所讲的产业组织形式，是指产业之间及各产业内部企业之间的竞争秩序。因此，所谓选择能使资源不被浪费的产业组织形式，就是选择合理和适度的产业竞争秩序。或者说，是组织起资源不被浪费的产业竞争秩序。之所以要通过产业组织政策来干预产业的竞争秩序，是因为竞争虽然是促使企业改善经营管理、革新技术和降低成本的重要动力，但是过度的和不适当的竞争，也会损害社会生产的经济效益，造成资源浪费。一般来说，竞争秩序主要有两种：一种是价格竞争；另一种是非价格竞争。价格竞争主要是通过降低生产成本从而降低价格来开展的竞争，这种竞争有利于促进企业改善经营管理和提高技术水平，使资源能够得到有效的节约。非价格竞争的主要形式是产品差异和广告宣传。所谓产品差异，就是增加产品的花色品种、改进产品的式样和型号，以此作为竞争手段。非价格竞争，还包括采取其他非价格手段，以削弱、压制、挤垮竞争对手。非价格竞争的突出特点是相互攀比、相互诱发，即非价格竞争召唤非价格竞争。非价格竞争中的某些手段，容易引起社会资源的浪费。因此，在组织产业的竞争秩序时，应该坚持促进价格竞争而限制非价格竞争的方针。事实上，世界各国现在都基本上把这种方针作为组织产业竞争秩序的重要方针。例如，实行专利制度，就是为了减少非价格竞争对技术资源的浪费，保护技术开发投资，以促进研究与开发的积极性等。我国目前可以说还没有较完善的限制非价格竞争以促进合理的竞争秩序形成的产业组织政策，这要求我们应该尽快制定和完善。其中包括：首先，根据经济发展的趋势，规划和制定科学的新产品替代战略，能使各产业有效地适应产业结构发展的要求，及时地实现生产方向的转移。同时，国家也应该相应地通过各方面的政策措施，而有效地转移“不景气产业”的资源，使这些产业迅速地从技术及工艺等方面得到彻底的改革。其次，对于销售费用及产品改型的费用要有一个适当的政策限度。过度的销售费用和过频的产品改型，虽然会对某些企业带来局部利益，但在宏观经济上会造成社会资源的浪费，所以必须要通过产业组织政策加以限制和引导。再次，要从税收和补贴等方面对价格竞争和非价格竞争采取不同的政策措施，鼓励价格竞争，适当地抑制非价格竞争，对于用非价格竞争而压制、削弱、消灭竞争对手的企业，要实行重税以至于进行必要的经济制裁，以保证有效的竞争，从而避免资源的浪费。总之，我们应该注意运用产业组织政策去协调产业的竞争活动，从而形成一个能避免浪费的产业竞争秩序，使产业组织形式（竞争秩序就是从动态来考察的产业组织形式的一个重要方面）能够保证供给高效益地增加。在产品经济条件下实际上并不存在竞争秩序的问题，因而产业组织形式就不可能包括组织竞争秩序的内容，当然人们也不可能对此有所重视。但是，随着我国的经济形式向商品经济的转化，随着市场的开放和企业逐渐成为相对独立的商品生产者与经营者，组织竞争秩序就成为产业组织政策的重要内容。如果我们忽视这一点，就可能使资源在过度的非价格竞争中被白白地浪费掉。因此，我们应该尽快加紧这方面的工作。

第五节　宏观控制总需求的过程及其机制

一、财政、信贷的统一平衡

在社会主义经济中，服从于国民经济计划目标的财政、信贷的统一平衡，是宏观控制总需求的必要前提。

财政收支和银行信贷的存放款均采取货币形式，都是对市场购买力的集中和分配，因而都影响市场货币流通量。为了保证宏观的总量平衡，社会主义国家必须致力于财政信贷的统一平衡，保证有支付能力的社会需求同商品可供量相适应。

财政和信贷的收入直接或间接地导源于社会总产品和国民收入的生产和分配。因此财政支出和信贷投放的总额应与可供使用的社会总产品中相应部分的价值量相等。如果财政信贷搞了过头分配，不论是财政赤字、信用膨胀，还是两者兼而有之，分配过头的那部分资金虽然也表现为社会购买力，但它是没有实物保证的，必然会引起商品物资供应紧张和物价上涨。

为了控制总需求，首先要求财政和信贷分别自求平衡。

财政收支差额表现在两个方面：一是收大于支，出现财政积余；二是支大于收，出现财政赤字。财政积余能减少现实的货币流通量，财政赤字则会增加现实的货币流通量。增发的货币没有物质保证，会引起市场供应紧张，导致物价上涨。财政出现赤字时的平衡手段是：一方面增加财政收入，另一方面压缩财政支出。

货币一般都经过信贷渠道发放，信贷差额意味着流通的货币量大于流通对货币的需要量，从而会产生信用膨胀。膨胀起来的信用货币没有物资保证，同样会造成货币贬值和物价上涨。信贷平衡的手段主要有：一方面是通过增加产品的供给来扩大货币的必要量；另一方面是紧缩货币流通量，其主要途径是压缩新的长期信贷和催收到期贷款。

其次，要求财政和信贷在统一的宏观经济整体中求得平衡。

在社会化的商品经济中，无论是财政还是信贷，都不可能孤立地自求平衡。财政与信贷的平衡在这里主要包括两方面的内容：一是财政系统推行的财政政策和银行信贷系统推行的货币政策脱钩；二是财政政策和货币政策结合作用。

财政和信贷脱钩是财政信贷统一平衡的前提。在过去的体制中，银行是财政的附属，作为财政的出纳而运行。这种体制现在正在被打破，但财政政策与货币政策还没有完全脱钩。财政出现赤字向银行透支，由银行增发货币来弥补，这实际上是财政决定货币发行。这样一来，银行不可能有独立的政策和运行机制，其后果是：一方面，在中央和地方都有强烈扩张冲动的情况下，货币投放量没有客观的制约机制，财政性货币发行会使总需求膨胀而一发不可收拾。另一方面，银行信贷所特有的机制和杠杆不能独立地发挥作用，银行信贷在调节货币流通量，从而调节总需求方面的威力施展不出。解决这一问题的正确途径，是将弥补赤字的办法由向银行透支改为发行政府债券，使财政政策和货币政策相脱钩。与此同时，开放包括债券市场在内的金融市场，通过中央银行的公开市场业务，控制市场货币流通量。

在财政和信贷的机制和杠杆充分发挥功能后，两者必须在宏观经济总体中相互配合、协调地作用。这两者的配合作用表现在：

一是相互补充。即信贷有差额，自身不能平衡时需要财政通过积余或赤字来平衡；财政有差额时在特定条件下也需要银行信贷用增发货币或压缩货币投放的途径来平衡。这时就不能苛求财政和银行单个的平衡，必须在宏观的总供给与总需求平衡中确定各自的差额和平衡。

二是相机抉择。财政政策和货币政策都有紧松的区别。紧的财政政策是指财政收支不能打赤字，松的财政政策则与之相反；紧的货币政策是指严格控制货币发行和提高利率，松的货币政策则与之相反。财政政策和货币政策有四种结合形态：

(1)松的财政政策和松的货币政策相结合。这是刺激经济增长和扩大就业的手段，但它往往会带来通货膨胀的后果。

(2)紧的财政政策和紧的货币政策相结合。这是实行紧缩性政策、制止需求膨胀的有效手段，但它可能带来经济发展停滞的后果。

(3)紧的财政政策和松的货币政策相结合。紧的财政政策可以抑制公共消费和个人消费，可避免需求过度、消费过热；松的货币政策则可以通过组织储蓄来满足投资需求，这将有利于资金积累和经济发展。但很难保证不出现通货膨胀。

(4)松的财政和紧的货币政策相结合。松的财政政策可以刺激需求，它对克服经济萧条较为有效；紧的货币政策可避免过高的通货膨胀。

长期的松财政和紧信贷的结合,会积累起大量的财政赤字。

对于上述几种结合方式,在不同的国民经济发展时期,可按宏观经济目标要求相机作出抉择,寻找最佳的结合效应。

为保证宏观总量控制的有效性,从而保证国民经济的计划性,国家在统一平衡基础上制订的财政收支计划、货币发行计划和信贷总额计划必须以指令的形式付诸实施。特别是在微观放开以后,国家下达给企业的指令性计划的范围将逐步缩小,而国家下达给财政部门和中央银行的这些总量计划的指令性则必须加强。这是微观放开后,宏观管住的可靠保证。

二、总需求的宏观调节机制

宏观的总量计划确定以后,需要通过宏观调节来实现。宏观调节总需求的基本内容包括以下几个方面:控制和调节积累率,从而控制固定资产投资规模,以实现预定的经济增长速度;控制投资方向和投资重点,以实现预定的经济发展方向;控制消费基金规模,以实现预定的人民生活改善目标。显然,这种宏观控制机制包含在调节国民收入在积累和消费之间进行分配的比例联系中。

传统的宏观控制总供给与总需求平衡的机制,是建立在统收统支基础上的。首先由国家计划部门定出增长速度、积累与消费的比例、各部门的投资比例等大盘子,其次由财政部门据此对预算收入进行分配,银行再按照财政分配计划确定发放钞票的计划。这种宏观控制机制的特点在于:第一,它是在微观没有放开的条件下进行的,基本上没有考虑市场机制的作用。第二,宏观控制主要由国家财政来进行,银行只起出纳作用,对宏观总供给与总需求的平衡不能起到调节作用。这种宏观控制机制的优点在于它的作用直接、见效快,缺陷在于僵化、缺乏灵活性,国家行为没有客观的制约机制。事实证明这种机制并没有真正保证总供给与总需求的平衡。传统体制下多次出现宏观失控,就足以说明这一点。

随着经济体制改革的进行,微观逐步放开,企业作为相对独立的商品生产者进入市场,统收统支制度已不再存在。这时,宏观控制机制不能采取高度集中和直接的形式。宏观控制机制不但不能取消企业商品生产者的地位,而且还必须保证和利用它,这样,国家下达的指令性的宏观总量计划指标,只能到财政和中央银行部门为止,宏观控制和调节总需求,一般也主要采取间接控制方法,其特点包括以下几个方面:

第一,不论是指导供给,还是控制需求,只要是间接的宏观控制机制,都必须经过市场,以市场机制为控制机制的轴心,充分发挥市场机制的自动调节功能。

第二,社会主义经济是计划经济,其主要标志是国民经济目标能事先自觉地确定,不像资本主义市场经济那样,是经济自发运动的过程。因此,即便是间接控制,宏观控制机制也首先应包括预先控制机制。

第三,宏观控制面对的是多元投资主体、自主经营并有强烈扩张冲动和消费欲望的企业、千变万化的市场,宏观控制目标的贯彻必然会遇到一系列不可预料的状况。宏观控制机制要适应这种状况,本身必须是一个活的系统,有信息反馈,能自动反应,有自我组织能力。这就要求宏观控制机制的结构中不仅有预先控制机制,而且还要有信息反馈和自动调节机制及随动控制机制。

三、市场机制是宏观调节机制的轴心

宏观经济是企业的总体活动。在商品经济条件下,企业的总体活动是在市场机制中体现出来的。一方面,市场以它特有的机制自动地调节各个经济主体的消费和投资需求;另一方面,国家对总需求的自觉控制和调节以市场总量(货币流通量、价格总水平、利率总水平等)为对象。这样,市场机制在宏观控制机制中起着“轴心”作用。

在商品经济条件下,供给和需求分别表现为市场供给和市场需求。总供给与总需求失衡的现实形式是市场供求失衡,如果总需求超过总供给,市场上便出现货币过多、物价上涨、市场利率提高的状况。因此,价格总水平和市场利率总水平是宏观总量是否平衡的集中反映,同时也成为国家观察和控制总需求的参照值。具体地说,国家的宏观调节瞄准价格总水平和利率总水平,采取相应的宏观对策,运用调节货币供应量等手段,使价格总水平和利率总水平符合宏观计划目标要求,从而实现宏观总量平衡。

价格总水平和利率总水平不只是被动地反映总需求,它对供求总量的平衡还有自动的调节作用。原因在于,总需求与市场价格水平、利率水平之间有着相互联系、相互作用的机制。生产者和消费者都进入市场从事经济活动,市场机制通过价格水平和利率水平自动调节各个企业和消费者的投资和储蓄活动,以实现总供给与总需求的平衡。当总需求超过总供给时,由于价格总水平上涨,从而推动市场利率提高。在高利率的刺激下,投资者减少投资需求,消费者增加储蓄,减少消费,最终恢复总供给与总需求平衡。相反,当总供给超过总需求时,价格总水平下降,推动市场利率降低,在低利率的刺激下,投资者增加投资,消费者减少储蓄,增加消费,最终实现总供给与总需求的平衡。

企业成为相对独立的经济实体后,由于利益刚性(即利益只能增加不能减少),单靠国家财政渠道的杠杆不可能完全治愈"消费饥渴症",克服企业中消费基金的膨胀。"劳务市场"的机制则能在这方面给企业提供自动的行为约束机制。在"劳务市场"上,劳动力合理流动,浮动工资在一定程度上反映劳动力供求状况,存在着就业竞争。特别是当某些新兴行业因劳动力供不应求,劳动者浮动工资比较高时,有些劳动者就会转向这个部门,从而使这个行业的劳动力供不应求的状况缓和甚至消除,浮动工资即使不会下降到同其他部门相应的程度,也可以被控制住,不能继续上升。如果劳动者不能合理流动,那么当某一部门因劳动力供不应求而浮动工资过高时,其他部门的劳动者就会感到不公平,认为同等劳动不能获取同等报酬,但他们又不能流动到浮动工资高的部门。在这种情况下,浮动工资低的部门就会同浮动工资高的部门相攀比,就会通过随意增加成本、弄虚作假等不正当手段,增加自己的浮动工资,从而引起整个社会在浮动工资上进行攀比,其结果是消费急剧膨胀。由此可见,"劳务市场"是使个人收入攀比会自动得到抑制的重要机制。在这里,特别应该指出“劳务市场”的形成，是社会主义市场体系最终形成的重要组成部分。在完善的市场体系下，企业的利益同市场有着密切的联系，面临着激烈的市场竞争。为在市场竞争中取胜，企业也不至于以牺牲积累为代价片面增加职工收入，也不会随意提高工资，增加成本，提高产品销售价格。

宏观控制作为主观见之于客观的行为，本身也需要有一个自动检验、自动校正的系统。这一系统可以由市场机制来承担。国家的宏观决策与市场机制处于纵向联系中，两者可以耦合。市场机制可以通过其价格总水平和利率总水平的变动，及时地给宏观决策系统反馈其调节措施是否正确的信号。国家宏观决策系统对市场信号如能自动地及时地反应，包括能快速调整经济发展目标，那便可以保证宏观控制手段的科学性和有效性。

以上分析表明，市场机制对国家来说，是宏观控制对象，对单个企业活动来说则是调节者，它在整个宏观控制机制中是信息反馈和自动调节机制。市场机制的这些功能表明，它是宏观控制机制的控制轴心，整个宏观控制过程要经过市场，围绕市场机制运转。当然，进入宏观控制机制的市场必须是完善的和发育成熟的市场，功能不全的市场不但不能适应宏观的自动调节功能，它的自发作用还会加大宏观控制的困难。过去，市场机制是被排斥在宏观控制系统之外的，而且市场机制自身也是很不完善的。现在要把它引进来，需要解决以下三方面的问题：

第一，改变对价格水平的原有行政管制办法。在抑制性通货膨胀下，价格信号失真，国家宏观决策不能得到信息反馈，决策中的错误就得不到及时的纠正。

第二，利率总水平必须随价格总水平升降。只有这样，才能有效地控制总需求。如果价格水平持续上升，利率不动或轻微提高，会使价格信号不断加强，起到“正反馈”作用。生产者在虚假的社会需求刺激下，继续增加投资；消费者持币抢购，力图尽快将货币转为商品，使上涨的价格水平持续不衰，最终将招致整个经济机制的灾变。

第三，提高利率的投资弹性。现在，利率偏低，在企业利润中占的比重很小，再加上近几年企业以税前利润支付利息，实际由国家财政代企业付息，利率对企业活动的制约性很小。这种状况不改变，市场机制的自动调节功能便不能充分发挥。

四、财政政策、收入分配政策及其杠杆

财政作为宏观范围的预算约束机制，国民收入经过分配和再分配形成国家、企业和个人三者的收入并最终分解为积累基金和消费基金，是通过财政系统杠杆的调节实现的。就这一意义上说，财政在宏观控制中起着预先控制的作用。其基础是国家根据国民经济发展目标制定的国民收入分配计划。其中，包括国民收入分为积累和消费的比例、积累基金内部生产性积累和非生产积累的比例、固定资产投资的重点等。国民收入分配计划由财政政策和收入分配政策实施。贯彻财政政策和收入分配政策的杠杆，便是预算分配和税收。前者的对象是国家财政集中的收入，后者的对象是企业集中的收入。

社会主义条件下的收入分配政策一般体现在以下三个原则：(1)反对平均主义，体现按劳分配；(2)保证人民生活水平逐年有所提高；(3)个人收入增长速度必须低于劳动生产率的增长速度。从总需求管理来说，收入分配政策是战胜工资(成本)推进型通货膨胀的有效武器，其主要调节杠杆有两个方面：一是利用预算分配杠杆控制预算内各种消费支出；二是运用税收杠杆，征收工资基金增长税和超限额奖金税，调节企业消费基金的形成，征收个人所得税，保证全社会的公平分配。

社会主义国家的财政政策包括两大内容：一是根据国民经济增长目标确定积累和消费的比例；二是服从于国民经济扩张、收缩或平衡的目标，推行紧或松的财政政策。

为调节积累和消费比例，国家可以运用预算分配杠杆分配国家财政集中的收入，包括确定积累率、确定国家投资的方向和重点、确定投资在两大部类的比例，以此对整个经济的积累和消费的比例及两大部类比例的形成施加决定性影响。对企业，国家可以通过基本建设税来调节，以控制固定资产投资规模。

为贯彻松或紧的财政政策，预算分配可在赤字、盈余和平衡之间调整，税收参数可在减税和增税之间调整。例如，为对付需求推动的通货膨胀，财政可采取盈余预算或平衡预算，压缩预算内支出，以遏制政府的扩张冲动。对企业可增税，以遏制企业的扩张冲动。累进的所得税则在这一过程中起着自动稳定器作用。

财政对总需求的调节具有直接性，见效也快，但是财政对总需求的调节功能毕竟有限。除了财政集中支配的预算收入有限度以外，在总需求膨胀时，财政支出缩减的幅度也十分有限。即使是税收，在利益刚性的条件下，对企业增税的幅度也不能过高。更何况税制不可能随机地调整和变动，因此在宏观控制总需求方面，单靠财政是远远不够的，它的调节功能至多只是给有支付能力需求及其构成划定一个大致的范围和方向。

五、货币政策和中央银行调节机制

在市场上货币代表的是社会有支付能力的需求。货币流通量对经济生活的影响，是通过改变社会需求，从而影响总供给与总需求的关系实现的。服从于一定的经济发展目标，可采取相应的货币政策：在社会需求不足时，可以通过增加货币供给，刺激需求；在社会需求过高时，可以通过紧缩银根，减少和限制需求。国民收入在货币形式上出现超分配，其可能性除了通过动用外汇储备外，主要是通过信贷的过度投放而形成的。因此，为了防止经济“过热”，克服国民收入的超分配，也可以通过控制信贷投放来实现。

马克思讲：“银行制度造成了社会范围的公共簿记和生产资料的公共的分配的形式。”①目前我国承担信贷业务的主要有中国工商银行、中国农业银行、中国人民建设银行和中国银行四大银行。随着改革的深入，可能会出现一些地方性银行。中国人民银行担负中央银行的职能，它是

① 《马克思恩格斯全集》第25卷，人民出版社1974年版，第686页。

银行的银行,是我国唯一的货币发行银行。因此中央银行是整个信用制度的枢纽,是控制货币供应量的总闸门。在宏观控制机制中,货币政策主要通过中央银行及其调节杠杆贯彻。

前面的分析已经指出,货币流通量与价格总水平、利率总水平相互影响、相互制约,因此,中央银行只要掌握货币供应的总闸,便可调节市场价格总水平和利率总水平。在这里,它具有随动控制的功能,即随时根据市场机制的价格和利率信号变化,调整调节参数,改变货币供应量,以校正经济增长目标,保证总供给与总需求的动态平衡。中央银行运用杠杆(参数)主要有:(1)中央银行对各专业银行的贷款利率;(2)专业银行在中央银行的存款准备金比例;(3)必要时中央银行直接控制专业银行的信贷基金规模;(4)随着银行债券、国家债券、股票等证券的发行,在条件具备时,中央银行的公开市场业务通过证券的购买和出售,吞吐货币,也是调节货币流通量的一个重要杠杆。例如,为紧缩银根,以压缩总需求,中央银行可采取的手段有:提高存款准备金比例;提高中央银行对专业银行的贷款利率;在金融市场上发行各种债券等金融证券;必要时对信贷采取直接的行政性的额度控制办法。

要使中央银行的随动控制功能得以充分发挥,需要解决好三个问题:第一,随着专业银行的企业化,各银行在参加市场活动时必须有较硬的预算约束。按照核定的存贷计划,多存多贷,有多少可支配的信贷基金,发多少贷款。第二,银行对贷款的发放必须承担风险。第三,中央银行贷款利率对各专业银行要有足够的弹性,过低的利率起不到杠杆作用。

六、储蓄功能

动员和调节居民储蓄,也是银行贯彻货币政策,控制有支付能力需求的重要途径。

国民收入的分配和再分配过程如引入储蓄因素,国民收入的流动可用图 7-2 来表示:

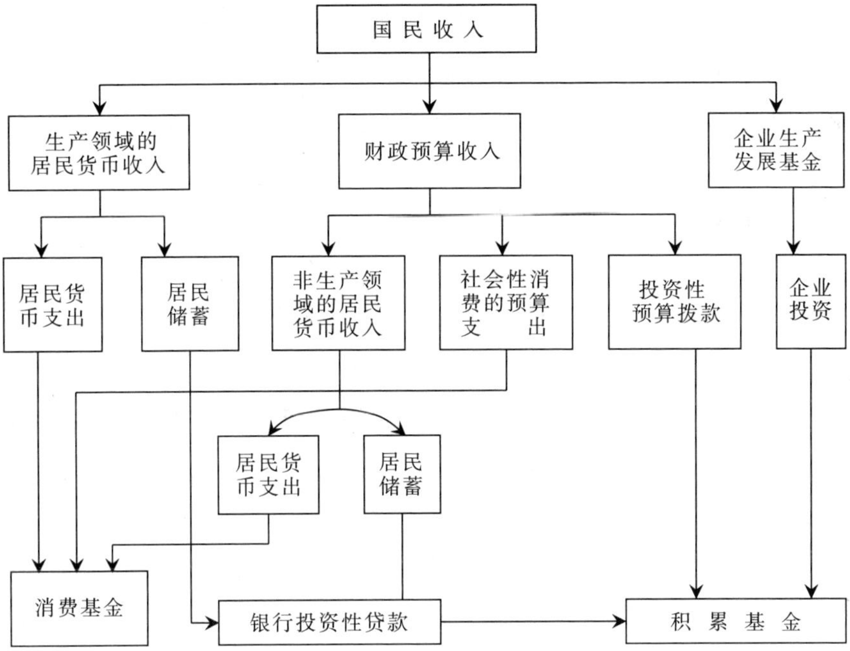

图 7-2　加入储蓄因素后的国民收入分配和再分配过程

图 7-1 表明：一定时期内的消费基金是当期居民(包括生产领域和非生产领域的居民)的消费性货币支出与社会性消费预算支出之和，一定时期内的积累基金是当期财政投资、企业投资和银行投资性贷款数额之总和。储蓄存款是银行投资性贷款的资金来源之一。

这里撇开财政性存款和企业存款，专论居民储蓄在调节积累和消费比例、协调总供给与总需求过程中的功能。

居民储蓄从宏观上考虑有两大功能：第一，是改变收入用途，将消费基金转化为积累基金。因此，储蓄可以说是调节积累和消费比例的机制。第二，储蓄存款如在银行沉淀，没有立即投入流通，这部分货币就成为潜在货币。因此，储蓄也是回笼货币、调节市场货币流通量的重要机制。社会主义国家不能忽视储蓄在控制总需求过程中的调节功能。

居民储蓄就其行为来说，可划分为两类：

一类是自愿储蓄。它是指随着收入的增加，人们不可能把增加的收入都用于消费，必然会把新增收入的一部分储入银行。如果把新增收入中储蓄占的比重称为新增收入储蓄率（西方经济学称“边际储蓄倾向”），那么一般来说收入增长越快，新增收入储蓄率可能越大。这一客观经济过程的机制可成为社会主义国家宏观收入分配政策的补充。这一机制运用得好，可有效地保证人民群众最终使用的消费基金的增长速度低于劳动生产率的增长，避免和克服消费基金的膨胀。

另一类是非自愿储蓄。它指在市场上买不到所需的消费品时，货币收入不得不暂时存入银行，储币待购。这种消费的节制不是自愿的，而是被迫的，因此银行的这部分存款是很不稳定的。这部分货币会随时从银行取出，投入消费品市场。从这一点来说，居民存款增加不一定都是经济形势好的标志，它是市场供不应求的表现。但将这部分货币吸入银行，对暂时平抑市场供求还是有意义的，它毕竟比留在消费者手中要好。关键是银行吸收了这部分货币收入以后，不应再去创造新的购买力，创造新的需求。也就是说，这部分存款不应像自愿储蓄条件下的存款那样，转为积累基金，否则起不到稳定市场货币流通量的作用。

社会主义国家为充分发挥储蓄的宏观调节功能，必须努力吸引居民储蓄。吸引储蓄的机制就是存款利率。存款利率保持多高最为适宜呢？这就看它对居民有无吸引力。确定存款利率时，要把利率同价格水平变动联系起来。在价格上涨的情况下，货币出现贬值。确定利率时如不考虑这一点，就不易吸引储蓄。利息率应高于总的物价上涨率。如果某年内物价上涨 20%，而年利率只有 9%，这是负利率。存款不能保值。这时，本来属于居民远期购买的物品，会转为近期购买。原因是居民为了免遭物价上涨而带来的货币贬值的损失，必然要尽快将货币变为商品，从而进一步增强市场压力。这时存款利率如能灵活地反映价格水平变化，则可避免这种情况。

总而言之，居民储蓄不仅具有积累社会主义建设资金的功能，而且还是宏观调节的重要机制。需要在宏观调节机制的整体中研究和发挥它的调节功能。

七、宏观控制政策和调节杠杆的综合效应

综上所述,宏观控制总需求的机制可用图 7-3 表示:

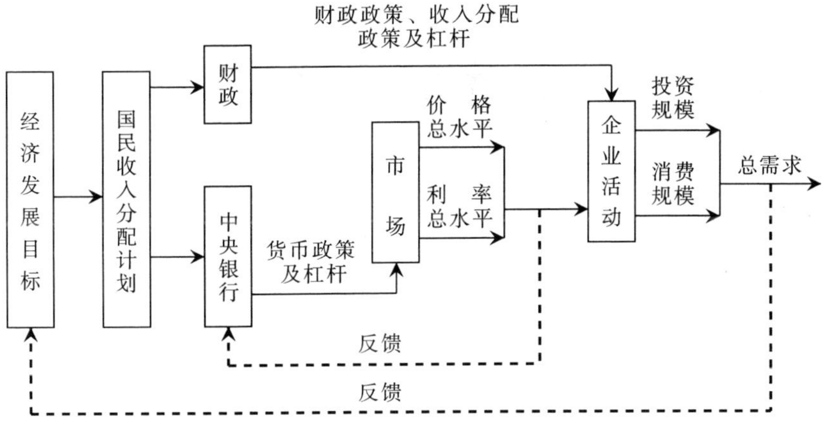

图 7-3　宏观控制总需求机制

社会主义经济是复杂的系统,宏观经济的运行是整体的运动。无论是财政政策、货币政策,还是收入分配政策,单独地运用,都不可能有效地解决宏观总量平衡问题。宏观的总量平衡必然是这些政策的综合效应。因此,各种宏观政策必须根据国民经济发展目标在统一计划基础上制定,并相互配套地贯彻。

财政系统的各种杠杆和中央银行系统的各种杠杆,各自都有特定的调节功能、特定的作用范围。但是,它们又都是统一的宏观控制机制的构成要素。彼此间相互制约相互作用,形成经济机制。因此,各种经济杠杆的运用应该服从共同的目标,相互补充、配合默契,不能各行其是,主观随意。否则,各个杠杆的积极功能会相互抵消,甚至起逆向调节的作用,造成宏观经济运行的混乱。

第八章

经济发展机制

上面我们在分析比例调节机制和总量调节机制时，因分析方法的需要，暂时舍掉了发展问题。其实，经济运行的动态化便是经济发展问题，对经济运行机制需要联系经济发展作动态考察。只有这样，才能按照经济发展的目标和战略，寻求最优的经济发展机制。我国是发展中的社会主义国家，面临着摆脱经济的落后性而步入发达国家行列的重任。对我们来说，经济发展有广泛的意义。它涉及经济增长问题、产业结构高度化问题、二元经济结构现代化问题，以及发展外向型经济问题等。所有这些方面，都需要有合适的经济发展机制进行调节。因此，本章在上述分析的基础上，进入对经济发展机制的分析。本章所涉及的内容虽然在前几章已有过分析，但这里是专门从发展的角度来论述的。

第一节　经济的最优增长

一、调节供给与管理需求

在社会主义初级阶段，经济运行的主要矛盾，是现有社会生产的供给能力不能充分满足经常增长的社会需求。解决这个矛盾的对策,有调节供给和管理需求两手。诚然,这两手对策可以并用,但是以调节供给为重心,还是以管理需求为重心,不同的国家在不同的时期可能有不同的选择。以调节供给为重心的经济机制,在于影响社会生产能力和生产结构,以增加供给来平衡总供求。以管理需求为重心的经济机制,在于控制需求,使需求适应既定的社会供给水平和供给结构。

西方宏观政策和国家干预,基本上服务于需求管理。其前提是:社会生产能力过剩、资源闲置、非充分就业、储蓄水平高于投资需求。需求管理意味着借助财政政策和货币政策刺激总需求,以此来动员闲置的生产资源,达到充分就业。在我国不存在这种前提。我们的社会生产能力不是过剩,而是严重不足。需求本身也存在易上不易下的刚性。单靠需求管理已难以压下膨胀的需求,因而也难以平衡总供给和总需求。显然,在我国,宏观的需求管理是需要的,特别是在供给量既定的前提下,要抑制需求膨胀。但抑制需求的效应,不仅是短期的,也是有限的。这种使总需求适应现有供给水平的管理只能起到治标的作用。因此,我国宏观管理的重心应趋向调节供给,借助各种宏观政策和调节机制,促进增加供给。这种调节重心同经济发展的需求是相一致的。可以说,调节供给的机制也就是经济发展的机制。当然,以增加供给为调节的重心,绝不排斥管理需求的内容。后者的基本功能是给发展过程中需求的增加规定一个限度,以免总需求膨胀,以保证国民经济的稳定增长。至于对总需求比例的计划控制,则可包含在以增加供给为内容的调节机制中。

以增加供给为内容的经济机制,包含在三个过程中:一是在经济增长过程中,调节国民收入在积累和消费之间的分配比例,调节投资在各生产要素间的配置比例,以形成最优的经济增长速度。二是在产业结构的调整和变动的过程中,调节资源在各部门配置的比例,推动产业结构协调并趋向高度化。三是在二元结构向现代化发展的过程中,调节生产要素在二元经济间的流动,在二元经济共同繁荣、相互促进的基础上,推动二元结构向一元的现代化经济发展。

二、国民收入在积累和消费间的最优分配

投资是经济增长的第一和持续的推动力。经济增长率同投资率直接相关。投资源于积累,这就提出了国民投入在积累和消费间最优分配问题。

任何国家和任何时期内,每年的国民收入(表现为积累基金和消费基金两部分)总是有限的量,而在短缺经济条件下,积累和消费的实际需要量总是超过其可供量。面对这种宏观状态,调节机制有两方面目标:一是在现有供给能力下,使人民群众的当前需要得到尽可能的满足;二是推动总供给能力的提高,保证人民群众的需要得到不断的提高。前一个目标由消费率的提高来满足,后一个目标由积累率的提高来满足。这样,国民收入在积累和消费间的最优分配即可归结为最优积累率。这种积累率能保证人民群众的当前消费需要得到最大限度的满足。

投资是指投向固定资产和流动资金的支出,属于总需求的范畴。积累是收入中不用于现时消费的部分,它类似西方宏观经济学中的储蓄概念,是投资的源泉,属于总供给的范畴。投资率与积累率相等,是宏观总量平衡的条件。若投资率超过积累率,会导致两种结果:一是在现有生产设备闲置和生产能力未充分利用时,可以启动闲置资源,推动社会总供给的增长;二是在现有生产设备和生产能力已充分利用时,过旺的投资需求将造成总需求膨胀,使国民经济处于不稳定状态。反之,若投资率小于积累率,社会总需求不足,会导致社会产品实现的困难,生产设备和生产能力闲置,国民经济趋于萎缩。显然,积累水平作为新投资的源泉,制约着投资率,因而制约着经济增长率。我国宏观经济的总体状态是供给能力不足,提高积累率从而增加投资需求,主要不是启动闲置的生产资源,而是要增加供给能力,因而要经过较长时间才能见效,不能很快地产生增加国民收入的效应。这意味着在短缺经济中,为换取较高的经济增长率,总要牺牲一些目前的消费。问题是付出的代价不能过高,人民群众要从经济增长中得到实惠。

在传统的经济体制中，存在着片面追求高积累高指标的机制。这种机制不仅不能导致经济最优增长，还带来了人民群众的生活长期得不到改善的后果。随着经济体制的改革，提高人民群众的消费水平得到了高度重视。现在的问题是，企业缺乏积累的积极性，甚至不惜以牺牲企业积累来增加职工收入。与此同时，企业的扩张冲动有增无减。膨胀的投资需求，依靠向银行告贷来解决。于是出现投资率大于积累率的状况。尽管高的投资需求一时能将经济增长速度推上去，但是由于这种高的投资需求缺乏坚实的基础，推上去的经济增长速度最终还会降下来。显然，过高的经济增长率不等于最优增长率。现实的经济过程需要有效的经济机制来克服膨胀的投资需求。同时，最优的经济增长率也不等于低速度。为了保证必不可少的投资需求，在微观放开的体制中，需要形成鼓励企业积累的机制。这种机制的基本要求有两个方面：一是形成充分竞争的市场环境，谁不注重积累，谁的经济增长缓慢，最终会被竞争赶出市场；二是在收入分配政策上，保证企业从自我积累中获得看得见的利益。这两个方面可有效地形成企业积累的动力和压力。

三、经济增长是各要素生产率的集合

投资固然是经济增长的第一推动力，但是，经济增长速度并不唯一地由投资量决定。它还取决于投资效果（单位投资所新增的国民收入量）。投资是分布在生产资料、劳动力、自然资源、技术等经济增长要素上的，因此，经济增长是各种生产要素组合的结果。只要增加任何一个生产要素的投入，或它们之间的组合发生任何变化，都会不同程度地影响产出。然而，对经济增长作用更大的，是各种生产要素的生产率变动，如固定资产的生产率、劳动力的生产率、自然资源的生产率等。经济增长是各种生产要素的生产率的集合。

在生产资料中，代表生产力水平的是固定资产。知识和技能的积累、社会智慧的积累，表现为固定资产的属性。正因为固定资产是物化的知识力量,社会生产力水平就由固定资产的数量和质量来衡量。劳动者平均占有的固定资产量越多,机器设备的现代化水平越高,社会生产力水平便越高。提高固定资产生产率的途径主要有两条:一是新建和扩建固定资产;二是对现有固定资产进行技术改造。我国目前提高固定资产生产率的重点是,适时地根据技术进步状况,对现有企业进行技术改造。从整个国民经济增长考虑,还要注意基础设施的建设,这是充分发挥固定资产生产率的重要条件。

劳动力要素的生产率通过劳动者智力或技能表现出来。劳动力不是同质的。在不同的国度和不同的时期,劳动者的智力和技能的差别对经济增长有不同的贡献。科学转化为直接生产力,不仅涉及机器设备的变革,也涉及劳动者智力的发展。也就是说,新的科学知识在生产中运用,不仅体现在固定资产的进步上,也体现在劳动者智力的提高上。在当今的经济增长中,劳动者智力作为不可缺少的因素存在。而且,随着科学技术和经济的发展,作为生产要素的劳动者的智力因素将起到日益重要的作用。智力劳动在经济发展中将发挥主导作用。智力劳动者的缺乏,必然会严重影响经济增长的速度。为了提高劳动力要素的生产率,有必要增加人力投资,开发劳动者的智力资源。

土地的肥力、自然资源的丰富和品位的差别,形成不同的生产率,并影响整个国民经济的增长速度。土地等自然资源是稀缺的,特别是丰度高、品位高的自然资源更为稀缺。一般来说,发达国家可依赖其充裕的资本和发达的技术克服大自然的“吝啬”,改变现有自然资源的性能,提高其生产率。但像我国这样的发展中国家,资金缺乏、技术落后,自然资源稀缺性的缓解受到很大的限制,因而它们的生产率差别对经济增长有很大的制约性。鉴于这种状况,为了求得经济的增长,一方面必须节约和充分利用现有的土地和自然资源,以利于其自然的生产力得到充分发挥;另一方面必须通过资金积累和劳动积累,改良土壤和其他自然资源的生长条件,以提高土地的肥力和其他自然资源的丰度和品位,增加优等自然资源的供给,提高自然资源的生产率。

四、经济增长要素的高效率组合

在商品经济条件下，任何一种生产要素投入的增加，任何一种要素生产率的提高，都要由货币资金来推动。例如，固定资产生产率的提高，需要有固定资产投资；劳动力生产率的提高，需要有开发智力的人力投资；自然资源生产率的提高，需要有改善自然资源供给条件的投资。这表明，投资作为推动力，是分布在各种生产要素上的。或者说，各要素是由投资黏合在经济增长过程中的。由于投资是稀缺性资源，是有限的量，因而它不能充分满足各生产要素量的增加及生产率提高的要求。这就提出了有限的投资在各生产要素间有效配置的问题。

总的来说，经济增长速度，不是各要素生产率的简单相加，而是生产率不同的各种要素有效组合的结果。不同要素的生产率对经济增长有不同的作用。这就给有限的投资在各要素间的配置指示了方向：根据各要素的生产率对一定的经济增长速度所作的贡献分配投资，从而形成高效率的要素组合。这就可使有限的投资带来尽可能高的经济增长率。具体可从两个方面选择投资方向和重点：一是在各生产要素投入的替代关系上选择：是更多地搞固定资产投资，还是更多地搞人力投资，还是扩大改善自然资源供给条件的投资？二是在同种生产要素增加投入和提高生产率的替代关系上选择。例如在固定资产投资方面，是重在新建扩建，还是重在技术改造？所有这些都需要有效的经济机制对投资分配进行调节和导向。

在传统的计划体制中，投资在各要素间的分配，基本上是纯粹的国家行为。随着经济体制改革的深入，企业逐步成为经济实体，企业开始有了积累能力和决定投资方向的权力。现在需要有一定的机制引导企业的投资方向，使之适合各要素的生产率最佳组合的要求。

用于新建扩建的固定资产投资，会带来国民经济的外延型增长，用于固定资产更新和技术改造的投资，会带来国民经济的内涵型增长。在固定资产投资有限的情况下，这两种类型的经济增长之间有着替代关系。

一般地说,国民经济的外延型增长,需要占用较多的资金。当经济增长以外延型为主时,过大的固定资产投资规模势必挤占用于开发智力的人力投资和改良自然资源的投资。而内涵型为主的增长,可以节约劳动和投资,因而有较高的投资效果。现在我国的经济增长开始转向以内涵型为主的过程,对现有企业的技术改造,将逐步成为投资的重点。与此相适应的经济机制,必须具有三个功能:第一,保证企业有足够的进行技术改造的能力,其中包括企业自主支配折旧基金的权力,自主筹借技术改造资金的能力,以及在利润增长基础上的足够的自我积累能力。第二,保证企业对技术改造成果有看得见的利益。这要求国家与企业的分配关系相对稳定,既不能"鞭打快牛",又不能搞"一平二调"。第三,保证企业具有进行技术改造的动力和压力。企业进行技术改造的动力由充分竞争的市场机制提供。在竞争市场上,谁注重技术改造,谁就能发展和获利;反之,谁不思技术改造,谁就会被市场淘汰。这种外在压力便会形成企业技术改造的内在动力。

在人力投资有限的情况下,增加劳动力投入的投资和提高劳动者智力的投资也有着替代关系。如果偏重增加劳动力投入的投资,忽视开发智力的投资,就会造成生产率过低的劳动力要素同有较高生产率的固定资产的很不协调的组合,人为地减缓经济增长速度。发展中国家进行智力投资会遇到阻力和困难。其原因,一方面是基础差,智力投资要求高;另一方面是智力投资供给不足,除了资金缺乏这个原因外,还因为在这项投资中得益的并不总是那些承担投资成本的人,因而人力投资的积极性并不都很高。例如,企业有对职工进行特殊训练的积极性,但无进行一般训练的积极性。在这种情况下,对智力开发需要形成多元投资主体。这就是:企业出于自身发展的考虑,主要承担对职工进行特殊训练的投资;国家则从全局利益考虑,主要承担正规学校教育特别是全民普及教育的投资;除此以外,家庭也要成为智力开发的投资主体。家庭不仅要承担一部分接受学校正规教育的费用,也要承担一般训练的费用。刺激家庭进行智力开发投资的机制有两个方面:一是在就业制度上的"结构性待业"机制。职工手持"铁饭碗",是不会有智力投资积极性的。只有在面临

“结构性失业”的威胁和压力时，职工才会有接受各种技术训练并承担部分智力投资的动力和积极性。二是劳动报酬刺激机制。它要求劳动者报酬中包含培养训练费用的补偿。如果家庭承担了智力开发投资，如支付了正规教育的费用，或在在职训练时接受了较低的薪水，那么职工就要从社会或企业增加的收入中得到报酬，体现谁搞人力投资谁得益的原则。

在资金有限的条件下，自然资源生产率的提高与其他生产要素的生产率的提高有着替代关系。也就是说，投向自然资源的资金，会受其他生产要素对资金需求的限制。不能设想，日趋枯竭或生产率低下的自然资源同其他生产要素组合，会产生较高的经济增长率。因此，国民经济越发展，对改善自然资源供给条件方面的投资便越重要。总的来说，在土地及其他自然资源上的投资，是长期投资，过若干年后才能见效。为鼓励生产者向土地及其他自然资源投资，刺激机制必须有两方面功能：一是投资收益必须归投资者；二是土地及其他自然资源的经营者（投资者）必须有较长时期的经营权利。

综上所述，为求得经济的最优增长，不仅需要保证必不可少的积累率，还需要有较高的投资效果。在投资有限的条件下，社会主义国家，一方面，要自觉地寻求诸生产要素的生产率协调增长并高效率组合的均衡点，另一方面，要通过合适的经济机制，调节投资在各生产要素间的分配比例，借助投资推动诸生产要素的生产率协调增长并高效率地组合。

第二节　产业结构的高度化

一、经济发展的产业目标

产业结构在投入方面，是指社会生产资源在各产业部门的分配比例，在产出方面，是指各产业部门的生产能力，或者说新创造国民收入在各产业部门的分布比例。在经济运行中，各产业部门之间呈现出各种经济联系：一是各个产业部门之间的投入产出联系，也就是各个产业部门之间依一定的生产技术联系相互提供中间产品，以供生产最终产品；二是各个产业部门之间依投资需求和消费需求的比例建立的联系，也就是投资品部门和消费品部门之间的比例；三是各个产业部门之间依一定的经济增长速度建立的联系，也就是为实现某一目标的经济增长率，能源、交通、机械、电子等部门分别应增长几个百分点。

发展中国家经济落后性的一个重要表现是产业结构处于畸形和低度水准。经济发展同经济增长在概念上的重要区别就在于，经济发展不仅包含经济增长的内容，还包含产业结构高度化的内容。也就是说，国民经济的发展不仅反映产出量的增加，更重要的是反映产业结构发生结构性演进。产业结构趋向平衡的调整和高度化是国民经济发展的重要内容和标志。

在西方经济学中，产业结构问题不属于宏观经济内容，原因是那里的结构问题完全是由市场调节的。因此，政府干预产业结构的行为和政策，都被称作宏观政策微观化。我国宏观经济的基本特征是总供给不足，整个经济呈资源约束型，进一步说是结构约束型。面对这种宏观经济状态，固然可以通过控制总需求来解决总量均衡，但如前所述，它只有短期效应，只能治标。因此，我国宏观经济的根本问题，是推动产业结构趋向均衡并高度化，提高社会产品的供给能力。而且，对于调整和推进产业结构的平衡和高度化发展来说，企业无能为力，单纯的市场机制无济于事，需要国家的宏观调节。显然，产业结构在我国具有宏观意义。

二、产业结构的平衡和高度化

产业结构变动的方向有平衡和高度化两个方面。马克思从社会产品实现的角度提出了产业结构平衡的要求。这就是：第一，两大部类产品通过交换得到完全的实现，社会的投资需求和消费需求在两大部类产品中得到合理的满足。第二，在一定的扩大再生产规模或经济增长速度上，两大部类的积累水平成比例，两大部类的增长速度成比例。第三，社会所有产业部门的产品供给（中间产品和最终产品）与社会对它们的需求（中间需求和最终需求）平衡。这样，在一定的经济增长速度上，各产业部门的生产能力得到充分利用。社会既不存在局部闲置的生产能力，也没有局部生产能力的超负荷运转。

我国经济发展的实践反复证明，产业结构平衡与否，直接影响经济增长速度，追求过高的经济增长速度又会加剧产业结构的不平衡。我们过去片面追求高速度、高指标，与此相应，在投资分配上优先发展重工业，优先发展投资品生产，造成了农业严重落后于工业，轻工业严重落后于重工业的局面。而且，片面追求产值增长，又导致了制造业发展过快，原材料工业、能源交通工业发展缓慢的状况。于是，产业瓶颈和过剩并存，严重阻碍了国民经济的进一步增长。

现在，产业结构的平衡问题已引起人们的高度重视。但是，平衡只是产业结构调整和演进的一个目标，而不是其全部目标，以偏概全会牺牲国民经济的发展。当我们单纯注意产业部门之间的平衡时，产业结构的水准便会被掩盖或忽视，因为在任一产业结构水准上都可建立平衡。也就是说，产业结构可以在不发生结构水准变化的基础上趋向平衡，因此，平衡本身不能完全反映产业结构的高度化。长期在一种水准上维持平衡，绝不是产业结构演进的目标。从发展水准来看，产业结构的演进和平衡要使社会生产能力和社会需要的满足程度不断地达到新的水准。这种高度化目标大致包括这样一些内容：新技术在各个产业部门得到广泛的运用；社会资金的有机构成得到进一步提高；各产业部门的产出能力不断得到提高；出现满足新的社会需要的新兴产业部门；满足新的社会需要的产业部门得到长足发展；夕阳产业衰落和被淘汰；产业结构更新换代。

产业结构的高度化同平衡是什么关系呢？一般来说，产业结构的高度化是产业结构的非平衡过程，它需要打破处于原有水准上的平衡。但是产业结构达到新的水准后必须建立新的平衡，否则，这种高度水准的产业结构是不稳定的。从这个意义上说，产业结构高度化是产业结构从一种平衡态上升到新的平衡态的动态过程。

总的来说，产业结构高度化表现为，生产要素在各产业部门间的分配比例、生产成果在各产业部门间的分布比例以及技术进步在各产业部门间的传递发生优化的结构性变化。这种变化体现在以下三个方面：

(1)“三次产业”比例的结构性变化。人们通常以“三次产业”的比例来反映产业结构的水准。一般来说，第一产业是指广义的农业，第二产业是指广义的工业，“第三产业”①是指广义的服务业。在产业结构中，如果分配在第一产业的劳动力居多，第一产业创造的国民收入的相对比重居高，则意味着该种产业结构处于低度水准。产业结构高度化的趋势是，第一产业的剩余劳动力逐渐向第二产业并进而向“第三产业”转移；第一产业创造的国民收入的相对比重逐渐下降，第二产业和“第三产业”创造的国民收入的相对比重趋于上升。这个过程不仅反映了农业劳动生产率的提高和工业化进程的加快，还反映了随着工业的发展和收入水平的提高，日益多样化的需求的满足程度也在不断提高。现在，这样的变动过程在我国正在开始。

(2)工业中的产业结构变动。一个国家的工业中的产业结构状况，大致反映该国的经济发展水准。能够反映工业中产业结构水准的是两个方面的经济变动：一方面，是按照发展经济学的划分，工业中的产业结构变动有三个发展阶段。初期工业有纺织工业、食品工业、皮革工业等；中期工业有采掘工业、橡胶制品工业、木材制品工业等；后期工业有机械和运输设备业、冶金和金属结构材料、生物技术等新兴产业部门。在一定时期的产业结构中，占主导地位的工业，大致能反映当时产业结构的水准。另一方面，是主导产业的变化，主导产业是指这样一些产业部门，“在这些部门中，革新创造的可能，或利用新的有利可图的或至今尚未开发的资源的可能，将造成很高的增长率并带动这一经济中其他方面的扩充力量”②。哪个产业成为主导产业，也能一般地反映现有产业结构的水准。日本曾经依主导产业的变化将产业结构高度化分为重工业化过程→高加工度化过程→技术密集化过程三个阶段。这个轨迹有其普遍意义。

---

① “第三产业”中包含了马克思主义看来是非物质生产劳动的部门，故将其加上引号。

② [美]罗斯托：《经济成长的阶段》，国际关系研究所编辑室译，商务印书馆1962年版，第62页。

(3)产业结构的资源密集度变动。按资源密集度区分,产业可分为劳动密集型产业、资金密集型产业和技术密集型产业。当产业结构以劳动密集型产业为主时,该种产业结构是处于低度水准的。产业结构高度化的进程,大致可概括为劳动密集型产业为主→资金密集型产业为主→技术密集型产业为主的发展轨迹。

三、自觉的平衡和自觉的非平衡

在供给不足、资金短缺的条件下,产业发展从何处启动,投资如何在各产业部门间分配,存在着权衡取舍、先后顺序问题。发展经济学对此有两种战略选择:一种是平衡发展战略;另一种是非平衡发展战略。

平衡战略是从社会产品实现的角度提出问题的。其基本思想是,由于某一产业部门所生产的产品往往是另一个产业部门所需要的原材料和中间产品,产业之间有互补性,因而各个产业部门必须同时发展,同时推进,否则会导致产品没有销路或原材料缺乏,其结果必然是经济发展停滞,而且,平衡发展可使一个国家的生产多元化,从而使整个经济不会过分依赖少数部门或少数产品。这样,既可以分散风险,又有助于经济的稳定,因此,平衡战略着力强调的是各部门供给的平衡,要求为形成广大的国内市场而全面发展各产业部门。

这种平衡发展战略的实现,要求高度的国民经济计划化。通常的价格机制功能只能在很小程度上影响部门的平均增长,平衡增长主要依靠国家的计划安排:一方面,要求计划人员根据一定的收入弹性,确定各部门的投资比例,使得新创造的收入恰好能吸收新生产出来的产品;另一方面,要求国家有足够的补充投资,用投资推动,填平补齐,使得社会产品得到全部实现。这种发展战略受到的限制是:发展中国家,既不可能有符合实际的广泛而详尽的国民经济发展计划,也不可能有充裕的解决平衡的资金。如果它能做到这一点,就不成其为发展中国家了。因此,尽管平衡发展战略令人神往,但在现实中却很难行得通。

非平衡发展战略认为,发展中国家束缚经济发展的主要因素是人们的投资决策能力。只有当不同部门出现不平衡时,才会形成压力,迫使人们进行投资。因此,发展中国家不必要同时发展各个部门,而应当集中力量发展某几个部门,借助首先发展的部门与其他部门的联系效应,迫使其他部门随之发展。因此可以说,非平衡发展战略是推动产业结构高度化的重要战略。这个战略得以成功,依赖于两个条件:第一,宏观经济决策者要在正确估计产业结构发展格局的基础上,正确地选择主导产业和重点发展部门。第二,在市场机制充分作用的基础上,产业联系链上的各个投资者应有企业家精神,能灵敏地对产业联系变动作出反应。特别是当某些产业部门超前发展时,别的产业部门的投资者应能主动地、灵敏地作出反应。否则,即使正确地选择了主导产业,也难以产生带动其他产业发展的联系效应。

在我国的经济发展过程中,非平衡发展战略和平衡发展战略都先后采用过。优先发展重工业,在工业化初期有其积极意义,但后来把它作为长期的战略方针,并且进而提出了“以钢为纲”的方针,这实际上是一种非平衡发展战略,结果造成了农业和轻工业的严重落后。然而失败的不是非平衡发展战略本身,问题主要出在两个方面:第一,在当时条件下选择重工业特别是钢铁工业为主导产业,片面加以强调,已经潜伏下了问题。第二,在当时的体制中,计划、资源都高度集中,因而在贯彻非平衡发展战略时,人为地割断了重工业与其他产业的联系。也就是说,处于钢铁工业前向和后向联系上的产业部门,既没有动力也没有能力与之保持平衡,以至于钢铁这个“纲”虽然“举”了,而“目”却没有“张”起来。我国近几年来实行平衡发展战略,即以农轻重为序,搞好产业间综合平衡,这对解决长期存在的部门“瓶颈”问题,保证经济的稳定增长是十分必要的。但是把这种平衡战略绝对化也是不妥当的,其原因除了现阶段缺乏上述实行平衡发展的能力外,更重要的是它忽视主导产业的选择和超前发展及其联系效应的发挥。长此下去,就会牺牲产业结构高度化发展目标。

其实,根据中国的国情,不能把非平衡战略同平衡战略简单地对立起来。这里有两方面问题:其一,平衡和非平衡是实现产业结构高度化的两个过程。非平衡发展战略实际上也要以产业平衡为目标。没有非平衡战略,不会有平衡目标;达不到平衡目标的非平衡战略则是无效的。其二,即便是实行非平衡战略发展,也要寻求稳定有序的结构。这就是说,在重点发展某个部门时,十分注意该部门与其他部门的协调。因此社会主义国家对产业结构的调节包含下列内容:

首先是自觉地组织非平衡。也就是说,在一定的产业结构中,寻求和选择优先或重点发展的产业和产业部门,并通过强有力的政策保证这些产业的超前发展。这种政策被形象地称为“倾斜”政策,目标是求得产业结构的高度化发展。

其次是自觉地组织平衡。这一过程不只是指计划平衡,还包括通过市场组织产业平衡。因此需要通过经济体制改革,增强企业活力,并使企业产生企业家精神,从而借助主导产业的联系效应,使各产业部门自求平衡,以求得在更高层次上建立产业结构的平衡。

四、调节产业发展的市场功能

在生产社会化的商品经济中,社会劳动在各产业部门间流动,是由平均利润规律调节的。每一阶段产业结构高度化目标的确定、主导产业部门的选择,会经过市场过程。各产业部门由于生产率不同,各自产品需求的收入弹性不同,会有不同的利润率。每一阶段都会有一个或一组产业,因其产品有高的收入弹性,以及因首先采用新技术而具有高的生产率,因而可获得较高的利润率。其他产业部门不会甘心维持较低的利润率,于是发生生产要素在产业间流动。这种运动可以说是主导产业带动其他产业发展的过程。一旦各产业部门获得平均利润,产业结构便在一个新的水准上达到平衡。这时又会有新的产业部门超前发展,带动产业结构变动。这个过程是市场机制对主导产业的自动选择,对产业结构平衡有自动调节的过程。

在传统的计划体制中,产业结构变动的阶段性目标的确定,及主导产业部门的选择,完全由国家集中决策,并依赖行政手段实现。这一过程完全排斥市场机制,其结果是:第一,国家在确定高度化的阶段性目标和选择主导产业时,不注意市场上反映的收入弹性和生产率差别的信号,难免会产生决策的主观性及由此带来的目标选择失误,也不可能自动地及时地通过改变生产要素的流向来弥补或校正。第二,国家行政规定的价格,不能使各产业得到平均利润,如出现工农业产品“剪刀差”,短线产品价低利微等。这就不可避免地造成短线更短、长线更长的状况,从而延缓产业结构高度化的进程。我国目前的产业结构处于不平衡、低水准状态,不能不归因于这种排斥市场机制的经济体制。鉴于此,对产业结构的计划调节必须借助市场机制的积极功能。第一,选择主导产业时汇集各方面的市场信息,充分考虑各产业在市场活动中表现出来的收入弹性和供给能力的变动。第二,调节产业结构时,充分利用平均利润规律作用的机制,调节市场价格,使之趋近生产价格,从而使产业结构的调整成为各产业自觉的行动。

以产业结构高度化为目标的非平衡发展战略能否成功,不仅取决于对主导产业的选择是否正确,扶植是否有方,还取决于主导产业的联系效应大小。所谓“联系”,是指一个部门在投入和产出上与其他部门之间的联系。按照发展经济学家赫希曼的分析,联系有“前向”联系和“后向”联系。前向联系,是指某个部门同吸收它的产出品的部门之间的联系。后向联系,是指某个部门同向它提供投入品的部门之间的联系。联系效应,则是指主导产业带动处于其前向联系和后向联系上的各个部门变动的效应。联系效应的强弱,取决于市场机制的作用程度。根据发展经济学的解释,非平衡发展战略的真谛,是投资引诱和迫使企业投资。也就是说,当国家政策偏向某个主导产业,使其超前发展时,处于其前向和后向联系上的各个产业部门的企业,会迫于市场机制的压力,主动投资,力图与主导产业部门平衡。因此,离开市场机制的充分作用和辅助调节,主导产业便孤掌难鸣,非平衡战略也就化为乌有,更不用说实现产业结构高度化目标了。

产业结构的更新换代,依赖于技术进步。市场机制的辅助调节,能推动技术进步,并推动产业结构的更新。首先,依靠市场竞争的压力,企业会产生出采用新技术、利用新发明的动力,这就可为产业结构高度化奠定技术基础。其次,市场竞争会形成对产业结构的客观选择。什么产业应该发展,什么产业应该淘汰,在一定程度上,市场是公正的裁判。依靠优胜劣汰的竞争机制,新兴产业发展壮大,某些传统产业逐步衰落直至被淘汰,由此实现产业结构的更新换代。我们原有的体制排斥市场机制,因而排斥了对产业结构客观选择的机制,导致产业结构的调整和变动往往带有主观性。特别是在资源有限的条件下,某些该淘汰的传统产业被国家保护了下来,不但浪费了有限的资源,还会因新兴产业得不到有力的支持而延缓产业结构的更新换代。

产业结构与市场供求结构有密切的联系。尽管产业结构与市场产品供求结构相比是高层次的、主导的,但是市场供求结构的变动最终会带动产业结构的变动。两者的关系在于,市场供求结构状况取决于产业结构现状,产业结构变动又是市场供求结构变动的累积效应。微观放开后,市场供求结构基本上由市场机制调节。因此,在一定意义上可以说,产业结构变动也是市场调节的累积效应。当然,在社会主义条件下,市场机制本身要经过计划调节。鉴于上述状况,国家对产业结构的计划调节,除通过直接投资和其他措施以加强产业结构中的薄弱环节和发展新兴产业外,还要借助于市场机制对微观生产结构的充分调节。也就是说,国家对产业结构的计划调节,一般不采取过去那种直接干预企业的办法。第一,不能侵犯企业应有的相对独立的经营自主权;第二,必须保障市场机制调节功能的充分发挥。

五、产业发展的计划导向

充分作用的市场机制,虽然对产业结构有重要的调节功能,但它受自身功能的局限不能完全解决产业结构的平衡和高度化问题。

市场机制依靠弹性的价格信号调节资源在各部门的投入结构,以此来调节产业结构。但是各产业的供给的价格弹性不同,因而各产业对价格信号反应的灵敏度很不一样。首先,在短缺经济中,调节产业结构变动的信号,不只有市场价格信号,还有资源短缺强度信号。后者的作用往往大于前者。也就是说,有的部门原材料可以容易地获得,有的则不然;有的部门可以相对容易地采用新技术,有的则不然;有的部门可以相对方便地获得资金,有的则不然。所有这些部门间的差异,决定了不同部门价格的调节功能的差异。其次,资金周转周期有长有短,投资相应地分为长期投资和短期投资。产业的调整和高度化往往需要长期投资。这部分投资周转慢,一时不能见效。市场价格信号的调节往往只有短期效应。市场调节的企业投资行为也往往是短期的。特别是软性预算约束的企业,缺乏企业家的创新精神。因而单靠市场信号,不能有效地引导资金投向一时不能获利但事关产业结构调整和发展的产业或项目,通信、交通运输的投资不足就是这种情况。最后,产业结构的调整和发展,涉及技术结构的变动。弹性价格结构的变动同技术结构的变动往往不能重合。一方面,价格结构变动的调节效应依赖于技术结构对价格结构的应变能力。另一方面,对某个部门科学技术突破招致的产业的技术结构突变,价格结构不能及时作出反应。因此,尽管弹性的价格结构在调节市场产品供求结构方面具有足够的灵敏性和有效性,但在调节产业结构方面却往往是迟钝的,不那么有效的。

在当今时代,产业结构的调整和发展,主要依赖于科学技术的进步和重大突破。虽然充分的市场竞争能推动新技术的开发和采用,但是单纯的市场机制调节也有阻碍技术进步的一面。列宁当年曾揭露在垄断的竞争中,日光灯技术曾被搁置了 14 年。现在这种状况也时有发生。在竞争中相互封锁技术,重复研究、试制。这样做不但浪费有限的人力、智力和财力,还阻碍技术进步,延缓产业结构的高度化发展。而且事关产业结构调整和发展的科学研究和技术突破,也不是单个部门和企业所能完全承担的。面对科学研究社会化的要求,市场机制越来越暴露出它的局限性。

在社会主义经济中,产业结构高度化是自觉调节的过程,不应该也不可能是市场机制自发作用的结果。上述市场机制的功能缺陷就说明了这一点。在微观放开和市场机制充分作用后,国家计划调节产业结构趋向平衡和高度化的主要形式是产业政策。如前所述,产业政策就其内容包括产业结构政策和产业组织政策。这个政策内容,在传统的计划体制中也有,不过它是包含在国家计划中的。就产业政策的功能来说,产业结构是在市场供求结构中由市场直接调节的,因而只有在国家的计划调节由直接控制方式转向间接控制方式后,才能发挥政策调节的功能。产业政策的基本功能是衔接宏观结构和微观结构,衔接计划调节和市场调节。

日本在第二次世界大战后推行旨在产业结构高度化的产业政策,取得了成功,使日本在较短的时间内实现了经济起飞。日本的产业政策体现了市场与政府组织的相互渗透。其特点是,一方面,市场机制的充分作用,筛选出有发展前途的产业部门和技术;另一方面,国家通过一定的产业政策对有可能发展的产业部门和技术给予支持,使其大幅度增长。这对我们研究计划经济中产业政策所体现的计划和市场关系有借鉴意义。但是,正因为日本的产业政策是建立在市场经济基础上,因此产业政策只是政府对市场机制进行补充的政策,而且,这种补充也只限于扶植增长的产业。在这方面,计划经济国家的产业政策与之有严格的区别。在有计划商品经济中,产业政策的贯彻固然要以市场机制的充分作用为条件,但是产业政策的作用不是市场机制的补充,而是相反,市场调节是产业政策的补充和辅助。原因很明显,产业结构的变动具有宏观意义,直接影响国民经济的有计划按比例发展,而市场机制受自身功能的局限,对产业结构高度化力不能及。而且在计划经济中,产业政策不能仅仅限于扶植增长的产业,还要调节其他产业部门与主导产业保持平衡。特别是在市场机制不能充分作用,企业缺乏企业家精神时,情况更是如此。在现实经济生活中,由于市场信号扭曲等原因,市场机制筛选出来的主导产业,不一定是有发展前途的。这种市场选择的偏离,就要由产业政策来纠正。

微观放开后,市场供给与需求结构可以借助市场调节来实现平衡。但是,如果把市场供求结构变动放在产业结构高度化目标中考虑,那么市场调节下的供求结构变动,并不一定进入产业结构高度化的轨道。由于市场机制本身的功能性缺陷,这种供求结构的变动,相对于产业结构高度化目标来说,有其盲目性,甚至会背离产业结构高度化的目标。因此,由产业政策贯彻的计划调节的实质,是在市场机制充分发挥调节作用的前提下,指导其作用方向,规范其行为,将市场调节下的供求结构变动,纳入产业结构高度化的轨道。

产业政策凌驾于市场机制之上，但又不能脱离市场机制，它从两个方面体现计划和市场的结合。一方面，由市场机制反映的供给和需求结构的变动、收入弹性变动、不同部门利润率高低等信息，是国家编制产业发展计划和制定相应产业政策的依据。另一方面，产业政策要通过市场机制而贯彻，因而市场价格结构、利息率结构，是产业政策的调节对象，其作用既可能是放大市场价格和利率信号的作用，也可能是抵消市场信号的作用。与此相对应，产业政策是一个政策系统。它是包括产业计划、经济立法、税收结构、预算分配结构以及价格政策、信贷政策在内的调节机制。

面对市场供求结构背离产业结构高度化目标的无序状态，产业政策有产业鼓励和产业限制两手：鼓励和促进有发展前途的产业的建立和发展，限制直至淘汰不需要发展的产业；鼓励和促进技术改造和技术开发及技术推广，限制直至淘汰陈旧落后的技术和产品。按此要求，产业政策的贯彻大致有以下几方面过程。

第一，按照产业结构高度化目标制订产业发展计划，经过分解，以指导性计划形式下达给企业，供企业决策时参考。企业可在产业结构高度化目标的大框架下，安排生产经营计划。

第二，对经过市场机制筛选出来的可能带动产业进步的新技术，国家组织攻关和开发，包括汇集和提供有关的技术经济信息，给予必要的财力、物力支持等。

第三，国家不直接规定各种产品的价格，但是，为了保证产业结构高度化目标的实现，国家可以依据产业政策制定相应的价格政策，规范市场价格变动，给波动着的市场价格比例导向。

第四，金融市场开放后，国家虽不直接规定市场利率，但是，为了从资金供应上保证产业结构高度化目标的实现，国家可以依据产业政策，制定相应的信贷和利率政策，规范信贷投向和利率变动，给波动的利率导向。

第五，国家可以在财政分配中以税收结构和预算分配结构贯彻与产业政策相应的税收政策和投资政策。

上述贯彻产业政策的各种手段，可以看作计划对市场机制的参数调节。市场机制按产业政策规范调节供求结构变动，便能稳定有序地实现预期的产业结构高度化目标。

第三节　二元结构经济的现代化

一、二元结构现状

马克思在一百多年前说过，当时的一些国家，“不仅苦于资本主义生产的发展，而且苦于资本主义生产的不发展。除了现代的灾难而外，压迫着我们的还有许多遗留下来的灾难，这些灾难的产生，是由于古老的陈旧的生产方式以及伴随着它们的过时的社会关系和政治关系还在苟延残喘”①。我国是发展中的社会主义国家，新中国成立前和新中国成立后，资本主义都没有获得充分发展，我国现在不仅受社会主义不发展之苦，也受资本主义未曾充分发展之苦。无论在经济上或社会关系上，有些前资本主义的东西，还在困扰着我们。旧中国给我们留下了二元结构的遗产，这种二元结构表现在两个方面。

二元结构首先表现为现代工业部门和传统农业部门的并存。我国“一五”时期的国家工业化使工业总产值在工农业总产值的比重超过了50%。但是二元结构状况迄今没有得到根本的变化，仍有80%的劳动人口在传统农业部门就业。我国农业的传统性或落后性主要表现在两个方面：第一，在生产技术上保留传统的落后的生产方式，劳动生产率低下；第二，在经济联系上不同程度地保留着传统的经济形态，即自然经济形态，农产品商品率过低，长期维持在30%以下。据西方发展经济学分析，亚洲农村自然经济的特征，是土地上的人口拥挤，农业劳动力的边际生产量降低到零甚至负数。这种现象使农民的生活降低到最低水平，同时他们

① 《马克思恩格斯全集》第23卷，人民出版社1972年版，第8—11页。

由于没有可供出售的剩余产品，难以参加商品经济。① 我国农村大体上接近这种状况。经过三十多年的建设，现代工业部门有了较大发展，传统农业部门也有了一定程度的提高。但是，在过去相当长的时期，二元结构的两个组成部分基本上是在封闭的、彼此隔绝的状态中发展的。除了少量的商品交换外，其他联系很少，特别是长期存在的工农业产品价格“剪刀差”，进一步拉大了二元结构两个组成部分的差距。

二元结构的另一个表现是发达地区和落后地区并存，这是二元结构在地区间的表现。发达地区现代部门的比重高于不发达地区，资金供给多于不发达地区，技术水平高于不发达地区，因而投资效益也明显高于不发达地区。目前我国东部沿海地区属经济发达地区，西部地区属不发达地区。在现实生活中，发达地区和不发达地区的国民收入水平差异很大，据统计，在我国工农业总产值中，东部占60%、中部占30%、西部占10%。在商品经济发展程度上东部、西部地区也有很大差异，东部地区的商品经济有了较高的发展程度，而在西部的广大地区自给和半自给状态仍占很大的比重。

存在二元结构是发展中国家经济不发展的重要表现，改变二元结构现状，实现整个国民经济现代化是经济发展的重要内容和任务。

二、改变二元结构现状的战略选择

改变二元结构现状，实现整个国民经济现代化，有个战略选择问题。以刘易斯为代表的二元结构发展理论认为，农业缺乏就业机会，工业是强有力的增长部门。现代工业的资本集中和扩展，会起到带动农业发展的效应，而农业剩余劳动力的存在，又会给工业的发展无限制地供应劳动力。于是，发展被看成是农业多余的劳动力转移到工业的过程。工业化便被解释为现代工业部门资本积累和工业对农业剩余劳动力的吸收过程。按照这种理论，相当一部分发展中国家采取了偏重现代工业而忽视

① 迈因特：《发展中国家的经济学》，商务印书馆1980年版，第42、78页。

农业发展的战略。

如果说刘易斯的二元结构理论所注意的是农业剩余劳动力转移，那么，传统的社会主义经济发展理论则强调的是二元结构条件下工业化资金积累的困难。苏联在20世纪20年代开始工业化建设时，面临的也是二元经济：汪洋大海般的小农经济和弱小的国营工业并存。当时理论上流行着“社会主义原始积累规律”理论，主张农业向工业化“贡赋”。在实践中，国家强制地通过工农业产品价格“剪刀差”或高额征税，从农村抽调资金、劳动力和粮食，以牺牲农业发展为代价积累工业化资金。这就造成了本来就落后的农业进一步萎缩。苏联的这种理论和实践对其他社会主义国家选择工业化战略有很大影响。新中国成立以后的一段时期内，基本上也采取了这种战略，通过压低农产品价格的办法，为工业化积累了大量资金。1958年全党全民大炼钢铁，以削弱农业为代价实现工业化的战略达到登峰造极，接着的三年困难使我国经济从顶峰跌到谷底。

服从于加速城市工业化的战略，社会主义国家原有的调节机制排斥市场机制：一方面，以集中的中央计划将资金集中投向城市工业；另一方面，借助工农业产品价格“剪刀差”，从农村不等价地抽调工业化资金。这种调节机制试图解决工业化资金的困难，并且也收到了很大效果，但它排斥市场机制，因而付出了效率降低的代价。

社会主义国家农业落后，二元经济间差距进一步拉大的现状，要求对二元经济现代化的战略作出新的选择。从二元经济间的产业联系来看，从根本上改变二元结构现状的出路，不在于城市工业的单一增长，而在于工业和农业、城市和乡村的相互促进、共同增长。这是实现二元经济现代化的正确途径。

地区间二元结构现状的改变，也有二元经济现代化问题。根据工业区位理论，我们首先要承认客观存在的地区间经济技术发展的梯度。微观的工业区位理论是关于厂址选择的理论，宏观的工业区位理论是关于一个地区和一个国家的工业布局的理论。地区间二元结构的改变，涉及西部不发达地区发展工业区问题，因而有必要运用微观的和宏观的工业区位理论,研究不发达地区工业化的条件。

从微观上讲,确定工厂地址的目标,是最低限度成本和最大限度利润。为此,要考虑三种成本:从原料产地到生产地点的运输成本,生产地点的劳动成本和其他生产成本,制成品从生产地点运到销售市场的成本。从宏观上讲,新工业区形成的首要条件,是该地区有充分的资金供给。没有足够的资金供给,新工业区便不能形成;没有持续的资金供给,已经形成的工业区也会衰落。假定不考虑外来资金的流入,每个地区的资金供给只可能取决于本地区的储蓄能力和居民的储蓄意愿。储蓄能力直接与本地区的国民收入水平有关。现在东西部地区的国民收入水平差异很大。1985 年人均国民收入,东部的上海为 3384 元、北京为 2045 元、天津为 1888 元、辽宁为 1160 元、江苏为 934 元。西部的广西为 328 元、贵州为 365 元、云南为 425 元。同时,由于不同地区的商品经济发展水平及文化因素、传统习惯的差异,西部不发达地区居民的储蓄意愿也远远低于不发达地区。因此,撇开国家对不发达地区的重点投资因素(随着经济体制改革,国家直接掌握的资金将大大减少,因而国家对不发达地区的直接投资不可能有较大增长),不发达地区的资金供给必然远远低于发达地区。如果各地区封闭地发展,那么国内已形成的工业区位格局将会持续下去。地区间经济技术水平的差别也会继续扩大。面对这种状况,在确定改变二元结构战略时有两点必须考虑到。

第一,我国的发达地区和不发达地区之间,事实上已经形成了经济技术力量的梯度,因而在引进外资和采用先进技术方面,采取先发达地区、后不发达地区的梯度推移战略,是由地区间二元结构决定的客观过程。

第二,面对地区间二元结构的经济,我们既不能忽视不发达地区而单纯追求发达地区的现代化,也不能以削弱发达地区为代价去单纯追求不发达地区的现代化。现代化的战略必须是二元经济的现代化。具体地说,不仅要求发达地区掌握世界先进技术,在经济技术上更上一层楼,还要求不发达地区加快现代化的进程,尽快改变其落后性,最终在现代化基础上改变二元结构现状。

三、改变二元结构现状的市场功能

无论是改变产业间二元结构，还是改变地区间二元结构，都需要贯彻在二元经济共同增长的基础上实现现代化的战略。这个战略的贯彻，既需要市场机制的功能，也需要计划机制的功能。

当前工业和农业共同增长，从而改变二元结构状况，面临着两大困难。

一是农业中潜藏着大量的过剩劳动力。据有关部门测算，目前全国有2/5的农业剩余劳动力，大约1.4亿人。同时，全国3/5的农业劳动者还有近50%的剩余劳动时间。再加上土地等基本生产资料日趋减少，农业劳动者的边际生产率已降到零，甚至达到负数。占社会劳动者总数80%的农业劳动者提供的产值不到社会总产值的30%。因此改变农业落后性的一个重要途径，是为农业剩余劳动力的转移创造条件。

二是农业的技术改造缺乏资金和技术。农业中游离出剩余劳动力，同农业因劳动生产率提高而向其他部门提供更多的剩余农产品，应是统一的过程。只有当农业部门的剩余产品，可以满足非农部门增长的消费时，才有助于农业劳动力向非农部门的转移。现在我国农业的问题是，农业劳动生产率低下，农业部门提供的剩余农产品同游离的剩余劳动力在数量上很不相称。因此，当前改变农业落后性的一个重要途径，是通过对农业的技术改造，提高农业劳动生产率。这一过程又会遇到资金和技术力量不足的困难。

面对改变二元结构现状的两大困难，贯彻二元经济共同增长的战略，要求调节机制具有两方面功能：一是有效地引导农业剩余劳动力向非农产业转移；二是有效地引导资金和技术力量流向农业部门。这两方面过程，涉及生产要素在各产业的重新配置，要求生产要素市场发育成熟，市场机制有效调节。

改变资源在各产业之间的分配比例，并调整产业的地区分布，这个改变二元结构状态的过程，牵涉生产要素的重新组合。这个过程，不仅是行政的纵向分配生产要素的过程,更重要的是生产要素横向流动的市场过程。现阶段国家直接掌握的资金和资源毕竟是少量的。调整生产要素组合,更多的是依靠产业之间生产要素流动。例如,产业结构高度化的趋势,是农业剩余劳动力向非农产业和部门转移,资金和技术由发达地区流向不发达地区。我们过去没有生产要素市场,堵塞了生产要素横向流动的道路,致使急剧增长的农业剩余劳动力得不到有效利用,生产要素流向不发达地区的过程非常缓慢。实践证明,要加快产业结构高度化的进程,就要开放生产要素市场。即通过开放劳务市场,加快农业剩余劳动力向非农业或行业转移过程;通过开放资金和技术市场,加快资金和技术向农村的转移过程。

开放生产要素市场,是加快生产要素流动、改变二元结构现状的必要条件,但不是它的充分条件。对生产要素流动起调节作用的价格信号的准确性、灵敏性,才是它的充分条件。现在工农业产品价格的“剪刀差”仍然相当严重。农产品价格低于价值,农产品含有的劳动耗费得不到等价补偿,它使农业部门缺乏必要的积累能力,甚至连简单再生产也难以维持。这种价格体系势必阻碍资金和技术向农业部门的流动。首先,承包经营后的农户被卷入商品经济旋涡后,对市场信号的敏感性加强了。面对工农业产品价格“剪刀差”,他们不但丧失了向土地投资的积极性,还会将本应投向农业的资金投向别的行业。其次,工农业产品价格的“剪刀差”,会使投向农业的资金得不到平均利润,因此,非农产业部门,连承担着补农责任的农村乡镇企业,都不乐意将资金投向农业部门。因此,鼓励资金和技术流向农业,以改变二元结构现状的必要途径,是缩小“剪刀差”,完善市场机制,保证二元经济之间的市场联系建立在等价交换的基础上。

四、改变二元结构现状的计划功能

改变二元结构现状的过程,既然是生产要素在二元经济间流动的过程,就需要市场机制的充分调节。但是,应当说明:在市场调节下的生产要素流动,离不开计划导向。

改变农业部门传统性的一个重要内容,是农业剩余劳动力向非农产业转移。农业剩余劳动力转向何方?就有个导向问题。由于历史的原因,我国的非农产业主要集中在城市。如果单凭市场调节,那么大量的农村剩余劳动力会涌向城市。这就会产生发达国家所患过的“城市病”:一方面,城市粮食、能源和水的供应全面紧张,同时,拥挤、污染、贫富悬殊、治安混乱等弊病也随之发生;另一方面,农村因生产要素过度流失而出现凋敝。而且由于下述原因,中国的城市病将更严重。第一,我国原来的城乡差别就很严重。第二,城市中本来就累积着大量的潜在剩余劳动力,每年待业人员逾一千万,工厂企业多半也是密集型劳动,许多工人实际上处于“在职失业”状态。第三,我国现有的城市公共设施已不能适应现有城市人口的需要。所有这些表明,单靠市场调节来解决农业剩余劳动力的转移,调整产业结构,会伴有难以克服的弊病产生。为了避免“城市病”的发生,体现计划导向的产业政策,不是引导农业剩余劳动力进城,而是发展农村乡镇企业,引导农业剩余劳动力就地向非农产业转移,通过农村工业化的途径,从根本上改变农村产业结构,改变农业部门的传统性。为此,产业政策包含了支持和扶植农村乡镇企业的内容。乡镇工业发展起来以后,国民经济又会在新的高度和层次上形成二元结构:现代城市工业和技术相对落后的乡镇工业并存。两者在技术装备、劳动生产率、资金产出率等方面,存在较大差别。这种差别在短期内不会消除。于是在新的层次上形成产业发展的矛盾。在国民经济中,城市工业和乡镇工业是有机的整体。一方面,乡镇工业的发展为城市工业发展提供条件。乡镇工业的产品既有深度加工过的农产品,又有工业品,它们对城市工业来说,或者是为它提供原材料,或者是提供零部件,也有替代城市工业的产品。另一方面,城市工业的发展又是乡镇工业的主导。乡镇工业的发展缺技术,缺管理经验和管理人才,缺先进的机器设备,所有这些,都需要得到城市工业的支持。这样,在新的层次上解决产业发展矛盾的产业政策,将是推动和发展城市工业和乡镇工业的横向联合,形成由城市工业带动乡镇工业,再由乡镇工业带动农业的链条。

我国目前的产业地区分布，也存在二元结构，因此，农村发展非农产业的战略，不能对中国所有地区都同等有效。在工业化程度较高的地区，非农产业可以得到迅速发展，但在远离工业中心的不发达地区，缺乏农业生产潜力，发展非农产业就更加困难。在这种情况下，需要发展发达地区和不发达地区之间的市场联系，从而在发展和扩大区域间贸易关系的基础上，加强发达地区和不发达地区之间的投入产出联系，促进二元经济的共同繁荣，齐头并进。但是，单靠这种贸易关系，不能从根本上改变两个地区的经济差别，改变二元结构。根据工业区位理论和发展经济学原理，缩小直至消灭地区间产业水平差别的根本途径，是推动生产要素包括资金、劳动力特别是智力的流动，实现生产要素组合的重新调整，而在这方面，市场机制的能力十分有限。因为生产要素流入不发达地区，涉及该地区对外来投资的吸引力。虽然不发达地区拥有较为丰富的自然资源，但它对外来投资的吸引力仍不强。原因是：第一，该地区的通信运输条件差，运输成本高；第二，该地区技术力量缺乏，不仅缺技术人员，也缺技术工人；第三，管理力量缺乏。这些状况决定了不发达地区的投资效益低于发达地区。据计算，目前的资金的产出率（Δ 产出/Δ 投资）东部为 1.23、中部为 0.96、西部为 0.58。在市场调节中，决定资金投向的信号是预期利润率。不发达地区的预期利润率如此之低，也就失去了对外来资金的吸引力。不发达地区如按市场调节要求提高贷款利率或工资水平，以吸引外来资金和技术人员，又会受到自身资金供给能力的限制。因此，单靠市场机制的调节来实现资金和技术的梯度推移，并实现地区间产业结构的高度化，将是十分困难和缓慢的过程。这就需要通过一定的产业政策，扩大发达地区的商品关系和横向经济联合，鼓励和推动发达地区将先进设备、人力、技术人才等生产要素投向不发达地区。也就是说国家通过一系列的政策手段，改善不发达地区的投资环境，包括改善运输、通信、智力开发等条件，引导现代化技术按梯度西移，在不发达地区逐步形成新的工业中心，带动西部不发达地区的起飞。

现阶段商品经济的发展已经国际化。中国的经济离不开世界经济的大背景。中国经济外向，加入国际竞争，可以加快改变二元结构现状、实现国民经济现代化的进程。为此，当前国家需要引导沿海地区的经济参加国际竞争。其中，包括扩大劳动密集型产品的出口，引进外资和适用技术，壮大本国工业的国际竞争能力，以出口为导向，调整和优化产业结构。在这个过程中需要贯彻进口替代和面向出口的政策。

进口替代和面向出口的产业政策，涉及对产业发展计划导向。进口替代，意味着对传统产业结构的改造，即发展高技术的或满足高层次需求的新兴产业。面向出口，则意味着出口结构对外向型产业的导向，产业发展和结构变动必须适合国际市场的需要，有利于提高参加国际竞争的能力。我国的产业发展面对两个广阔的市场，即广阔的国际市场和广阔的国内市场。整个国民经济不能单一地内向，也不能单一地外向。因此我国的产业结构变动从总体上说，既有国内市场需求导向，也有国际市场需求导向（出口导向），但在经济特区和沿海开发区，其产业结构变动必须以出口导向为主。面对出口初级产品的贸易条件日益恶化的局面，社会主义国家需要改变出口结构，这就是由出口初级产品为主转向以出口工业制成品为主。我国目前工业制成品出口占全部出口额的比重还不高，1981 年仅为 55.4%，其中棉纺织品接近一半。为扩大工业制成品的出口，我国一方面要通过技术改造，提高现有产品的质量和劳动生产率，增强其国际竞争能力；另一方面，按出口导向原则调整产业结构，即使在替代进口品的竞争能力提高以后，也同样要打进国际市场。对一时打不进国际市场、不能外向的地区和产业，国家要引导其同外向地区和产业建立协作关系。其意义除了可提高出口竞争的规模效益外，更重要的是可带动落后地区和产业的发展，从而加快二元经济的现代化进程。

责任编辑：郑海燕
装帧设计：肖　辉　王欢欢
责任校对：周晓东

图书在版编目(CIP)数据

经济运行机制概论/卫兴华,洪银兴,魏杰 著. —北京:人民出版社,2023.4
(人民文库. 第二辑)
ISBN 978-7-01-024407-5

Ⅰ.①经… Ⅱ.①卫… ②洪… ③魏… Ⅲ.①国民经济运行-研究-中国
Ⅳ.①F123

中国版本图书馆 CIP 数据核字(2022)第 008004 号

经济运行机制概论

JINGJI YUNXING JIZHI GAILUN

卫兴华　洪银兴　魏 杰　著

人民出版社 出版发行
(100706　北京市东城区隆福寺街 99 号)

北京新华印刷有限公司印刷　　新华书店经销

2023 年 4 月第 1 版　2023 年 4 月北京第 1 次印刷
开本:710 毫米×1000 毫米 1/16　印张:20
字数:300 千字

ISBN 978-7-01-024407-5　定价:80.00 元

邮购地址 100706　北京市东城区隆福寺街 99 号
人民东方图书销售中心　电话 (010)65250042　65289539